吉林省旅游管理类专业教学指导委员会推荐教材
21世纪经济管理新形态教材·旅游管理系列

旅游学概论

主　编◎蔡维英　孙滢悦
副主编◎任新玉　张百菊
　　　　崔锦玉
参　编◎肖　妮　于　杰

清华大学出版社
北京

内容简介

本书介绍了旅游学的发展历程、旅游业各相关部门及新业态，完善了旅游学所涵盖的内容及发展趋势，为学习者全面了解旅游学及旅游业奠定了基础。书中理论与拓展案例相结合，重点突出，实用性较强。作者集思广益，汇集了国内外学术界对旅游学核心内容研究的观点。本书在章节前增加了思政目标，融入党的二十大精神，精心设计思考题、即测即练习题，更加符合现代学习者的需求。

本书注重基础知识的掌握、实践技能的培养和价值观的引导，可作为高等院校旅游管理及相关专业的教学用书，也可作为旅游类企业的岗位培训和自学用书。

图书在版编目（CIP）数据

旅游学概论 / 蔡维英，孙滢悦主编 . -- 北京：清华大学出版社，2024.9. --（21世纪经济管理新形态教材）. -- ISBN 978-7-302-67276-0

Ⅰ . F590

中国国家版本馆 CIP 数据核字第 20248KY212 号

责任编辑：徐永杰
封面设计：汉风唐韵
责任校对：王荣静
责任印制：刘海龙

出版发行：清华大学出版社
   网   址：https://www.tup.com.cn，https://www.wqxuetang.com
   地   址：北京清华大学学研大厦 A 座 邮 编：100084
   社 总 机：010-83470000   邮 购：010-62786544
   投稿与读者服务：010-62776969，c-service@tup.tsinghua.edu.cn
   质量反馈：010-62772015，zhiliang@tup.tsinghua.edu.cn
印 装 者：三河市人民印务有限公司
经 销：全国新华书店
开 本：185mm×260mm 印 张：15.5 字 数：258千字
版 次：2024 年 9 月第 1 版 印 次：2024 年 9 月第 1 次印刷
定 价：59.80 元

产品编号：100407-01

序

我们所呈现的这套教材，是伴随新时代旅游教育的需求应运而生的，具体来说，是植根于党的二十大报告中的两个"首次"！

第一个"首次"，是党的二十大报告首次写入"旅游"的内容。党的二十大报告中，两次提到了"旅游"——在第八部分"推进文化自信自强，铸就社会主义文化新辉煌"中，提出"建好用好国家文化公园。坚持以文塑旅、以旅彰文，推进文化和旅游深度融合发展"；在第十三部分"坚持和完善'一国两制'，推进祖国统一"中，提出"巩固提升香港、澳门在国际金融、贸易、航运航空、创新科技、文化旅游等领域的地位"。这是旅游业内容首次被列入党的二十大报告中，充分体现了党和国家对旅游业的高度重视。

第二个"首次"，是党的二十大报告首次提出"加强教材建设和管理"，彰显了教材工作在党和国家教育事业发展全局中的重要地位，体现了以习近平同志为核心的党中央对教材工作的高度重视和对"尺寸课本，国之大者"的殷切期望。

响应党中央的号召，遵从时代的高要求，建设高质量旅游系列教材，是高等教育工作者责无旁贷的天职，也是我们编写该系列教材的初心！

自 1979 年上海旅游高等专科学校成立至今，我国的旅游高等教育已经走过了 40 多年的历程。经过前辈们的不懈努力，旅游高等教育取得了丰硕成果，编写出一大批高质量的旅游专业教材，为旅游专业高等教育事业发展作出巨大的贡献。然而，与新时代对旅游教育的要求相比，特别是对照应用型旅游人才培养目标，旅游教材建设仍然存在一定的差距。

一方面，旅游发展已经进入一个崭新的时代，新技术、新文化、新休闲、新媒体、新游客等旅游发展新常态赋予旅游教育新的时代要求；另一方面，自 2015 年提出地方本科高校向应用型转变策略至今，全国 500 余所开设旅游相关专业的地方本科高校积极行动实现了向应用型教育的转型。与这一形势变化相比，现有部分旅游管理类专业教材则略显陈旧，没有跟上时代的步伐，表现为应用型本科教材数量少、精品少、应用性不足等问题，特别是集课程思政、实战应用以及数字化于一体的教材更是一个空白，教材编写和建设的压力仍然存在。

正是在这样的背景下，清华大学出版社委托吉林省旅游管理类专业教学指导委员会组织省内 14 所高校 76 名教师围绕旅游管理专业的教材体系构成、教材内容设计、课程思政等问题进行多次研讨，形成了全新的教材编写理念——为新时代应用型旅游高等教育教学提供既有实际应用价值、又充分融入数字化技术并具有较强思政性的教材。该系列教材前期主要包括《旅游接待业》《旅游消费者行为》《旅游目的地管理》《旅游经济学》《旅游规划与开发》《旅游法规》《旅游财务管理》《旅游市场营销》《导游业务》《中国传统茶文化》《酒店管理概论》《旅游专业英语》等。该系列教材编写的宗旨是培养具备高尚的职业道德、较强的数字化思维能力以及专业素养的应用型、复合型旅游管理类人才，以促进旅游业可持续发展和国家软实力的提升。

该系列教材凸显以下三个特点。

1. 思政性

旅游管理不仅是一门应用科学，也是一门服务和领导的艺术，更涉及伦理、社会责任等众多道德和思想层面的问题。该系列教材以习近平新时代中国特色社会主义思想和党的二十大精神为指导，涵盖新质生产力、伦理决策、文化尊重以及可持续旅游等议题，致力于培养道德水准高、社会责任感强的旅游管理人才。

2. 应用性

满足应用型旅游专业高等教育需求，是我们编写该系列教材的另一重要目的。旅游管理是一个实践性极强的领域，只有灵活应用所学知识，解决实际问题，才能满足行业需求。因此，该系列教材重点突出实际案例、业界最佳实践以及实际操作指南等内容，以帮助学生在毕业后能够顺利适应和成功应对旅游企业各种挑战，在职业发展中脱颖而出。

3. 数字化

数字化技术是当前旅游管理类专业学生必备的技能之一，也是该系列教材不可或缺的部分。从在线预订到数据分析，从社交媒体营销到智能化旅游体验，数字化正在全面改变旅游产业，旅游高等教育必须适应这一变化。该系列教材积极引导学生了解和掌握数字化工具与技术，胜任不断变化的职业发展要求，更好地适应并推动行业发展。

在该系列教材中，我们致力于将思政性、应用性和数字化相结合，以帮助学生在旅游管理领域取得成功。学生将在教材中学到有关旅游行业的基本知识，了解行业最新趋势，并获得实际操作经验。每本教材的每个章节都包含案例研究、练习和讨论问题，以促进学生的学习和思考，培养他们解决问题的能力，为他们提供实际工作所需的技能和知识，帮助他们取得成功，并积极承担社会责任。

我们希望该系列教材能被广大学生和教师使用，能为旅游从业者提供借鉴，帮助他们更好地理解相关知识，从容应对旅游行业发展中的挑战，促进行业的可持续发展。愿该系列教材能成为学生的良师益友，引领学生踏上成功之路！

最后，我们要感谢所有为该系列教材付出努力的人，特别是我们的编辑团队、同行评审专家和众多行业专家，他们的专业知识和热情参与使该系列教材得以顺利出版。

愿我们共同努力，一起开创旅游管理类专业领域的美好未来！

吉林省旅游管理类专业教学指导委员会

2024 年 4 月 20 日

前　言

近年来，国家大力提升应用型人才的培养，课程是人才培养的基础和载体，教材是教学思想、培养目标、教学内容和课程体系的载体。

"旅游学概论"课程是旅游管理专业国家标准规定的旅游管理类各专业必修的核心课，是旅游类专业大一新生的入门课程，在旅游管理类专业中具有十分重要的位置。为了有利于旅游类专业应用型人才的培养，按照本科教材的需要和国家对应用型人才培养的要求，编著《旅游学概论》一书。

本书主要内容分为三大模块，即旅游学科基础模块，旅游核心模块，旅游市场、行业管理及延伸模块，共11章。旅游学科基础模块包括3章，分别是旅游学概述、旅游的产生与发展及旅游活动。旅游核心模块包括4章，分别是旅游者、旅游资源、旅游业和旅游产品。旅游市场、行业管理及延伸模块包括4章，分别是旅游市场、旅游行业管理、旅游影响、旅游新业态及发展趋势。三大模块层层递进又互相支撑，构成一个有机整体。

本书在编写时博采众长，关注旅游学研究的热点和前沿，融入中国共产党第二十次代表大会提出的"我们坚持绿水青山就是金山银山的理念"；"全面推进乡村振兴"广泛践行社会主义核心价值观；弘扬以伟大建党精神为源头的中国共产党人精神谱系，用好红色资源，深入开展社会主义核心价值观宣传教育，深化爱国主义、集体主义、社会主义教育，着力培养担当民族复兴大任的时代新人；加大文物和文化遗产保护力度，加强城乡建设中历史文化保护传承，建好用好国家文化公园，坚持以文塑旅、以旅彰文，推进文化和旅游深度融合发展；推动绿色发展，促进人与自然和谐共生等理念和任务。本书融入行业发展的新业态，探讨旅游业的发展及所涵盖部门的发展前景及趋势。并力求阐述准确、结构合理、观点明确、资料翔实、易学好用。编者希望本书能为高校旅游类专业师生在讲授和学习的过程中提供有价值的参考。

　　本书由长春大学旅游学院蔡维英、吉林师范大学孙滢悦担任主编，长春财经学院任新玉、长春大学旅游学院张百菊和崔锦玉担任副主编，吉林农业大学肖妮、长春大学旅游学院于杰参与编写。具体分工如下：蔡维英编写第1章和第6章6.1节、6.4节、6.5节、6.6节，孙滢悦编写第2章和第11章，任新玉编写第3章、第4章、第6章6.7节，张百菊编写第8章和第10章10.1节、10.2节，崔锦玉编写第7章、第6章6.2节，肖妮编写第5章、第6章6.3节、第10章10.4节，于杰编写第9章、第10章10.3节，全书由蔡维英、孙滢悦、任新玉编写和修改提纲，蔡维英统稿。

　　本书在编写过程中参考和借鉴了大量的国内外相关文献资料，并吸收了这些文献资料作者大量的研究成果，得到了吉林省旅游管理类专业教学指导委员会和清华大学出版社徐永杰编辑的大力帮助，在此一并感谢。

　　最后，竭诚希望广大读者对本书提出宝贵意见，以促使我们不断改进。由于时间和编者水平有限，书中的疏漏之处在所难免，敬请广大读者批评指正。

编者

2024 年 2 月

目　录

第1章 旅游学概述

学习目标

1. 了解旅游学的国内外研究进展及研究作用。

2. 熟悉旅游学的研究内容、研究对象及研究方法。

3. 掌握旅游学的概念、学科性质。

能力目标

1. 了解旅游学的研究方法，使学生具备旅游学领域的研究能力。

2. 熟悉旅游学的研究内容，培养学生的学科理论探索能力。

3. 掌握旅游学的概念和性质，具备对旅游学研究领域深入探索的思维能力。

思政目标

1. 了解行业的研究进展，使学生具备探索精神、创新意识。

2. 熟悉旅游学研究内容，培养学生的专业素养。

3. 掌握旅游学的学科性质，培养学生严谨的科学态度。

思维导图

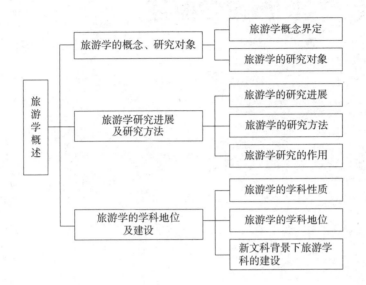

导入案例

1.1　旅游学的概念、研究对象

1.1.1　旅游学概念界定

　　旅游学是伴随近代社会旅游活动发展而发展起来的一门新兴学科，因此关于旅游学概念的界定，目前仍未完全统一，特别是随着旅游业的快速发展，旅游所涉及的层面越来越广，旅游学的概念并未完全固定，而是随着时间的推移不断改变。国内学者比较倾向将旅游作为一种综合的社会现象进行研究，如邓爱民、任斐编著的《旅游学概论》（第二版）教材中认为旅游学主要是以其所涉及的各项要素的有机整体为依托，以旅游者活动和旅游业活动在旅游运作过程中的内在矛盾为核心对象，全面研究旅游的本质属性、运行关系、内外条件、社会影响和发生发展规律的新兴学科。南开大学李天元在其《旅游学》一书中将旅游学界定为研究旅游者、旅游活动、旅游业及其开发和管理活动，以及旅游者和旅游业双方活动的开展对接待地区社会、经济和环境影响的一门学科。学者们在界定旅游学的概念时，也较多地借鉴和沿用了以上两个定义的观点。因此，综上所述，本书认为旅游学是研究旅游者及其旅游活动、旅游业的发生发展规律及对旅游地影响的一门学科。

1.1.2　旅游学的研究对象

与其他成熟的学科相比，旅游学是一门年轻的新兴学科。关于旅游学的研究对象，不同的学者提出了不同的看法，以下是比较有代表性的观点。

李天元认为旅游学的研究对象主要由三个基本板块构成：一是研究旅游者；二是研究旅游业；三是研究旅游的影响。

吴必虎认为旅游学研究重要切入点是从旅游系统理论出发，认识现代游历的现象，了解旅游活动发展的规律。

田里认为旅游学的研究对象是旅游系统中旅游消费者、旅游目的地、旅游接待业在一定区域内联系、相互作用的发生发展规律。

申葆嘉认为旅游学的研究对象是作为社会宏观现象的旅游活动，强调研究旅游现象的整体。

谢彦君认为旅游学是以旅游者的旅游活动或旅游现象为研究对象，重点分析和探讨旅游活动（旅游现象）的成因、运动规律及其影响。

王兆明认为旅游学的研究对象是旅游产生与发展以及旅游主体、客体和旅游业相互作用及其发展规律。

马勇认为旅游学的研究是：旅游涉及的各项要素的有机整体，旅游者活动和旅游产业活动在旅游运作过程中的内在矛盾，旅游的本质属性、运行关系、内外条件、社会影响和发生发展规律。

邓爱民认为旅游学的主要研究对象是旅游产品、旅游业和旅游系统。

从以上学者的研究对象分析，概括起来共有两种观点：一种认为旅游学以旅游三要素即旅游者（旅游主体）、旅游资源（tourism resources，旅游客体）、旅游业（旅游媒介）为研究对象；另一种认为旅游学的研究对象是旅游现象，包括旅游现象的产生、发展及其内部各种关系的运动规律等。结合以上观点，根据旅游学的定义，旅游学的主要研究对象应该是旅游者、旅游资源、旅游业和旅游影响。

1. 旅游者

旅游者是旅游活动的主体，主要研究旅游者的概念、产生的主客观条件、客流运动规律等。同时要研究旅游者个体的旅游动机、旅游需求的产生条件、旅游决策的形成机制，旅游者群体的活动规律、发展速度、分布情况、市场划分等。

2. 旅游资源

旅游资源是旅游活动的客体，也是旅游目的地吸引旅游者的关键所在。该部分主要研究旅游资源的概念、构成、分类、评价、开发、规划、保护和创新等。

3. 旅游业

旅游业是旅游活动的媒介，是直接为旅游者提供所需要服务的各种产业，是连接旅游者与旅游资源的桥梁和纽带。该部分主要研究旅游业的概念、作用、特点、构成部门、产业协作、产品供给与开发、资源配置等。

4. 旅游影响

该部分主要研究旅游活动过程中，旅游者、政府、当地居民、投资经营者以及各利益相关主体之间的相互作用，以及对经济、社会、文化及环境的积极和消极的影响，影响本质问题以及产生的原因，旅游目的地如何调节旅游业所带来的影响，如何促进旅游可持续发展等。

1.2　旅游学的研究进展及研究方法

1.2.1　旅游学的研究进展

旅游学科的形成相对较晚，但对于旅游现象的研究可以追溯到 19 世纪，在讨论旅游学研究对象之前，先来了解一下国内外旅游学研究的发展历程。

1. 国外旅游学研究进展

从国外旅游研究历史来看，对旅游学研究对象的描述是从经济现象开始的，同时整个旅游学术研究一直渗透着功利主义的观点，对旅游学的研究重应用、轻理论，对研究对象的探讨主要分为三个阶段。

1）功利性阶段（19 世纪末至第二次世界大战结束）

19 世纪 40 年代现代旅游在欧洲出现后，旅游业在国民经济发展中的地位日益重要，成为英国、意大利、奥地利、德国和美国等国家学者所关注的焦点。1899 年，意大利商务部部长波迪奥发表了《关于意大利外国旅游者的流动与花费》，被公认为将旅游学作为研究对象进行系统理论研究的开始。

19 世纪初期旅游业是发展迅速的新兴行业。1927 年，罗马大学讲师马里奥蒂（A. Mariotti）出版了以《旅游经济讲义》为名的旅游专著，这是第一次从经济学角度对旅游现象作出的系统剖析和论证。马里奥蒂认为旅游活动是属于经济性质的社会现象。他的这种想法受到当时学术思维方法的限制，只从旅游表象着眼，单纯地把旅游者和旅游业的供需关系视作旅游活动的全部。

1931 年，德国的博尔曼出版了《旅游学概论》一书。1933 年，英国人奥格威尔写了《旅游活动》一书，这本书用数学统计方法，科学地研究旅游者的流动规律，并从经济学的角度给"旅游者"下了定义。1935 年，德国学者、柏林大学教授葛留克斯曼出版了《旅游总论》一书，该书系统论证了旅游活动的产生、基础、性质和社会影响。他从旅游活动的发生渊源和基础开始研究旅游现象，认为研究旅游现象是研究一个旅游活动的基础、发生的原因、运行的手段及其对社会的影响等问题，其领域非常广泛，需要从不同学科去研究而不只从经济学的角度去考察它。但他的观点在当时并未引起广泛影响，旅游活动仍被认为是一种旅游业的经营活动。

1942 年，瑞士学者沃尔特·汉泽克尔（Walter Hunziker）和克拉普夫（Kurt Krapf）教授发表了名为《旅游总论概要》的专著，他们认为，旅游现象本质是具有众多相互作用要素的复合体，继承并发扬了葛留克斯曼的观点。葛留克斯曼、汉泽克尔和克拉普夫把旅游作为非经济性质的多种社会关系和现象的总和加以研究，认为旅游学基础理论的研究需要以旅游现象的发生原因、运行基础、性质以及对社会的影响为研究范围。

2）全面发展阶段（20 世纪 60—70 年代）

第二次世界大战结束后，世界政治局势相对稳定。随着世界经济的恢复和发展，旅游业也迅速发展起来，成为一种恢复和发展经济的手段。1954 年，德国学者克拉普特以旅游消费的动力和过程为研究对象。1955 年，意大利的特洛伊西对旅游经济概念、旅游收入及旅游效益进行了研究。20 世纪 60 年代之后，世界的旅游学研究进入大发展时期。20 世纪 70 年代，加利福尼亚大学旅游管理系主任唐纳德·伦德伯格（Donald Lundberg）出版了专著《旅游业》，对旅游业各个方面的经营管理做了比较完整的论述。该时期的旅游研究有三大特点：①实践性更加鲜明。②多学科性特征日益显现。许多学科从各自的研究视角开始介入旅游研究，在融合发展过程中逐渐形成了旅游经济、旅游文化、旅游环境等主要研究领域。③现代旅游学概念形成和旅游学框架体系的初步建设。旅游学家、*Annals of Tourism Research* 杂志社的主编贾法里（Jafari）认为旅游学研究的对象是个整体系统，这种看法也被许多国内的学者所认同。

3）非经济研究阶段

20 世纪 80 年代后，西方旅游学者对旅游的研究重点开始转向非经济领域，其目的是研究如何使旅游和旅游业持续、健康地发展下去，旅游理论体系的研究更进一步地发展。1995 年，美国的查尔斯·格德纳（Charler Goeldner）、J.R. 布伦特·里奇（J.R. Brent Ritchie）与罗伯特·麦金托什（Robert McIntosh）出版了《旅游学——要素·实践·基本原理》，旅游方法的研究成为热点。美国的《旅游研究年刊》1988 年编辑出版了《旅游研究的方法论》专辑，英国的斯蒂芬·史密斯（Stephen Smith）1989 年出版了《旅游分析手册》，英国的斯蒂芬·J. 佩吉（Stephen J. Page）2003 年出版了《旅游管理》，其都对旅游研究方法进行了积极探究。旅游研究范围的扩大和深入，对旅游社会、旅游文化学、旅游社会心理学、旅游民俗学、旅游符号学等学科的发展起到了推动作用。这些研究也推动了旅游学的研究对象、内容和方法等方面的进步和发展。

2. 国内旅游学研究进展

与国外旅游学研究相比，国内关于旅游的研究远远落后，旅游系统研究是从 1978 年改革开放之后才开始的。时至今日，旅游学研究经历了从无到有、从少到多、从零散到系统、从借鉴到自主创新、从肤浅到深刻的发展历程，为旅游学科的发展奠定了基础。综合考虑学者们的研究成果以及中国旅游业 40 多年发展的特点及其重大事件，借鉴国内专家学者对旅游研究的阶段划分，将国内旅游研究划分为探索与奠基、发展与深化、繁荣与困惑、成熟与转型四个阶段。

1）探索与奠基阶段（1978—1987 年）

此阶段，国内的旅游研究刚刚起步，专门从事旅游研究的人员不多，旅游研究成果数量较少、质量较低。此外，中国旅游学的研究有明显的政策导向和教育推动的倾向。1978 年，国家旅游行政管理部门成立了政策研究室，结合中国旅游发展的实际，借鉴国际旅游市场的发展规律，探讨具有中国特色的旅游业发展的方针政策。同年，国家旅游行政管理部门正式设立了旅游教育机构，主要负责旅游人才培养、从业人员培训和高层次的组织管理人才培训。此后，国内第一所旅游中等专业学校、第一所旅游高等专业学校相继成立，国家旅游局与南开大学等 8 所高等院校联合开办旅游系或旅游专业，使国内旅游专业师资队伍逐渐形成。

旅游教育发展初期，旅游教材及用书缺乏，部分开设旅游专业的高校从国外引进教材，经过消化吸收后再尝试编写适合中国国情的旅游教材。1981 年，中国旅游出版社出版了"兴旺发达的世界旅游业"丛书，系统介绍了 31 个国家发展旅游业的经验。后来，《旅游调研》等刊物编印，一些学术文章陆续发表，促进了中国旅游学研究的发展。1982 年，邓观利等编写了《旅游概论》，这是我国第一本关于旅游学的专业教材。随着国内旅游专业师资队伍逐渐形成，一批涉及旅游产业、旅游经济、旅游交通、导游教育、旅游市场营销等内容的中文旅游教材和专著也相继出版，极大地推动了国内旅游研究和旅游教育的发展。

随着国家对旅游产业的重视度提升，1986 年，《旅游学刊》在北京联合大学旅游学院创立，这是国内第一本研究旅游学的专业期刊。此外人文地理学和经济学领域的一些学者以旅游课题的形式，开始了对旅游资源开发利用、旅游经济整体发展战略等问题的研究，并取得了一定价值的研究成果。1987 年，由孙尚清主持的"中国旅游经济发展战略研究"是我国第一个国家重点旅游课题，基本确立了我国旅游研究的框架和旅游经济的发展方向。

总之，这一阶段旅游研究初步形成了国内旅游研究和教育的基础和框架，为中国旅游产业的发展、旅游人才的培养、旅游学科建设的进步和旅游管理的强化等奠定了坚实的基础。

2）发展与深化阶段（1988—1997 年）

严格意义上的旅游科学研究始于这一阶段，以 1988 年首个旅游项目获批为国家自然科学基金项目为标志。1993 年，国家社会科学基金、国家自然科学基金等各类科学研究资助基金开始关注旅游研究，相关的研究立项和研究课题不断增多，促进了旅游研究的发展。随着旅游研究的深入，研究领域逐渐向多样化方向发展，旅游学研究由单一的经济维度发展到宏观的社会、文化、管理、地理，微观的心理、行为、审美等多维度，出现了如旅游健康保健、旅游美学、旅游法学等新的研究领域。

旅游产业发展对旅游专业人才需求急剧上升，旅游教育迅速发展，一些院校纷纷开设旅游专业或设置旅游专业方向，使全国开设旅游专业的院校数量迅速攀升。一些拥有与旅游专业关系密切或相近专业的院校纷纷开始招收旅游类或旅游专业方向的硕士生、博士生，使我国旅游高等教育基本形成了"本科—硕士—博士"人才培养体系，极大地推动了旅游研究的发展。同时，为了满足旅游业对旅游人才的需求，各种形式的成人教育与专业培训也逐渐兴起，旅游中等职业教育在国民教育体系中的地位亦进一步得到巩固。

总体来看，该阶段国家科研基金开始资助旅游研究，旅游院校形成了完整的旅游人才培养体系；旅游学者针对国内旅游业日益增强发展现象，撰写了不少符合中国国情的旅游研究著作、教材和论文，使国内的旅游研究不断发展和深化。

3）繁荣与困惑阶段（1998—2008年）

这一阶段是中国旅游研究全面繁荣的阶段，表现在旅游学术论文发表、旅游类图书出版、旅游项目获批、旅游专利申请等各个方面。旅游研究机构剧增，数量是上一阶段的6~7倍，旅游论文成果最为丰硕，2001—2007年发表的学术论文占30年旅游论文总量的69%，其他各个指标也均为历史最高水平。旅游研究主题涉及旅游企业管理、地方旅游业发展、旅游资源开发、旅游市场开发、旅游规划和旅游产品营销等方面的具体实践问题，丰富了旅游学的各个分支学科。

与此同时，旅游教育的办学层次也得到进一步的提升。2003年，国务院学位委员会通过评审首次批准云南大学、陕西师范大学设置独立的旅游管理二级学科博士学位点，标志着我国旅游高等教育的"专科—本科—研究生（硕士、博士）"培养体系得到进一步的完善。为加快对高层次、专业化和高质量的旅游师资力量的培养，辽宁师范大学、东北师范大学、沈阳师范大学等部分高校先后开始招收旅游教育方向的硕士生，极大地促进了国内旅游教育与研究的发展。

当然，这一时期中国旅游研究也出现了成长中的困惑与烦恼，主要表现在：①随着学校数量的迅速增加及旅游职业技术学院和中等专业学校的快速发展，一些重点院校的旅游学科地位却相对下降，面临着边缘化的困境；②在旅游市场需求迅速攀升、旅游规划设计与咨询机构迅猛发展对比之下，旅游基础理论和核心问题的研究却始终显得非常薄弱；③虽然旅游研究成果在数量规模上巨大，质量和水平也呈现逐渐提升之势，但同其他成熟学科相比较而言，共识不多、体系庞杂、内核不强等问题仍然明显存在。这就要求旅游学在成长历程中，必须加快学习借鉴相关成熟学科的理论和方法的步伐，逐渐构建、完善旅游学自身的学科体系。

4）成熟与转型阶段（2009年至今）

2009年以来中国旅游业发展日益成熟和完善，但也受到了冲击。2009—2019

年，中国旅游业依旧保持了平稳较快增长。《中华人民共和国旅游法》（以下简称《旅游法》）的颁布与实施，更是将我国旅游业发展提升至国家战略的高度，这不仅给我国旅游业发展带来了新的春天，也使旅游业的研究日益成熟，且更加实用化。在"旅游学纵行：学界五人对话录"中，我国的五位旅游学者肖洪根、保继

拓展资料 1.1

刚、马波、谢彦君、王宁提出了旅游研究的唯真与唯用。旅游是应用型学科，在"理论 – 实践"关系的驱动之下，目前的旅游学术共同体，以唯用主义者和唯真主义者为绝大多数，追求研究解决实际问题，提升学术的实用价值，强调理论对实践的指导意义，如保继刚教授团队在旅游减贫中为改善我国民生做出的努力。马波教授指出，"旅游学科为育人而生，因济世而荣"，同时学者们在旅游学研究方面努力"把论文写在祖国大地上"，使旅游学承担了越来越大的社会责任。与此同时，旅游研究者也竭力"求真"、探索旅游现象的本质，摸索旅游活动的规律、不断提出新理论并试图提出具有普适性解释能力的大理论。当然随着旅游消费的个性化和疫情对旅游业的发展冲击的影响，学者们研究向多业态化转变，旅游业跨界融合、业态整合研究日益增强，突出表现在"旅游+"和"+旅游"两种类型上，极大地拓宽了旅游学的研究领域。

1.2.2　旅游学的研究方法

任何学科的研究首先都要以哲学思想为指导，旅游学的研究要以马克思主义理论为指导，遵循科学辩证唯物主义和历史唯物主义的方法论和基础，既要进行客观分析，还要运用主观思辨，同时结合我国旅游业发展的政策，注重旅游相关问题的逻辑性和实证性的统一，对旅游实践进行客观性、科学性研究，形成旅游研究中规范性内容。

其次是具体的研究方法，旅游学的研究方法与其他学科的研究方法基本相同，主要有归纳法、演绎法、定量研究、定性研究。归纳法是一种由个别到一般的论证方法，主要包含五个步骤：观察或实验、比较、归类、分析与综合、概括。演绎法是指在观察和分析的基础上提出问题后，通过推理和想象提出解释问题的假说，根据假说进行演绎推理的方法。其主要包括七个步骤，即观察问题所在、问题陈述、提出假设、确定测度、资料收集、资料分析、演绎。定量研究一般是为了对特定研究对象的总体得出统计结果而进行的。定性研究具有探索性、诊断性

和预测性等特点，它并不追求精确的结论，而只是了解问题之所在，摸清情况，得出感性认识。当然在具体研究过程中，学者们往往不局限某一种研究方法，而是采用多种方法，以求研究结果的精确性和实用性。

1.2.3　旅游学研究的作用

随着旅游业的快速发展，旅游学研究内容与范围、旅游学的学科性质等问题更加深入，使旅游学的学科体系更加完善，更有利于指导旅游实践活动的开展，从而促进旅游业持续、高质量发展。其具体作用如下。

1. 有助于认识和理解人类的旅游活动及影响，提高旅游体验的质量

旅游活动是一种综合性的活动，也是影响复杂的社会活动，不是旅游主体、旅游客体或旅游媒体能独立完成的，而是在旅游活动构成要素的共同作用下实现的。因此旅游学的研究涉及旅游活动过程中各个环节的研究，这些研究有利于加深人们对旅游活动及其影响的认识。此外，在旅游实践的过程中，可以利用旅游学研究的成果，实现旅游体验质量的提高。

2. 有助于认识和理解旅游业的发展规律，提高管理水平

旅游业产业十分宽泛，结构层次多，产业关联性强。研究既包括旅游业及相关产业，同时涉及城乡发展、人口流动、技术与文化、旅游资源的综合利用、文化资源的保护与传承，旅游经济与发展、人力资源管理等多个领域，涉及自然规律、社会规律、经济规律、文化规律，每一种规律的运行都遵循自身的逻辑，对这些问题的深入研究有助于厘清旅游所涉及的复杂性问题，认识旅游业的发展规律，提升旅游的管理水平。如在旅游景区的承载量管理的实施上，旅游研究常常表现出十分明显的复杂性特征。旅游景区承载量的管理一方面要满足旅游资源的可持续利用，另一方面要考虑旅游者的舒适度，同时又要考虑所涉及政府环境管理的生态效益、旅游经营者的经济效益、旅游者的满意水平、当地居民的发展机会等多方面的冲突和联系。

3. 有助于推动旅游业创意产业的发展

随着技术的进步和旅游者需求的转变，旅游研究更多是面向未来、面向新技术革命带来的刺激，是一种积极心态的应对方案，是以创新为标识的探索。旅游研究的创意包含对旅游领域新问题的敏锐捕捉，及时、准确地描述新问题的状态与规律，这是学理探究的创意表现。同时旅游问题带有现实性，需要面对消费者

的选择，面对同行和不同行业的竞争。从旅游角度思考研究问题，更看重对未知的想象，更需要大胆的创意。旅游研究是要实现人们对美好生活的向往，这就需要学者们不断探索未知的美好事物、发现潜在的需要，并以合适的形式展示和体现。

1.3　旅游学的学科地位及建设

1.3.1　旅游学的学科性质

分析探讨旅游学的学科性质是旅游学理论研究的重要内容之一。只有科学认识学科性质，才能准确定位学科地位，进而明确学科建设和发展的方向。当前的旅游研究虽然呈现出一些新趋势，但从某种意义上来说，旅游学还没有形成自己独特的理论和方法论体系，还没有树立起应有的学科地位，其根本原因就在于对学科性质的模糊认识。因此，确定旅游学的学科性质具有重要的意义。

总结国内外过去的研究，不难发现，对旅游的研究是从单一学科到多学科的过程，进而跨学科，因此可以说旅游学具有多学科的性质。最早介入对旅游现象进行研究的学科是地理学和经济学，后来随着办学院校的多元化，学者们根据自身的优势，从管理学、历史学、园林学、民族学、人类学等角度对旅游现象进行研究。那旅游学到底是一个什么样的学科呢？有的学者认为它是一门"交叉学科"，或者认为它是一门"综合性的社会学科"。王德刚根据旅游学产生的条件和内容，认为它是一门综合性的边缘学科。谢彦君认为它是社会科学下的一个跨学科分支。通过以上学者的研究，不难看出比较公认的观点是旅游学是具备综合性跨学科的一门社会学交叉学科，当然这也意味着旅游学自身尚未形成独立的学科体系。

1.3.2　旅游学的学科地位

1. 从全球范围来看，旅游管理学科知识体系已经形成

从 1970 年至今的旅游研究实践中，旅游知识开始出现且不断累积，截至目前已经形成了高度发达的知识体系。这些知识以"旅游"为核心，具有高度可识别性，其特殊性不断凸显。SSCI（社会科学引文索引）数据库收录显示，截止到 2023 年 4 月，SSCI 数据库收录的涉及旅游研究（含旅游、接待、旅行、游憩、

休闲、体育）的旅游学刊物达 80 多种，其中一区期刊 11 种。在国内旅游学界的权威期刊《旅游学刊》近年来的影响因子持续提升，并被评为中国最具国际影响力的学术期刊（人文社科类）；此外，其他相关期刊如《旅游科学》《旅游论坛》等也在快速成长。

2. 旅游管理学学科地位明显提升

旅游学作为一门新兴学科，已经得到了官方的认可。旅游管理学科已经成为全球高等教育的重要模块，目前高等院校层面的旅游教育已经涉及学士、硕士和博士完整层次的培养方案。在全国已经有超过 400 所院校开设旅游管理专业，说明了旅游学学科地位的提升。2012 年，教育部对 1998 年印发的普通高等学校本科专业目录和 1999 年印发的专业设置规定进行了修订，形成了《普通高等学校本科专业目录（2012 年）》和《普通高等学校本科专业设置管理规定》。在《普通高等学校本科专业目录（2012 年）》中，在管理学学科门类下单独设立旅游管理学科大类（编号为 1209），该学科大类下又设旅游管理（120901K）、酒店管理（120902）、会展经济与管理（120903）三个二级学科，以及一个特设专业——旅游管理与服务教育（120904T）。这意味着，旅游管理不再是工商管理学科大类下属的二级学科，而是与工商管理学科大类平级，升格为一级学科大类。

3. 在社会服务方面，旅游管理学科为旅游咨询提供了重要条件

旅游咨询主要解决实际问题，然而实际问题的解决从根本上讲需要理论支撑，旅游学者从跨学科视角出发全面地认识旅游现象，逐步形成学科内部广泛认可的概念体系、理论和研究方法等，并据此为旅游教育、旅游企业、行业组织和政府机构提供全方位智力支撑。旅游学科的社会认同和社会效益日益提高。此外，旅游管理学科及其不断发展为科研人员提供了源源不断的智慧。

1.3.3　新文科背景下旅游学科的建设

随着旅游管理学科的发展与成熟，旅游研究的跨学科特征凸显。而新技术（如人工智能、大数据、元宇宙等）的出现赋予传统旅游业变革新动能，旅游新现象、新业态层出不穷，旅游学科亟须与其他学科广泛交叉与深度融合，构建用于指导解决各种新现象、新问题的新理论框架。

1. 聚焦学科内核，寻找学科建设的立足点与突破点

以旅游学科所属的管理学的学科属性为例，旅游学科的内核被广泛地认为是

"体验管理与服务管理"。从旅游学科知识生产的角度出发，学界将"体验"作为旅游的核心属性之一已达成一定共识，且旅游科研活动的研究对象包括旅游过程中的体验活动及其规律。该体验是旅游者个人在旅游全过程中涵盖认知、情感、行为的一种经历，包括身心体验、商品交换、社会交往、空间行为和文化交流等。因此，旅游学科知识生产的"体验"内核，一定程度上是由旅游的核心属性所决定的。从旅游学科知识消费的角度出发，旅游学科的内核为"服务"，包括服务于国家战略、旅游及相关行业发展以及旅游人才培养等。因此，将"体验管理与服务管理"视作旅游学科的核心属性之一，这既符合旅游学归属于管理学门类的现实情况，也符合世界经济向体验经济和服务经济转型的发展趋势。

2. 拓展学科外延，注重学科的交叉融合与知识外溢

拓展学科外延即扩大学科研究对象的范围。在旅游业转型升级过程中，"旅游 + 文化""旅游 + 康养""旅游 + 体育"等融合新业态的出现，为旅游研究提出了新任务和新要求，也有助于旅游学科外延的拓展。

一方面，旅游学科可将"体验管理与服务管理"这一内核外延化，融合到管理学下设的近邻学科领域，进一步扩展研究对象的范围。例如，旅游学科可与管理学下设的工商管理、市场营销、文化产业管理、健康服务与管理、养老服务管理、公共事业管理等近邻学科交叉融合，在保持学科相对独立性的同时，丰富自身研究领域，增强对近邻学科的知识贡献，形成优势互补。

另一方面，旅游学科可立足"体验管理与服务管理"这一学科内核，以独立且平等的学科姿态与社会学、经济学、地理学等学科交叉融合，形成以多分支体验为核心、拥有自身学科知识边界的学科体系，如图 1–1 所示。如此，旅游学科则是以"体验"为知识生产内核，多分支体验（包括身心体验、审美体验、商品交换体验、社会交往体验、空间行为体验和文化交流体验等）为内容的拥有自身知识边界的独立学科。在旅游学科内部所形成的基于"体验"内核的各分支学科在与其他学科交叉的过程中，旅游学科拥有平等的学科地位和完整的学科内核。在此基础上，旅游学科及其各分支学科才有可能形成自身特有的研究领域，从而进行学科知识生产和创新。此处对旅游学科的"服务"内核不再赘述。在新文科背景下，旅游学科在进行交叉学科建设时，可聚焦"体验管理与服务管理"这一学科内核与涉及研究主体体验或社会服务的学科展开交叉研究，创新学科知识生产和知识外溢。

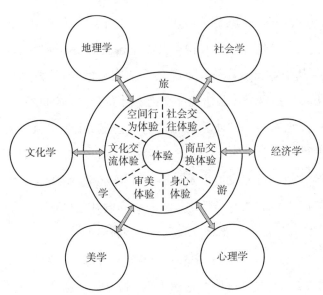

图 1-1　旅游学与其他学科（部分）的关系

随着旅游新业态的不断涌现，旅游学科的"体验管理与服务管理"这一内核除了可与传统文科学科交叉之外，也存在与"医学""农学""工学"等大类学科融合的诸多可能，如"旅游 + 医学""旅游 + 休闲农业（农业学下设专科专业）""旅游 + 建筑学（工学下设本科专业）"等。总之，在新文科建设背景下，旅游学

拓展资料 1.2

科建设需积极实现从"立足旅游看旅游"到"跳出旅游看旅游"，再到"携手非旅游共看旅游"的转变，主动探寻学科交叉融合契机，建立问题导向和社会需求导向的旅游知识生产、传播和消费的学科知识体系，助力旅游学科理论创新与知识外溢，服务于社会需求和旅游人才培养。

本章小结

本章首先分析了旅游学的概念，总结得出了本书中旅游学的概念，详细地介绍了旅游学研究对象与研究内容。其次详细介绍了旅游学的研究进展以及旅游学研究的方法。最后介绍了旅游学的学科地位以及未来的建设。通过对本章的学习，有助于对旅游学有全面的认知，有助于采用科学的方法对旅游学进一步研究，提升对旅游学的学科前沿的把握程度，加强对旅游学的建设与研究。

即测即练

思考题

1. 通过本章学习，你更倾向于哪位学者的旅游学的概念？谈谈原因。

2. 简述旅游学的研究对象。

3. 简述旅游学的研究方法。

4. 简述旅游学的学科性质。

5. 简述新文科背景下旅游学的建设重点。

6. 旅游学科知识体系包含哪些内容？

第 2 章　旅游的产生与发展

学习目标

1. 了解 19 世纪前西方和我国代表性旅行活动。

2. 熟悉 19 世纪前旅行活动的特点。

3. 掌握产业革命对近代旅游活动的影响及第二次世界大战后旅游发展迅速的原因。

能力目标

1. 了解旅游发展脉络，具备从时空两个纬度把握旅游发展规律的能力。

2. 熟悉学科理论的运用方式，具备对旅游学研究领域深入探索的思维能力。

3. 掌握旅游发展的影响因素，并能够分析其动力机制。

思政目标

1. 了解认识我国传统旅游业的发展，坚守中华文化立场，提炼展示中华文明的精神标识和文化精髓，讲好中国故事、传播好中国声音。

2. 熟悉中国古代旅行家和学者敬业奉献、吃苦耐劳、热爱专业和国家的敬业精神。

3. 掌握旅游产生和发展的内在动力，深刻感知到我国悠久的历史和灿烂的文明，增强文化自信。

🔍 **思维导图**

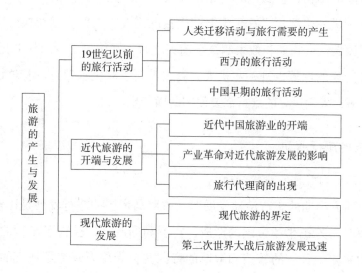

🔍 **导入案例**

2.1　19世纪以前的旅行活动

2.1.1　人类迁移活动与旅行需要的产生

马克思主义认为，人是由古猿进化而来，劳动则是促成这一转化的决定因素。这不仅揭示了人类社会发展的客观规律，而且展示了人类外出活动的发展规律。有证据显示，人类在原始社会早期只能凭借简陋的生产工具从事采集和渔猎等生产活动。随着磨制石器的出现，生产工具逐步改进，开始出现原始农业和原始饲养业，生存和生活条件有所改善，但当时人们的生产、生活还是局限于自己部落的空间地域范围内。

原始社会早期，人类离开自己常住地前往他处的迁移活动是存在的。但是这些人类迁移活动大多归因于自然因素（如气候的变化、灾害的袭扰等）或人为威胁（如战乱等），仍然是生存的需要。

随着时间的推移，金属工具开始出现并广泛应用。人类的生产力水平大幅提升，社会分工进一步深化，基于生产和生活的需要，人们发现交换劳动产品很有必要。到了原始社会晚期和奴隶制社会萌芽之时，开始出现专门从事交换的商人，而开展产品交换的地域也进一步扩大。商人需要了解供求双方的具体情况，需要前往交换地域，人们最早的旅行需要便因此而产生。

2.1.2　西方的旅行活动

1. 古罗马帝国时期的旅行活动

在讨论西方早期的旅行活动发展时，古罗马帝国的旅行发展是比较典型的代表。随着罗马向外扩张和帝国的形成，古罗马的旅人们获得了出行的时空条件。政治的相对稳定、经济的繁荣和浓厚的帝国文化为旅人营造了适宜的出行环境。帝国城市基础设施建设完善：发达的道路网络、安全的海洋环境，出行工具和住宿设施齐全，此外还有形式多样的地图和旅行指南。虽然这一时期道路的通达、驿站的设置等主要是出于军事、政治的目的，但是客观上为民间的旅行活动提供了便利。在统治者的倡导下，罗马帝国时期的旅行活动异常活跃。罗马帝国时期，旅人们主要在罗马本土和帝国境内的各行省旅行。除此之外，也有远达东方的商务之旅。他们的旅行活动按照性质可分为游学旅行、商务旅行、宗教旅行，以及少部分特权阶层才有可能参与的以消遣娱乐为目的的旅行活动。

罗马帝国时期兴起了最早的海岸度假，著名的海岸度假地，如那不勒斯（Naples）和奥斯提亚（Ostia）。公元前 1 世纪到公元 1 世纪，富有的罗马人在那不勒斯海岸建立别墅群，那不勒斯湾的面貌发生了改变，曾经没有土壤的地方长起了参天大树，别墅内凉爽、幽暗、安静，人们站在窗口即可欣赏海岸美景。别墅远离喧嚣的罗马城，在别墅中度假是一种清高的享受，旅人在清幽的环境里享受大自然风光、调养身心。

罗马帝国衰亡以后，社会动荡、战乱不休，欧洲经济也受到极大的影响。这个时期，欧洲人们的出行活动大大减少，各地间的经济往来、市场贸易也随之衰减。甚至由于缺乏管理，出现了道路交通瘫痪的问题，这也造成了人们出行困难，外出活动出现了根本上的安全问题。

当欧洲社会经济有所好转，旅行活动的浪潮再一次在欧洲兴起，但由于人们长期被封建思想禁锢，加之长时期的社会动荡，这一阶段的旅行活动也并不能达到罗马帝国的鼎盛时期。

2. 大旅行

一般认为"大旅行"（Grand Tour）起源于 18 世纪的英国。法国历史学家阿扎尔指出："英国人的游学是对学校教育的一种补充。刚从牛津、剑桥毕业的贵族子弟，带着一笔丰厚的旅游费用，在家庭教师的陪同下，穿过英吉利海峡，踏上壮游的旅途。"大旅行正是以游学为目的的外出旅行活动。

从 17 世纪末到 18 世纪末的 100 年间，只有英国贵族或部分特权阶层才能到欧洲大陆游学。这种外出旅行活动并非广泛存在于整个英国贵族阶层，而仅限于一部分对新的文化观念反应较敏锐的贵族。18 世纪末，一些法国贵族子弟也开始进行大旅行。罗马是意大利游学路线的终点，巴黎则是法国游学路线的重要节点。17 世纪末和整个 18 世纪，英国贵族子弟游学都会到这两个城市。

3. 温泉旅行

18 世纪，欧洲出现了"贵族消夏度假旅游季"、温泉疗养场所和海滨浴场，这期间那些追求特立独行、标新立异的英国人功不可没。然而人们"到水里去"和"泡澡"这样的行为早在古罗马帝国时期就与其城市的发展融为一体。18 世纪后建立的几乎所有的温泉疗养场所都可以找到古罗马的痕迹。18 世纪英国的时尚达人理查德·纳什在英国巴斯发明了社交性温泉疗养站。从英国的温泉到欧洲大陆的温泉，从 18 世纪中期到 19 世纪末，先后都有了一个新名字：SPA，很快成了典型的温泉度假村。这期间，能够享受温泉旅行的仍然是以贵族和特权阶层为主。

此外，欧洲中世纪早期，由宗教热引起的朝觐旅行兴起。11 世纪后，欧洲旅行开始变得安全，教会的教徒们开始前往圣城朝觐。朝觐之路往往漫长又艰苦，沿途教徒们修建了旅馆或客栈，一定程度上促进了住宿业的发展。此外，朝觐也促进了后来度假、观光旅行的发展，逐渐走向 20 世纪的宗教旅游。

2.1.3　中国早期的旅行活动

1. 经商旅行

商朝时期，我国奴隶制经济蓬勃发展。商朝崛起后，农业、畜牧业和手工业经济结合发展，由此引发了频繁的商品交换活动。此时的商代已有用贝壳作为货币的形式出现，而商代后期还发现了最早的金属货币。货币的出现不仅仅作为商品交换的媒介，还是旅行活动的资本。

商旅的进行除了需要有资本，还需要有交通工具的助力。随着商业经济的发展、商旅范围的不断扩大，在春秋战国时期道路逐渐平坦开阔，交通工具日趋完善，管理也井然有序。汉朝推出漕运政策后，历朝历代均视漕运为重，隋朝时期水路交通发展尤为突出。开凿山阳渎、通济渠、永济渠、江南河，使华北地区与江南水路畅通。唐宋时期同样注重水路运输，元、明、清三朝又发展海运。交通条件的改善客观上给商旅客人的出行提供了便利。

商旅活动的频繁性，也促使了城市建设与旅馆的兴起。除了需要具有基本的商品交易条件外，商旅途中货物运输与人力的安全问题也尤为重要。商贾根据以往的旅途经验，寻求既要生命财产有安全保障、又能便于交易的方法。他们更新交换储藏货物的条件和地点，将原来的场所围筑起来，再选择适中的位置建立城堡，于是城市慢慢兴起，供商贾们休息的场所——旅馆也由此产生。

社会经济的发展和交通条件的改善同样促进了非经济目的的旅行活动的发展。

2. 文士漫游

周公创立宗法制度，将统治者划分为天子、诸侯、卿大夫、士四个等级。士在宗法社会贵族统治集团中处于最底层。直到春秋战国时期宗法制度解体，文化开始下移，平民拥有了传授文化的机会，产生了古代中国社会最早的知识分子阶层——士。战国时期凡有一技之长均可跻身于士林，如苏秦、张仪、商鞅等游说之士。士阶层成为列国纷争年代中行至天南海北最为活跃和庞大的旅行队伍。

与春秋战国的士人游说之旅不同，两汉时，宦游是士人去国离乡、毛遂自荐以求一官半职的代表性旅行活动。此时的宦游不同于指点江山、纵横捭阖的游说，更多的是歌功颂德、铺陈景物和伴驾游览。

魏晋南北朝时期，中国思想与文化出现了一大变局，由于政局动荡，皇权飘摇，儒学地位动摇，道家复兴，佛学崛起，玄学风行。儒、释、道、玄多元并行造成了思想观念的混乱，也促进了思想的自由和人性的复归。文人士大夫恣意逍遥、纵情山水之间。曹操"东临碣石，以观沧海"，咏诗成《观沧海》。谢灵运酷嗜游山登险，罢官后每次出行都有百人相随。王羲之与名士同游兰渚，吟"有崇山峻岭，茂林修竹；又有清流激湍，映带左右"。

隋唐宋元时期，纵情山水、适情悦意的观念甚嚣尘上。随着隋唐科举制度的推行，文人儒生外出游学、赶考、游宦的过程中对山水名胜产生了浓厚的兴趣。此间，唐宋文人李白、杜甫、白居易、王维、苏轼、苏辙、欧阳修等在遨游名山大川、寄情抒怀之际留下了大量的诗词作品。

明清文人漫游，以明代的徐霞客和清代的顾炎武最具有代表性，其中徐霞客影响力最大。徐霞客从 22 岁起，从事旅行和考察 30 余年，踏遍大半个中国，游历名胜山水无数。徐霞客并非随意旅行，而是具有现代意义的科考旅行。在他的旅行生涯中，每天都要记录当天的见闻，最终留下了 60 多万字的《徐霞客游记》。

3. 航海旅行

1402 年，明成祖决议积极开展官方贸易，彻底堵塞海外走私活动，达到联络各国君主，取得海外贸易的主动权和全面控制的目的。他倾注巨大财力，于公元 1405 年到公元 1433 年的 29 年中，曾下令郑和组织的庞大船队七下西洋，使郑和等人获得了 7 次出海游历的机会。

拓展资料 2.1

郑和七下西洋，宣扬了国威，远播中国文化，成为打通中国到波斯湾、阿拉伯半岛、红海及非洲航路的第一人。从时间上说，他比欧洲人达迦马绕非洲好望角到达南印度早 80 年，比哥伦布到达美洲早 87 年，比麦哲伦环航世界一周早 103 年。因此，郑和下西洋在中国和世界航海史上都是空前的壮举。郑和无愧为 15 世纪世界航海活动的先锋，同时，郑和还是一位杰出的外交家，以及传递中华文明、友谊的伟大使者。郑和一行的远航、考察、贸易，乃至排解纠纷，加强了中外经济文化的联系与交流，建立了友好往来关系，带回奇珍异货 185 种，带去了中国的文明，确立了中国在世界的地位。此外，郑和更是一位杰出的旅行家，先后周游了 30 多个国家和地区的城市和风景名胜，考察了那里的山川地理、气候环境、风土人情、动植万物，等等。

纵观人类社会早期的迁移活动到 19 世纪以前的旅行活动，无论是在中国还是在世界上其他地区，其发展均与一个国家的政治、经济、社会、环境有直接关系。这一时期商务旅行居于主导地位，而消遣意义上的旅行活动均限于贵族、特权阶层、士大夫等少数人，一般民众主观上很难有意愿、客观上也没有机会参加这类旅行活动。

2.2　近代旅游的开端与发展

2.2.1　近代中国旅游业的开端

1. 肩负使命之旅

毛泽东在《论人民民主专政》一文中说："自从1840年鸦片战争失败那时起，先进的中国人，经过千辛万苦，向西方国家寻找真理。洪秀全、康有为、严复和孙中山，代表了在中国共产党出世以前向西方寻找真理的一派人物。"先进的爱国人士走出国门向西方学习先进的科技文明，同时更多的知识分子踏上求学宦游、考察形势、壮游山河以寻治国良策的道路。康有为说："吾国人不可不读中国书，不可不游外国地，以互证而两较之。"他为了寻找真理和实现自己的主张曾"经三十一国，行六十万里"。

19世纪末20世纪初，中国进一步沦为半殖民地半封建社会。在这样一个多事之秋，中国旅游也以一种崭新的面貌呈现在历史上，读书寻路、振兴中华、承担历史使命成为去国离乡的内在驱动力。孙中山、黄兴、章太炎、蔡元培等革命志士的海外宣传革命、组织革命力量的海外之旅是当时带有政治色彩的代表性旅行活动。

2. 新式旅馆的兴起

1840年鸦片战争后，西方列强用枪炮暴力打开了与外部世界隔绝的中国大门，大量的欧美冒险家涌入中国，因此为他们提供餐饮住宿服务的西式旅馆也随之引进中国。这类旅馆首先出现在上海、广州、天津、北京、汉口等通商口岸城市和中心城市，成功的经验引起了中国民族资本家的相继效仿和不断创新，由此，中国逐渐进入近代旅馆业的发展时期。

随着近代铁路的完善、轮船航线的开辟，传统旅馆被注入新的活力。于是，中国出现了新式旅馆、交通旅馆等不同层次的商业旅馆。

2.2.2　产业革命对近代旅游发展的影响

产业革命最先发生在18世纪60年代的英国，随后美、法、德、日等国的产业革命也陆续在19世纪内完成。产业革命促进了资本主义生产力的迅速发展，这场产业革命既是一场生产技术的巨大革命，也为当时的社会带来了一系列的变化。

1. 城市化发展迅速

工业革命期间机器生产和工厂制度的兴起，推动了原有城市的扩大和新工业城市的兴起。在英国，工业革命过程中，形成了许多新的工业中心。原来经济落后、人烟稀少的西北地区成为棉纺织业和煤铁工业中心，新的城市如曼彻斯特、伯明翰、利物浦、格拉斯哥、纽卡斯尔等迅速发展起来。随着工厂制盛行，农村人口涌向城市，转变为工业劳动力，使城市人口与城市数目迅猛增长。工业化的英国领导了世界城市化的浪潮。

2. 人们生活方式发生转变

1800 年，大约 1/5 的英国人口居住在城镇，城镇规模大约 1 万人。而接下来的一个世纪，庞大的乡村社会被城市化了，全国有 1/3 的人口在城里工作和生活。到 1900 年，工业化的国家有至少 50% 的人口生活在超过 2 000 人的城镇中。[①] 人们过去长期居住在乡村，农耕生活随农时变化呈现忙闲有致的劳动节奏和生活节奏。随着大量人口从农村涌入城市，过去的生活方式随着劳动方式的改变而彻底被打破。枯燥重复的机器大工业劳动使得人们对休息休假的需求愈加强烈，从而促成人们产生外出旅游的内在驱动力。

3. 交通运输技术进步迅速

产业革命带来的技术进步，尤其是对交通运输技术的促进，彻底颠覆了传统运输方式，为大规模人员流动提供了可能。1825 年，铁路交通首先在英国出现，这一年，"铁路之父"乔治·史蒂芬森（George Stephenson）在英国主持建造的斯托克顿至达林顿的铁路正式投入运营。此后，这项技术逐渐从欧洲传到世界各地。新兴的旅行方式同以乘坐公共马车为代表的传统旅行方式比较，优势相当明显。当时的铁路运输价格远低于传统的旅行方式，大大降低了旅行外出的费用。火车运行速度快，有效地减少了旅程所需花费的时间。另外，一列火车所能装载的客容量较大，实现了人员大规模流动的可能性。铁路网的不断延伸扩建，使得火车的运输范围更广，人们外出所能到达的目的地更多、更远。这些便利的条件都促使了旅游人数的增加、旅游地域范围的扩大，为近代旅游业的发展奠定了坚实的运力基础。

2.2.3　旅行代理商的出现

拓展资料 2.2

1841 年，英国人托马斯·库克（Thomas Cook，1808—1892）利用包租火车的方式组织了一次 570 人规模的一日游活动，从英格兰中部城市莱斯特前往拉夫堡，全程 24 英里（1 英里 ≈ 1.61 千米）。

---

① 本特利，齐格勒，斯特里兹 . 简明新全球史 [M]. 魏凤莲，译 . 北京：北京大学出版社，2009.

库克被认为是第一个名副其实的铁路旅行代理商，其业务发展很快，从一日游到多日游，从英国国内到欧洲大陆，还组织了环球旅行，并且发明了旅游代金券。

世界上第一个专门为个人安排包价旅游（package tour 或 inclusive tour）的人被认为是英国人托马斯·贝内特（Thomas Bennett，1814—1898）。

2.3   现代旅游的发展

2.3.1   现代旅游的界定

在我国史学研究中，现代的起点通常为五四运动发生的 1919 年。旅游研究中的现代旅游尤指第二次世界大战结束以来的旅游发展时期。鉴于国内外旅游学术研究对术语使用的惯例，本书所指现代旅游是第二次世界大战结束后迅速发展起来的旅游活动。

2.3.2   第二次世界大战后旅游发展迅速

第二次世界大战的爆发使旅游活动的发展陷于停滞。战后，世界各国对迅速恢复经济、疗愈战争创伤的愿望十分迫切。尽管局部战争和冲突仍时有发生，但和平与发展得到全世界的认同。经济的发展、社会的稳定、科技的进步对战后旅游活动的快速发展起到了巨大的推动作用。其具体推动因素主要有以下几个。

1. 人口基数增大

第二次世界大战后，世界人口增长很快，联合国人口基金会在 1999 年初公布的统计数字显示，1804 年世界人口只有 10 亿，1927 年增长到 20 亿，1960 年达到 30 亿。人口基数的增大，为战后旅游活动的大众化提供了基础。此外，人口的区域分布、结构差异等变化一方面使旅游需求的规模增大，另一方面也使其日趋多样化。

2. 收入水平提升

第二次世界大战后，世界经济迅速发展，很多国家的人均收入或家庭平均收入不断增加，尤其是欧美经济基础较好的国家居民收入水平提升更为突出。居民收入的增加直接促进了消费及支付能力的提升，为旅游需求的产生和增加提供了坚实的物质基础。

3. 休假机会增加

第二次世界大战后，随着科技的进步，生产自动化程度不断提高，单位产品生产所需时间大幅减少。人们的旅游需求的增加与休假时间的有限之间的矛盾因生产自动化程度和生产效率的提升有了调和的路径。20 世纪 60 年代，多数发达国家居民得到更大的休假权利，尤其是带薪休假制度的实行更为广泛，劳动者每年享有的假期数量不断增加。休假机会的增加使旅游活动日趋大众化。

4. 交通运输工具进步

第二次世界大战后，交通运输技术进一步提升，铁路和轮船等传统运输方式逐渐被汽车和飞机所取代。在美国，全美道路网在第二次世界大战前已建成，战后随着私家车拥有率的不断上升以及公共汽车运营网络的扩大和完善，汽车旅行成为人们中短途主要选择的旅行方式。第二次世界大战后，战争期间大多投入战争服务的航空公司开始将客机投入使用，使得自费航空旅行的乘客数量增多，航空旅行为更多的人所接受。1959 年 1 月 25 日，美国航空公司（American Airlines）首次使用喷气式客机作为横贯大陆的飞行，航线是从洛杉矶飞往纽约。快速、安全、舒适的特点使得航空旅行成为人们最主要的公共交通方式。

上述因素基于客观需求方面的探讨，然而致使第二次世界大战结束后旅游活动迅速发展的因素很多。从人们外出旅游的主观意愿来看，战后城市化进程进一步加快，人们长时间从事单调乏味的重复性工作而产生的摆脱身心紧张的愿望不断增强；战后世界各国教育的普及和国民文化水平的提高，进一步激发人们对外部世界的好奇心和求知欲。这些内在驱动力使人们外出旅游的主观意愿日趋强烈。

此外，第二次世界大战后旅游活动的发展离不开供给环境的拉动作用。例如，包价旅游产品的提供日趋专业化；各国、各地区政府越来越重视旅游业的发展，支持旅游资源开发和基础设施建设，制定旅游开放政策和加大对外宣传力度，等等。

拓展资料 2.3

🔍 本章小结

本章首先从西方和我国古代人类外出旅行的原因、表现和影响进行分析，进而归纳出 19 世纪前人类外出活动特点；其次，着重以我国近代旅游业开端和西方工业革命对旅游发展的影响作为着眼点，阐述近代旅游发展；最后，对现代旅游发展迅速的原因进行了剖析。通过本章学习，学生将进一步理顺旅游发展的时间脉络并把握其动力机制，为后续章节学习打下基础。

即测即练

思考题

1. 结合本章谈谈你怎么认识迁移、旅行和旅游。

2. 简述 19 世纪前旅游活动的特点。

3. 简述产业革命对近代旅游发展的影响。

4. 结合实际，试述第二次世界大战后旅游发展迅速的原因。

5. 结合实际，谈谈交通进步对旅游业的促进作用。

6. 现代旅游业有什么特点？

第3章 旅游活动

学习目标

1. 了解国内外有关旅游活动的不同定义及旅游活动未来发展趋势。

2. 熟悉旅游活动的分类与构成要素。

3. 掌握旅游活动的基本属性与特征。

能力目标

1. 了解有关旅游活动的界定，能够自主查阅资料，总结、归纳拓展知识。

2. 熟悉旅游活动的分类及构成要素，提升理论与实践结合分析问题的能力。

3. 掌握旅游活动的特点与属性，透过现象分析问题的本质。

思政目标

1. 了解不同概念界定的关键点，培养学生严谨求实的科学态度。

2. 熟悉旅游活动分类与构成，培养学生认知事物发展的系统观。

3. 掌握旅游活动特点与属性，激发学生专业认同感，树立专业自信。

思维导图

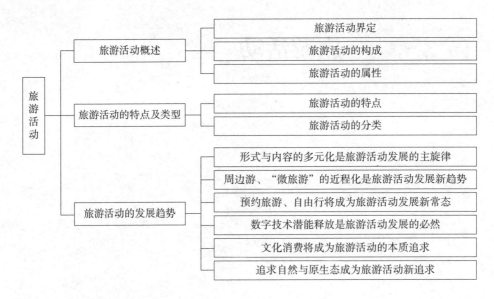

 导入案例

3.1　旅游活动概述

旅游作为文化创意产业的核心，在促进国际交往、丰富社会生活、拉动内需、带动经济发展、弘扬民族文化等方面发挥着越来越重要的作用。虽然旅游活动自古有之，但是并不是自有了人类就有了旅游，旅游作为一种社会现象，是社会经济、技术、人类精神文明和物质发展到一定阶段的必然产物。"旅游"一词在中国始见于南朝梁代诗人沈约的《悲哉行》一诗中："旅游媚年春，年春媚游人"，英文的"tourism"则首次出现在1811年版的《牛津词典》中。"旅游"从字义上很好理解。"旅"是旅行、外出，即为了实现某一目的而在空间上从甲地到乙地的行进过程；"游"是外出游览、观光、娱乐，即为达到这些目的所做的旅行。二者合起来即旅游。所以，旅行偏重行，旅游不但有"行"，且有观光、娱乐的含义。什么是旅游活动？人们很容易想到的答案就是为了观光、度假、娱乐等消遣性目的而外出他乡访问的旅行活动，但是这一解释并不全面，在不同的时期对旅游认知的角度与方法都有不同，对旅游的界定也有着不同的理解。随着社会经济的发展，旅游的形式和内涵在不断地扩展，对"旅游"这个词，国内外虽然尚没有统一的定义，但大家对"旅游"的理解基本一致。综合起来，国内外对旅游的定义基本上分为两类，即概念性定义和技术性定义。

3.1.1　旅游活动界定

1. 概念性定义

概念性定义旨在提供一个理论框架，用以确定旅游的基本特点以及将它与其他类似的、有时是相关的但是又不相同的活动区别开来。国际上普遍接受的是汉泽克尔和克拉普夫 1942 年提出的定义，该定义指出"旅游是非定居者的旅行和暂时居留而引起的一种现象和关系的总和。这些人不会导致永久居留，并且主要不是为赚钱"。这一定义说明了旅游活动不仅是旅游者个人的活动，而且是由它所引起的一切关系所构成的综合现象。后由于这一定义被旅游科学专家国际联合会（International Association of Scientific Experts in Tourism）所采用，因此又称"艾斯特"（AISET）定义。

此外，法国学者让·梅特森提出："旅游是一种消遣的活动，它包括旅行或在离开定居地较远的地方逗留，其目的在于消遣、休息或为了丰富他的经历和文化修养。"[①]

美国密歇根大学商学院旅馆和餐饮管理系的麦金托什和格德纳两位教授在合著的《旅游学——要素·实践·基本原理》中指出："旅游可定义为，在吸引和接待旅客及其访问者的过程中，由于游客、旅游企业、东道政府及东道居民的相互作用而产生的一切现象和关系的综合。"

美国参议院领导的一个研究小组提出："旅游是人们出于日常上班工作以外的任何原因，离开其居家所在的地区，到某个或者某些地方旅行的行动或活动。"[②]

世界旅游组织（World Tourism Organization，UNWTO）在 1980 年马尼拉会议之后，曾提到要用"人员运动"（movemeats of persons）取代"旅游"（tourism），将其定义为："人们出于非移民及和平的目的或者出于导致实现经济、社会、文化

---

① 谢彦君.基础旅游学 [M].北京：中国旅游出版社，1999.
② 李天元.旅游学概论 [M].7 版.天津：南开大学出版社，2018.

及精神等方面的个人发展及促进人与人之间的了解与合作等目的而做的旅行。"[1]

我国学术界关于现代旅游的一些概念如下。

《中国百科大辞典》中"旅游学"部分指出："旅游是人们观赏自然风景和人文景观的旅行游览活动。包含人们旅行游览、观赏风物、增长知识、体育锻炼、度假疗养、消遣娱乐、探新猎奇、考察研究、宗教朝觐、购物留念、品尝佳肴以及探亲访友等暂时性移居活动。从经济学观点看，是一种新型的高级消费形式。"

李天元认为："旅游活动是人们出于移民和就业之外的目的，暂时离开自己生活的惯常环境，前往他乡开展的旅行和逗留访问活动。"[2]

谢彦君等定义为："旅游是个人以前往异地寻求审美和愉悦为主要目的而度过的一种具有社会休闲和消费属性的短暂经历。"[3]

魏向东提出："旅游是旅游者在自己可自由支配的时间内，为了满足一定的文化享受目的，如游憩、娱乐、保健、求知、增加阅历等，通过异地游览的方式所进行的一项文化体验和文化交流活动，并由之而导致的一系列社会反应和社会关系。"[4]

综合国内外学者概念性定义，对旅游活动基本特征达成几个共识：①移动性，旅游活动是指一种人类的移动行为。②异地性，在旅游活动的过程中，人们离开居住的惯常环境到异地，并产生了参与者与目的地社会文化的接触，惯常环境即人们日常居住、工作或学习的地方。人们在家庭或社区内的活动（如在家看电视或日常购物等），以及日常上班、上学都不是旅游活动，但如果人们是在闲暇时间内在家庭之外惯常环境之内发生的游憩活动，称为户外游憩，它与异地性的旅游活动存在紧密的联系。③暂时性，与人类其他离开惯常环境的行为如迁徙、移民等行为不同，旅游只是短暂地访问及居住于非惯常环境，并且最后会返回到惯常环境，其行为轨迹构成一个环路。④目的性，人们外出旅游都是出于一定的目的，早期的旅游的定义中如"艾斯特"定义强调出于"除赚钱目的"之外的活动，但随着城市化进程加快，将商务旅行、会展节事等产生的移动也纳入旅

① 《世界旅游》第 184、185 期，WTO。转引自：李天元 . 旅游学概论 [M]. 7 版 . 天津：南开大学出版社，2018.
② 李天元 . 旅游学概论 [M].7 版 . 天津：南开大学出版社，2018.
③ 谢彦君 . 基础旅游学 [M]. 北京：中国旅游出版社，1999.
④ 魏向东 . 旅游学概论 [M]. 北京：中国林业出版社，2000.

游活动中被越来越多的学者认同，因此，旅游活动的目的可以分为休闲、商务和其他三类。

2. 技术性定义

概念性定义便于人们把握对事物的本质特征，而技术性定义则是进一步对移动性、异地性、暂时性的标准进行具体的物理界定。技术性定义一般建立在概念性定义的基础之上，为了实现可操作性，技术性定义往往针对事物的具体形态作出量的规定，有时也采用描述列举的方法。这种量的规定和描述列举从理论上看也许是不严密的，但是操作起来比较方便。由于同类事物的具体形态在不同历史阶段或不同国家和地区之间往往存在较大的差异，因此技术性定义具有一定的历史性和地域性。

具有代表性的是 1991 年加拿大渥太华会议中世界旅游组织提出的定义："旅游是指为了休闲、商务或其他目的离开他们惯常环境，到某些地方并停留在那里，但连续不超过一年的活动。"其中"其他目的"包括六大类：休闲、娱乐、度假，探亲访友，商务、专业访问，健康医疗，宗教/朝拜，其他。这里出于统计方面"连续停留时间不超过一年"的规定，使得暂时性有了判断标准，这一时间主要是针对国际旅游，而国内旅游的时间则相对短些，如中国对国内旅游的时间规定是"6 个月以内"。在惯常环境方面，很多国家提出的标准是旅行距离，也有些国家的标准是离开所在城市，还有些国家是通过旅行时间的规定间接对惯常环境作出界定，比如 6 小时以上或过夜。是否过夜住宿是一个重要指标，因为过夜游往往能够给目的地带来更多的消费收益。在旅游统计上，世界旅游组织建议，根据滞留时间长短，将旅游划分为 1～3 夜、4～7 夜、8～28 夜、29～91 夜、92～365 夜几种情况。[①] 因此，技术定义的采用有助于实现国际旅游数据收集工作的标准化，为旅游决策提供依据。

3.1.2　旅游活动的构成

人们离开常住地进行旅游活动的过程中，涉及自然环境、政治、经济、文化、科技等因素，面临吃、住、行、游等问题。旅游活动是一项涉及面广、综合性强的活动，它的进行需要一定的条件，在此对旅游活动的要素进行探讨。

---

① 吴必虎，黄潇婷，等．旅游学概论 [M].3 版．北京：中国人民大学出版社，2021.

1. 旅游"六要素"说

"旅游活动的要素"这一表述，在某些情况下，用来指旅游活动的内容，即构成旅游活动的要素有哪些，而在有些情况下，指旅游活动得以开展需要涉及的要素，即旅游活动体系的构成要素。旅游者的旅游活动需要借助一定的交通工具实现空间上的转移，前往异地，旅行过程中需要食宿、参观和游览；此外，还需要娱乐消遣和购物活动，从而构成完整的旅游活动。因此，从旅游活动内容的构成要素而言，基本要素包括食、住、行、游、购、娱，通常称为旅游活动"六要素"。

旅游活动的"六要素"说在很长一段时间内认可度较高，但在此基础上，国内外学者也提出了不同看法。例如，吴必虎提出"六要素"是基于观光旅游的概括提炼，随着旅游向更深、更广的领域发展，使用"六要素"来阐述旅游活动，特别是概括休闲度假、商务旅游、探亲访友等目的的旅游活动显得捉襟见肘。也有学者提出旅游"新六要素"，激发人们旅游的动机和体验要素越来越多，"食、住、行、游、购、娱"六要素为旅游基本要素，新的六要素"商、养、学、闲、情、奇"为旅游发展要素或拓展要素。"商"是指商务旅游，包括商务旅游、会议会展、奖励旅游等旅游新需求、新要素；"养"是指养生旅游，包括养生、养老、养心、体育健身等健康旅游新需求、新要素；"学"即研学旅游，它不是单纯的旅游，也不是纯粹的留学，而是介于游与学之间，贯穿了语言学习和参观游览，包括修学旅游、科考、培训、拓展训练、摄影、采风、各种夏令营冬令营等活动；"闲"指休闲度假，包括乡村休闲、都市休闲、度假等各类休闲旅游新产品和新要素，是未来旅游发展的方向和主体；"情"则指情感旅游，包括婚庆、婚恋、纪念日旅游、宗教朝觐等各类精神和情感的旅游新业态、新要素；"奇"是指以探奇为目的的旅游新产品、新要素，包括探索、探险、探秘、游乐、新奇体验等，在我国近年发展迅速。"新六要素"也只是基于现阶段实践的总结，今后还会拓展出更新、更多的旅游发展要素。

2. "三要素"说

从旅游活动整个体系而言，旅游活动又可分为三个基本要素，即旅游活动的主体、旅游活动的客体、旅游活动的中介体。"旅游活动的主体"是指旅游者；"旅游活动的客体"是指满足主体来访目的的旅游资源或旅游对象；"旅游活动的中介体"是指帮助主体完成其旅游经历，为其提供各种便利服务的旅游业。这三个要素缺一不可。① 三个基本要素相互作用、相互联系、相互制约，构成旅游活动这一复杂的综合性整体——人类生活的高级消费形式，并产生经济效益和社会效益（图 3-1）。

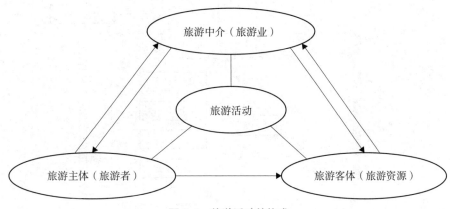

图 3-1　旅游活动的构成

　　"三要素说"又称"三体说"，更多的是基于旅游活动核心构成角度提出的，认可度较高，但也有学者从系统理论出发，认为"三要素说"未必能充分考虑到对三要素产生重要影响的政策、法规、文化传统等支持系统的作用。谢彦君指出，"要素论"以旅游过程为主线，实际上没有抓住主要矛盾，是功利性的，旅游活动既包括旅游者活动，也包括旅游产业活动。田里提出，旅游系统结构从内到外分为三个层次，其中的核心层包括旅游活动的主体——旅游消费者，旅游活动的客体——旅游目的地，旅游活动的介体——旅游接待业；支撑层面包括政策法规、基础设施、人力资源三大要素；外围层包括生态环境、经济环境、社会环境、政治环境、技术环境五大环境要素。② 吴必虎的分析更为全面、深刻，他指出，"六要素"仅反映了直接与旅游者接触的因素，主要包括旅行服务、接待服务、游览和娱乐服务方面的条件，甚至有些直接与旅游者接触的因素，也未能完全概括，如面向旅游者的各种信息产业活动（如旅游信息和旅游目的地营销）、旅游者途中接触到的自然环境和社会文化环境等，而这些因素对旅游活动产生的影响有时是不可忽视的，包括客源市场系统、出行系统、目的地系统和支持系统四个部分，对四个部分的详细描述如图 3-2 所示。

---

① 李天元 . 旅游学概论 [M].7 版 . 天津：南开大学出版社，2018.
② 田里 . 旅游学概论 [M]. 重庆：重庆大学出版社，2019.

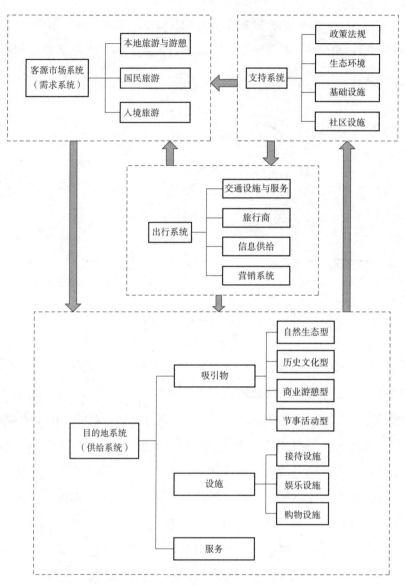

图 3-2　旅游活动系统

资料来源：吴必虎，黄潇婷.旅游学概论 [M].3 版.北京：中国人民大学出版社，2019.

3.1.3　旅游活动的属性

拓展资料 3.1

旅游业被称为朝阳产业、无烟产业，旅游活动所带来的经济效益在整个国民经济发展中占据越来越重要的地位，但要注意旅游活动不仅仅是一种经济现象，它具有经济、文化、消费、休闲和社会等多种属性，是一种综合性社会活动。

1. 经济属性

1）旅游活动对各地区发展具有显著的经济效益

就境内旅游而言，其主要影响之一便是拓宽货币回笼渠道、加快货币回笼速度和扩大货币回笼量，实现财富在一国境内不同地域之间的再分配。就接待入境旅游者来说，其最明显、最重要的作用是增加接待国（地区）的外汇收入。此外，由于国际旅游消费的支付手段是外币，旅游发展还起着平衡国际收支、增加外汇储备、弥补贸易逆差的积极作用。作为一个综合性的服务行业，旅游业比其他行业具备更强的就业吸纳能力，不仅能为旅游饭店业、旅行社业和旅游交通运输业提供大量的工作岗位，还有利于提高区域经济水平，促进区域间经济的合作和社会的协调发展。

2）旅游者的产生和旅游活动的发展与社会经济发展有密不可分的关系

从旅游活动历史进程可以看出，旅游活动是伴随着生产工具的更新、生产力水平的不断提高、科学技术日益进步而发展的，社会经济的发展使得国民收入增加、劳动时间缩短、余暇时间延长，人们才有外出旅游的可自由支配收入和闲暇时间。尤其 21 世纪之后，丰富而独特的旅游资源、安全而便捷的交通工具改进、舒适而完备的食宿设施等无不促进现代旅游的快速发展。经济因素对旅游者的产生和旅游活动的发展一直起决定性作用。

2. 文化属性

1）旅游本质上是一种文化体验活动

人们对旅游的需求，不仅体现了一个人对自身精力以及金钱、时间的支配自由权，而且反映了人类对异地环境的探寻和求索的强烈愿望，以及对异质文化和异域情调的向往和猎奇的心理。旅游不但可以为人们提供丰富多彩的异地生活内容，而且可以提供全方位、全身心的感受和体验，因此，旅游者需求的产生本身就是文化的一种体现。旅游者通过对自然环境、建筑、歌舞、节庆礼仪、餐饮住宿等外显形式的消费，获得内隐的文化所指，从中体验文化提供给人们不同于日常居住地的社会空间、身份的重新确认和文化认同，整个过程是一种文化体验活动。

2）旅游是文化自身存在和发展的重要方式

旅游活动中的主要依托，一是旅游资源，一是旅游设施和管理服务，都是一种社会文化的实践。旅游资源中的人文旅游资源包括社会、政治、经济、法律、道德、历史、科学、文学艺术、民俗风情等都是各地区文化的体现，而自然资源虽然是天赋的自然地理条件，但是要成为可供旅游者亲临其境进行观赏的客体，还需要经过人类劳动，打上人类社会文化的印记。同样，不管是直接或者间接为旅游服务的公共基础设施，还是专门为旅游活动服务的设施建设，也都是不同国家（地区）、不同民族、不同地域的文化的产物。旅游对文化发展最直接的作用表现为，它将文化资源转化为社会大众可以消费的商品，随之又为文化的发展提供了资金支持，因此，合理地开发利用文化资源是旅游的可持续发展之道。

3. 消费属性

1）旅游是一种消费行为而非生产行为

在大众旅游活动过程中，必然涉及食、宿、行、游、购、娱等多种要素，每一要素的发生，显然都是一种典型的消费行为。此外，旅游是人们在满足对基本生活必需品的需要后产生的高层次、高档次的享受型消费。所谓消费，就是人类对自己的一切劳动成果的耗用，在旅游活动过程中，旅游者不但没有为个人或社会创造任何财富；相反，却在耗用着自己的金钱、时间和他人（社会）的劳动成果——物质和精神生活资料。因此，旅游行为是消费行为。

2）旅游消费与日常消费不同

从时间维度上说，旅游消费是一种"间歇式消费"，两次消费的发生通常相隔较长一段时间；而日常消费是一种"连续性消费"，年复一年、日复一日地重复性发生。从行为方式上说，旅游消费是一种"井喷式消费"，在短短的旅游期间集中消费额度大，无理性消费成分较大；日常消费则是一种"溪流式消费"，理性色彩较为浓烈，凡事表现为精打细算、小进小出。从实际效用上说，旅游消费主要是一种心理体验过程，谋求精神上的欢娱；日常消费则主要是为了维持人们日常生活的必需所做出的购买行为。因此，对个人而言，旅游是一种较高层次的消费活动，但随着经济的发展，正在发展成为现代社会人们生活中的一种基本需要。

4. 休闲属性

1）旅游活动是一种休闲体验

从主观上来讲，人们外出旅游旨在借助各种休闲活动来调节原有的程式化生活。在旅游观览与体验过程中，人们短暂地进入一种相对自由状态，没有生活与工作的压力，真正达到了"身"与"心"的双重休整。旅游是生活的休闲阶段，是多种休闲活动的集合。

2）旅游活动多发生在自由时间

在我国，周末双休日和春节、"十一"两个黄金周是旅游的高峰期，前者适宜近程旅游休闲，后者则适合到较远的距离之外去体验异域风情。带薪假期是大规模推动度假旅游的有效措施，工作性质的不同，导致人们带薪假期的存在状态也有所不同。传统节假日是人们另一种相对完整的自由时间，随着时代的发展，人们利用传统节假日旅游的趋势明显增强。

5. 社会属性

1）旅游活动的构成具有社会性

作为旅游活动主体的旅游者是具有社会意识、社会道德观念和社会变革能力的社会人。作为旅游的客体的旅游资源是社会客观存在物。旅游业中的主要经营企业也是社会性的普遍存在，以及社会对旅游活动所能提供的各种条件随着社会的发展变化而变化，在旅游发展史上所表现出来的种种不同的旅游特征，其主要根源就在于不同时代的社会综合发展水平和旅游供给条件的差异。

2）旅游活动是一种综合性社会活动

自然界中的名山大川、峻岭奇石、小桥流水、大漠孤烟、黄昏夕照、松柏竹梅，传统文化中的戏剧绘画、音乐舞蹈、园林建筑，乃至各种适应旅游者求新、求奇、求险的需求而出现的娱乐活动，无不处处洋溢着美、渗透着美，滋润着旅游者的心灵。社会的发展进步促使人们的人生观、价值观发生变化，如今的中国社会，越来越多的人已乐于将旅游作为业余生活的首选。所以，旅游活动发展越来越大众化、普及化，旅游活动加快了人员、信息、物质和资本的流动，增进各地人们之间的社会交往活动，它是一种综合性的社会活动，具有经济、文化和社会、消费、休闲等多种属性，能够满足人们和社会发展的多样化需求。

3.2　旅游活动的特点及类型

3.2.1　旅游活动的特点

1. 普及性

早在 1980 年，世界旅游组织在菲律宾马尼拉召开的"世界旅游会议"中，就通过《马尼拉世界旅游宣言》明确指出，现代旅游是采取工人每年享有带薪假期的社会政策的结果，是对人类休息和娱乐基本权利的承认。现代旅游已经成为一种有利于社会稳定、人与人之间和各国人民之间相互了解及自我完善的方式。

现代旅游活动的普及性不仅意味着旅游活动参加者的范围已经扩展到普通的劳动大众,更反映着其参加者的广泛性。第二次世界大战之后,特别是20世纪60年代以后,随着社会劳动生产率提高、国民经济增长、家庭收入增多、闲暇时间逐渐增多,更多的普通老百姓参与到旅游活动中来,旅游活动开始成为大众可以享有的权利和人类社会基本需要之一。20世纪80年代以后,女性旅游市场人数明显增加,银发旅游市场、学生旅游市场受到普遍关注,研学旅游等在全国推广。据文化和旅游部数据中心统计,2023年国庆期间我国国内旅游出游8.26亿人次,实现国内旅游收入7 534.3亿元。对于一个拥有14亿人口的发展中国家来说,这是一个了不起的成就,对世界旅游业的繁荣与发展也有巨大的贡献,这预示着我国已经进入大众旅游时代。可见,未来的旅游活动必将成为人民美好生活的重要选项和刚性需求,旅游将不再是高薪的代名词,"吃有肉、住有楼,还有余钱去旅游"成为小康社会的生动写照。

2. 地理集中性

随着现代交通工具的进步,人们在世界各地之间旅行往来的时间距离在不断缩短,加之现代通信和信息技术所带来的沟通便利,当今世界"正在缩小",正朝着"地球村"的方向发展。当今世界上几乎任何一个角落都留下了旅游者的足迹,甚至像南极洲遥远的冰雪世界也成了旅游者的目的地,太空旅游也发展起来,但去这些"角落"旅游的人其实是极为少数的。人们旅游活动的开展并不是平均地分布于地球的每一个地方,而是往往集中于某些地区、某些国家,甚至集中于某个国家的某些区域或地点。例如,以国际旅游活动在全球各大地区的分布为例,全球国际旅游活动的开展中,欧洲地区的接待量最大,其次是东亚和太平洋,第三是美洲,这三个地区的接待量合到一起占全球总量的90%~95%。相比之下,非洲、中东、南亚等地区的接待量都很小。以国内旅游分布为例,旅游者也并不是平均地分散在各个城市的各个地点开展旅游活动,而是集中于某些区域,形成了旅游热点城市和旅游热点线路。即便是在某一城市内,旅游者也相对集中在知名度较高的景区和景点。

了解和认识旅游活动的地理集中性,无论是对于微观层次上的旅游企业经营,还是对于宏观层次上的旅游规划与管理,都具有重要的现实意义。就微观层次而言,其有助于指导旅游企业经营者对经营地点的选择,根据这一特点,旅游经营者应该将营业地点选择在旅游活动比较集中的区域，特别是诸如餐厅、旅游商店、旅馆等旅游服务企业，一直都将"地点、地点、还是地点"作为现实成功经营的"黄金法则"。就宏观层次而言，其有助于指导旅游规划和管理工作，从而促进旅游业可持续发展的实现。对于大多数旅游目的地或旅游景区来讲，"人满为患"之类的现象的出现，客观上往往都是与旅游活动空间分布上过度集中有关。

3. 季节性

在旅游研究以及旅游业的经营中，人们通常将一年中旅游者到访人数明显较多的月份称为旺季，将旅游到访人数相对较少的月份称为淡季，对介于这两者之间的其余月份则称为平季。以我国改革开放之后历年各月份接待入境旅游者的情况为例，每年的 6—11 月一般认为是境外旅游者到访的旺季，12 月至次年的 3 月是境外旅游者来访的淡季。淡旺季便是旅游活动季节性最直接的体现，对于旅游目的地以及该地的旅游企业来说，季节性实质意味着需求波动，这种波动不仅存在于一年中的四季之间以及各月份之间，而且在一周之中的平日和周末之间，甚至在一天中的不同时段之间同样可以见到。比如对于大多数旅游景点来说，每逢周末，游人的来访量通常都会高于平时。

对于一个旅游目的地来说，旅游者来访量出现季节性波动，既有该地自身的原因，也有客源地方面的原因。

1）旅游目的地方面的原因

就旅游目的地而言，通常受该地气候的影响，特别是在该地借以吸引旅游者来访的主要旅游资源在很大程度上受该地气候影响的情况下，季节性特点更为突出。比如，地处北半球的旅游目的地气候多有四季分明的特点，在冬季的时候，东北地区会以其独特的冰雪资源吸引一大批冰雪旅游爱好者，而随着炎热气候的到来，海滨地区以蓝天、白云、沙滩以及凉爽的海风成为人们旅游热衷的目的地。许多地区的旅游者的来访量都会随着季节的变化出现季节性波动。

2）旅游客源地方面的原因

旅游客源地方面的原因中，具有普遍性的影响因素主要有三个：①出游目的；②带薪假期的时间；③传统习惯。

（1）出游目的。从总体上讲，以商务为代表的差旅性外出通常不受季节影响，以探亲为主要目的的因私事务型旅游活动通常受季节的影响也不是很大，而消遣性目的的出游活动则一般受季节的影响较大。若一旅游目的地所接待的到访旅游者中，消遣型旅游者所占的比重较大，则该地的季节性需求波动便明显。

（2）带薪假期的时间。如果该地带薪假期的时间较为集中，那么该地居民外出旅游的季节性通常会很强；相反，如果该地带薪假期的时间较为分散，该地居民外出旅游的季节性也便会削弱。我国正在逐步完善带薪假期，随着节假日放假制度的变革，十一"黄金周"期间国民旅游高峰的出现，也同样反映了放假时间对出游季节的影响。

（3）传统习惯。除上述两种原因外，近年来的市场调研中还发现，有些国家尽管带薪假期的时间日趋灵活，但实际上有相当多的家庭仍倾向于选择在传统的度假时节外出旅游。因此，人们在选择出游时间方面的传统习惯对于该客源市场的出游季节性也有一定的影响。

对于旅游目的地而言，旅游需求的波动性所带来的淡旺季问题，使得旅游目的地容易出现淡季资源供过于求、旺季又供不应求的不平衡现象。因此，季节性是困扰旅游业经营的一大问题，不管是旅游目的地管理者还是旅游企业，如何通过科学规划和市场营销工作的开展，尽量减小到访旅游需求的季节性波动程度一直是工作的重点。

4. 发展性

第二次世界大战以后，特别是 20 世纪 60 年代以后，全球旅游活动发展势头良好。虽然某些国家或地区的旅游业在某些时期会因经济危机、恐怖活动、战争爆发、自然灾害、疾病传染等出现一定的波动，甚至出现下降或者停滞不前，如非洲部落冲突、中东战争、东南亚金融危机、美国"9·11"恐怖事件等都对当地旅游业造成致命性打击，对全球旅游发展也有一定程度的影响，但是，目前整个世界政治经济处于和平发展阶段，现代旅游活动始终保持稳定、发展，旅游经济的增长速度远远超过世界经济增长的速度，旅游业也因此被誉为"21 世纪的朝阳产业"。旅游业是社会经济中增长最快的领域之一，世界旅游业理事会（World Travel & Tourism Council，WTTC）发布的《2023 年世界经济影响》预测，到 2033 年，旅游业将成为一个价值 15.5 万亿美元的产业，占全球 GDP（国内生产总值）的 11.6% 以上；全球旅游业的就业人数将达到 4.3 亿，占全球劳动力的近 12%，不仅能够激发经济增长活力、促进就业、吸引投资、提升当地人民生活质量、鼓励创业，而且能够维护生态系统和生物多样性、保护文化遗产，以及促进社区的自主、自强和包容性发展，从而为实现可持续发展提供重要手段。

　　尽管新冠疫情对旅游业造成了前所未有的冲击，但是大众旅游消费意愿仍在，近程旅游、乡村旅游和本地休闲依然是城乡居民的基本需求。中国共产党第二十次全国代表大会提出"以中国式现代化全面推进中华民族伟大复兴"，在这一进程中，旅游业尽管面临理念重构和实践创新的挑战，但我们相信未来必将复苏和持续发展。

拓展资料 3.2

3.2.2　旅游活动的分类

　　在对旅游活动的分类中，并不存在绝对统一的划分依据或者标准。在实际工作中，人们往往会根据自己所要研究的具体问题，在不同的情况下选择使用不同的划分依据。常用的分类主要有以下几种。

　　1. 按旅游目的分类

　　旅游者外出旅游有不同的目的，据此可划分为观光旅游、度假旅游、文化旅游、商务旅游、生态旅游、专项旅游等，按旅游目的划分是旅游活动最基本的划分形式，目的具有多样性，旅游形式也具有多样性，这里就典型旅游活动进行介绍。

　　1）观光旅游

　　观光旅游是指以领略异地他乡的自然风光、都市景观或社会风情为主要内容的旅游活动，从中获得自然美、艺术美、社会美的审美情趣，达到消遣娱乐、休憩和愉悦身心的效果。观光旅游是世界上最古老、最常见、最基本的旅游类型，是世界上开展最为普遍的旅游活动类型，也是我国旅游类型的主体，是我国接待量最大的旅游类型。随着大众旅游需求的持续增长和不断升级，传统的单一观光旅游市场越来越窄，现在大多通过发展海钓、狩猎、房车露营等新产品为旅游者创造愉悦的新渠道，形成新的旅游观光模式。此类型的旅游对东道主社会生活参与程度低，活动更多的是被动地进行。

　　2）度假旅游

　　度假旅游是为了摆脱日常工作和生活环境造成的身心紧张，而去海滨、山区等环境优美的地方放松一段时间的旅游活动，以松弛精神、享受临时变换环境所带来的欢娱为主要目的。度假旅游能够调节人们的生活节奏，使人们摆脱日常紧张工作带来的烦恼，因此该类型的旅游者日趋增多。近代真正意义上的度假旅游源于20世纪 30 年代欧洲旅游度假区的兴建，在第二次世界大战结束后，随着世界经济的飞速发展和带薪假日的实行，度假旅游在世界范围内迅猛发展，并形成产业化的规模。从度假旅游的发展轨迹可以看出，近代以度假旅游为主要形态的休闲经济的崛起，不仅是对人本意义的超越，也是一种社会发展与文明程度的标志。步入以经济全球化和知识经济为主要特征的今天，度假旅游呈现出一些新的发展趋势。

3）文化旅游

文化旅游是指带有文化考察、文化交流、文化学习等目的，以满足人们文化知识需要而进行的旅游活动。通过旅游实现感知、了解、体察人类文化具体内容之目的的行为过程，泛指以鉴赏异国异地传统文化、追寻文化名人遗踪或参加当地举办的各种文化活动为目的的旅游，一般涉及体验目的地社会的民族历史、生活方式、风俗习惯、民族艺术、社会组织以及文化教育。知识性和参与性是这类旅游活动的突出特点，寻求文化享受已成为当前旅游者的一种风尚。随着教育的普及和现代科学技术的日益发展，人们文化素质不断提升，意识观念日益更新，追求文化知识的欲望越来越强，因此，旅游活动所包含的文化知识成为衡量旅游活动是否丰富的标准之一，引起各地区旅游业界的重视。近些年来，我国已经接待了大批学习汉语、针灸、中国烹饪的外国旅游团，并开展了众多中医中药文化交流、书法绘画交流等，中国五千年的文明史，众多文物古迹和自然资源，是吸引国外旅游者开展内容丰富的文化旅游的重要资源。

4）商务旅游

商务旅游泛指工商界人士因商务目的而去异国他乡的访问活动。商务旅游活动通常包括谈判、会议、展览、科技文化交流活动以及随之带来的住宿、餐饮、交通、游览、休闲、通信等活动。总之，几乎与商务旅游者发生的所有活动相关的活动都可称为商务旅游活动，因此它是一种复合型旅游活动。商务旅游与普通的观光、休闲度假等旅游方式相比，具有消费水平较高、受旅游淡季与气候影响较小、活动地点较固定、活动方式重复等许多明显优势，发展商务旅游已经成为一个城市经济增长的重要支撑点。全球差旅管理巨头嘉信力旅运公司（Carlson Wagonlit Travel，CWT）的一项名为"更快、更智能、更好"的研究发现，影响未来商务旅行的发展最大的五个趋势是移动技术、定制化、分享经济、新的预订解决方案和虚拟支付。随着互联网、5G技术（第五代移动通信技术）的发展，旅游者的期待越来越高，消费者在日常生活中对移动设备严重依赖，移动技术和定制化的趋势不言而喻，预订时使用虚拟支付能使差旅费用管理更加简单，虚拟支付对商务旅行的影响将更加广泛。

5）生态旅游

"生态旅游"这一术语，是由世界自然保护联盟于 1983 年提出的，其强调的是对自然景观的保护和可持续发展的旅游。1993 年，国际生态旅游协会将其定义为"具有保护自然环境和维护当地人民生活双重责任的旅游活动"，或解释为"在一定的自然区域中保护环境并提高当地居民福利的一种旅游行为"。世界各国根据各自的国情，开展生态旅游，形成了各具特色的生态旅游。生态旅游发展较好的西方发达国家首推美国、加拿大、澳大利亚等国，目前，这些国家的生态旅游物件从原来的人文景观和城市风光升级为"保持较为原始的大自然"，其中最具代表的是定位为自然生态系统优良的国家公园。

生态旅游是目前国际、国内旅游市场新兴的一种高级旅游形式，是牢固树立和践行"绿水青山就是金山银山"的理念，人与自然和谐共生的重要旅游形式。党的二十大报告指出，"必须牢固树立和践行绿水青山就是金山银山的理念，站在人与自然和谐共生的高度谋划发展"，生态旅游是在保护生态环境的前提下开展的一种以生态景观欣赏和体验为内容的自然旅游活动，所选择的生态景观一般是未开发的原生态环境，因此，参加者必须具备环境保护意识和行为习惯。在规划方面，为了体现对生态旅游目的地生态环境的保护，需要对旅游者数量进行严格的限制，同时对接待建筑的设施也需要进行严格控制。

6）专项旅游

专项旅游是在观光旅游和度假旅游等常规旅游基础上的提高，是对传统常规旅游形式的一种发展和深化，因此是一种更高形式的特色旅游活动产品，是为满足旅游者某方面的特殊兴趣与需要，定向开发组织的一种特色专题旅游活动。其主要产品形式有文化旅游、艺术旅游、民俗旅游、修学旅游、乡村旅游、探险旅游、生态旅游、红色旅游、工业旅游、农业旅游、自驾车旅游、社会旅游等。

红色旅游是指以革命纪念地、纪念物及其所承载的革命精神为吸引物，组织接待旅游者进行参观游览，学习革命精神、接受革命传统教育和振奋精神、放松身心、增加阅历的旅游活动。红色旅游是把红色人文景观和绿色自然景观结合起来，把革命传统教育与促进旅游产业发展结合起来的一种新型的主题旅游，其打造的红色旅游线路和经典景区，既可以观光赏景，也可以了解革命历史，增长革命斗争知识，学习革命斗争精神，培育新的时代精神，并使之成为一种文化。

农业旅游是组织旅游者在农业游览基地观光旅游、丰富农业知识、交流农业

经验、体验农业生产劳动与农民生活、享用农业成果、利用田园休憩身心的旅游
活动。农业旅游是一种以农业和农村为载体的新型生态旅游活动。近年来，伴随
全球农业的产业化发展，人们发现，现代农业不仅具有生产性功能，还具有提高
生态环境质量，为人们提供观光、休闲、度假的生活性功能。随着收入的增加、
闲暇时间的增多、生活节奏的加快，以及竞争的日益激烈，人们渴望多样化的旅
游，尤其希望能在典型的农村环境中放松自己。于是，农业旅游应运而生。

工业旅游是组织旅游者到工厂参观有关产品的制造过程，了解工厂的生产、
销售情况，让旅游者获取相关知识的旅游活动。工业旅游是伴随着人们对旅游资
源理解的拓展而产生的一种旅游新概念和产品新形式。我国近年来发展的工业旅
游主要是依托运营中的工厂、企业、工程等开展参观、游览、体验、购物等活动。
如我国著名工业企业青岛海尔、上海宝钢、广东美的等相继向旅游者开放，许多
项目获得了政府的高度重视。

社会旅游是指通过组织旅游者与社会各阶层进行接触，让旅游者对于一些社
会现象和社会问题获得切身感受和体验而开展的旅游活动。如荷兰某一旅行社推
出了"巴黎流浪 4 日游"，全程花费 459 欧元，参加旅行团的成员不得随身携带现
金、信用卡和手机，他们要学会在行程中像流浪汉一样在街上捡一些有用的东西
或者靠卖艺来维持生活。旅行社会向他们提供乐器、画笔等，监督他们确实一切
都按照要求来做。到了晚上，旅行社发硬纸板和报纸供他们睡觉。不过，旅游活
动的最后一晚会让他们住进高级酒店，同时提供给他们一份不错的晚餐，从而形
成鲜明对比。

2. 按活动组织形式分类

1）团体旅游

团体旅游也称集体综合旅游或团体包价旅游，指一定数量的有着共同或相似
目的的人们组织起来，人数达到一定规模后有组织的集体旅游活动。通常我们所
说的团体是有组织地接受旅行社安排旅游活动的旅游团。按照国际惯例，所谓团
体是指参加旅游的旅游者至少为 10 人的旅游团，旅游者一般按旅游批发商（tour
wholesaler）制定的日程、路线、交通工具、收费标准等作出抉择后事先登记，付
款后到时成行。

2）散客旅游

散客旅游又称自助或半自助旅游，在国外称为自主旅游（independent tour），是

指相对于团体而言人数较少，不通过旅行社组织，或者通常旅游者只委托旅行社购买单项旅游产品或旅游线路产品中部分项目的旅游活动。它是旅游者根据自身兴趣，自行设计旅游线路和活动项目，个人、家庭或朋友结伴而行，零星现付各项旅游费用的旅游形式。目前，散客旅游市场正日益扩大，在华的合资、外资企业的外籍员工以及先富起来的民众，为旅游业提供了潜在的散客客源。在客源竞争十分激烈的情况下，散客旅游业务开展得成功与否，对旅行社的发展和经济效益的好坏将起到非常重要的作用。

　　"散客"并非只是单个旅游者，可以是一个家庭、几个朋友，或者是临时组织起来的旅游团，一般在 9 人以下，散客并不意味着完全不依靠旅行社而全部旅游事务都由旅游者自己办理。实际上不少散客旅游活动都依靠旅行社的帮助，其旅游日程、线路等由旅游者自行选定，然后再由旅行社做某些安排，如出游前的旅游咨询、交通票据、客房的代订、导游等。散客旅游在线路、观光停留时间、费用上有很大的自由性，但是旅游者自身需要花费大量时间查询资料和进行旅行安排，旅游过程中各项事情也难以预料。

　　了解常用的划分依据或者标准固然重要，但是更重要的是应当学会根据自己的工作需要去选择恰当的划分依据或者标准，并针对所划分出来的旅游活动类型去分析该类旅游活动的需求特点或市场特点，否则，对旅游活动分类将变得没有实际意义。

3.3　旅游活动的发展趋势

3.3.1　形式与内容的多元化是旅游活动发展的主旋律

　　在旅游发展的初级阶段，人们主要以游览名胜古迹和自然景观为目标，但随着经济、文化和教育的发展，人们不再满足于单纯的"观山看水"，而更多的是要求在旅游的过程中获取知识和体验生活。人们旅游需求的多层次发展使旅游活动无论是在形式上还是在内容上均呈现出多元化的特点。从形式上讲，自助游等旅游形式将越来越普遍；从内容上讲，工业旅游、农业旅游、红色旅游、乡村旅游、研学旅游等将会成为新的热点。以前的跟团打卡目的地已经不再成为主流出游方式，旅游者开始根据自身需求和喜好，选择不同的玩法，亲子游、康养游、研学游等不同主题的玩法吸引着旅游者探索新目的地。

3.3.2　周边游、"微旅游"的近程化是旅游活动发展新趋势

周边游作为以大都市为中心，出发当日就能够到达目的地的短途旅游形式，消费者无须费力规划行程，利用周末时间说走就走，能够很好地平衡工作与生活之间的关系。与其说周边游是一种旅游形式，不如说周边游是一种生活方式。随着近年来休闲旅游的不断发展，周边游模式已获得足够的市场认同与推崇，持续数年的高速增长需求所带来的软硬件设施以及服务的完善，让这一模式已经能满足更多消费者的需求。《"十四五"旅游业发展规划》重点提出要"打造一批文化特色鲜明的国家级旅游休闲城市和街区"，这一战略的实施将更加促进周边游、近程游的发展。"重新发现周边和家门口的美景"成为一种新趋势，而本地游的深挖，又能让本地居民更好地体验生于斯、长于斯的地方，从而提升生活的幸福指数。

3.3.3　预约旅游、自由行将成为旅游活动发展新常态

预约旅游成为文明出游新趋势，已在景区和旅游者中形成共识，文明旅游成为城市一道亮丽的风景线，预约制也已成为景区常态化管理手段，"无预约不出行"已成为旅游者文明出行的旅游新风尚。一些热门景区使用微程之家景区票务系统，实行门票预约制度，有效加强了客流量监控，科学引导旅游者分时分流游览。预约旅游并非只是应急之策，而是旅游市场发展到一定阶段的产物，从盲目游玩回归理性出游。旅游者可掌握的闲暇自由时间越来越多，其旅游的计划性也越来越强，预约旅游也将成为新常态。此外，随着线上旅游消费的持续渗透，旅游市场散客化自由行趋势也更加明显，并且成为年轻人出游的潮流。

3.3.4　数字技术潜能释放是旅游活动发展的必然

党的二十大报告指出要"加快发展数字经济，促进数字经济和实体经济深度融合"，数字技术与旅游活动的融合为旅游者出游带来极大便捷。在旅游活动前，旅游者可以借助各类App，参考各种旅游攻略来选择喜欢的旅游目的地，提前安排在旅游目的地的食宿。在出行途中，旅游者可以通过获取旅游景区信息，调整旅游节奏，规划游览线路，关注旅游景区容量限制，实时分享美食美照、网红打卡视频等。在旅游活动结束后，旅游者可利用小红书等自媒体分享旅游心得体会，为亲朋好友提供参考建议等。通过对地图、购物、娱乐、美食、OTA（在线旅行社）、住宿、天气等的数字化应用，旅游者有条不紊地安排好各项旅游活动，使

旅游活动变得更加智慧。目前，很多景区都在积极发展智慧旅游，在数字技术运用、创新方面大胆尝试、不断创新，利用无人机技术、芯片技术、GIS（地理信息系统）、数字摄影等让旅游者俯瞰大地、探索宇宙，通过景区的线上平台和旅游小程序，让旅游者提前了解旅游目的地、制订路线规划，预订景点门票、酒店住宿，线上购买纪念品等，满足旅游者在游前、游中、游后的各项需求，在降低营销成本的同时增强景区吸引力。随着5G 技术的不断扩大应用，数字技术与旅游目的地的结合会更加紧密，数字技术的动力和潜能将进一步得到释放，人们的旅游生活将更加智能、便捷和个性化。

拓展资料 3.3

3.3.5　文化消费将成为旅游活动的本质追求

　　文化正为旅游产业带来不可忽视的影响。随着年轻人对中华文化日益热衷，越来越多以文化为基底的文旅产品诞生，尤其借助 3D（三维）展示、全息投影、传感技术、虚拟实景等技术，文化要素化身生活器具触手可及，并颇受追捧。文化性是旅游业发展的新亮点，就旅游业的市场运作而言，第一个层次的竞争是价格竞争，这是最低层次也是最普遍的竞争方式；进一步是质量竞争；而最高层次则是文化的竞争。旅游本身的文化功能是内在的，旅游企业是生产文化、经营文化和销售文化的企业，旅游者进行旅游活动，本质上也是购买文化、消费文化、享受文化。如不少博物馆就成为目的地热搜榜的"座上宾"，三星堆文物掀起博物馆旅游热潮；位于江苏扬州的中国大运河博物馆成为热门旅游打卡地，仅在 2021年试运营期间，月观众量就达 25 万多人次；传统民俗文化的有机融入使热度提升，寺庙祈福、非遗体验等活动深受旅游者欢迎。国内年轻人文化自信的不断提升，是文化类目的地和景区实现逆势增长的主要动因，想要从"蹿红"到"长红"，需要旅游从业者通过对年轻一代文化审美的精准判断，打造出更多旅游消费新场景。

3.3.6　追求自然与原生态成为旅游活动新追求

　　身在绿水青山中，都市生活引起的紧张和压力被抛诸脑后，人们对大自然的喜爱愈加强烈。在携程 2022 年初发布的《2022 年春节旅游总结报告》中，22 城公布的热门景区 TOP5 不乏自然景区、国家森林公园等，如江苏盐城的大洋湾生态旅游景区，江苏黄海海滨国家森林公园，云南的青龙峡、鸡足山、玉龙雪山、苍山等。近年来，旅游者们对自然风光目的地的关注度一直颇高，穷游网报告显示，2021 年 10 月正式公布的第一批国家公园名单，超过一半的穷游用户至少去过其中的 1 个，83.6% 的用户未来计划前往。值得一提的是，如今的旅游者对于自然风光目的地，不只是满足"到此一游"的需求，而是拥有了更多出行目标与方式，欣赏风物、练习摄影、研习自然知识等，成为吸引旅游者们探索自然的重要因素，徒步、露营则成为大受欢迎的亲近自然新方式。追求自然与原生态已经成为一种生活时尚、一种行为理念。

本章小结

　　本章对国内外有关旅游活动的概念性定义及技术性定义进行说明，掌握不同角度对旅游活动的理解要点。旅游活动是各种事物和活动的综合性产物，具有经济属性、文化属性、消费属性、休闲属性、社会属性，此外，旅游活动具有普及性、地理集中性、季节性、发展性等典型特点。根据旅游活动不同划分标准划分旅游活动类型，了解国际旅游和国内旅游、团体旅游与散客旅游、观光旅游与度假旅游、专项旅游等。在新的时代发展背景下，旅游活动未来发展呈现出多元化、近程化、智慧化、文化性、生态化趋势。

即测即练

思考题

　　1. 解释旅游活动、国际旅游、国内旅游、团体旅游、散客旅游、观光旅游、度假旅游、专项旅游的概念。

　　2. 旅游活动的类型有哪些？

　　3. 分析旅游活动的季节性成因以及如何做到淡季不淡。

　　4. 简述旅游活动的地理集中性特点表现及启示意义。

　　5. 旅游活动有哪些属性？

　　6. 旅游活动有哪些特征？

　　7. 结合时代背景及市场需求分析旅游活动未来的发展趋势。

第4章 旅游者

 **学习目标**

1. 了解旅游者的界定、特征及类型。

2. 熟悉旅游者行为"游前－游中－游后"三个阶段的特征。

3. 掌握"需要－动机－需求"旅游者形成机理。

 **能力目标**

1. 了解旅游者类型特点，能够为旅游市场营销提供决策依据。

2. 熟悉旅游者形成条件，能够从中分析当前我国旅游需求趋势。

3. 掌握旅游者行为特征，能够针对旅游者行为过程不同阶段精准服务。

 **思政目标**

1. 了解多样化的旅游者类型及旅游需求，培养学生"以人为本"的科学发展观。

2. 熟悉旅游者行为特征，使学生认识到作为旅游活动主体的旅游者文明旅游行为的重要性及要求，树立文明旅游意识。

3. 掌握旅游者需求形成过程，培养学生树立事物发展是内因和外因共同作用的辩证哲学思维。

思维导图

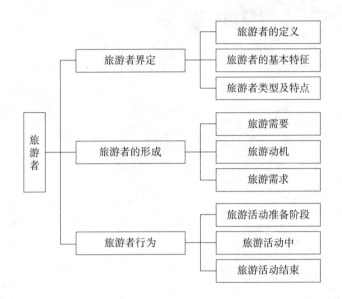

导入案例

4.1 旅游者界定

4.1.1 旅游者的定义

　　旅游者是旅游活动的主体，是旅游活动的三大要素之一，没有旅游者就谈不上旅游活动，更谈不上旅游业的发展，旅游业的工作无一不是围绕着适应和满足旅游者的需要而进行的。所以认识旅游活动主体，了解其产生条件和类型特点是旅游学中必不可缺的研究内容。根据不同国家及地区的理解差异，以及统计口径的不同要求，关于旅游者的界定，通常分为技术性定义和概念性定义两种。

　　1. 技术性定义

　　技术性定义主要是解决实践中的统计问题，满足法律上以及行业管理上的需要，将可量化的限定性指标纳入定义中。目前，国内外关于旅游者的定义大多是从这一角度出发，出于统计需要，技术性定义主要将旅游者分为国际旅游者和国内旅游者两类，一般从离开常住地、访问目的、停留时间三方面界定旅游者。

1）国外对旅游者的技术性定义

（1）国际旅游者界定。最早关于国际旅游者的界定是国际联盟统计专业委员会在 1937 年提出的：“国际旅游者是离开自己的居住国，到异国旅行和访问至少 24 小时的人。”并明确规定，以下人员应纳入国际旅游者的统计范围：出于消遣、娱乐、家庭事务和身体健康方面的目的而出国旅行的人；为出席国际会议或作为各国公务代表而出国旅行的人；为工商业务而出国旅行的人；在海上巡游过程中登岸访问的人员，即使其停留时间不超过 24 小时，也看作旅游者。

但是，下列人员不包括在旅游者之列：到某国就业任职者；到国外定居者；到国外学习、膳宿在学校的学生；边境居民日常越境工作的人；边境临时停留的旅行者，即使在境内时间超过 24 小时也不算作旅游者。

随着国际大众旅游快速发展，统一和规范世界各国的旅游统计口径的问题引起联合国和有关国际旅游组织的关注，在国际官方旅游组织联盟推动下，联合国于 1963 年在罗马召开了国际旅游会议，简称“罗马会议”，此次会议提出用“游客”一词统称纳入旅游数据统计中的入境来访人员，即“除为获得有报酬的职业以外，基于任何原因到一个不是自己通常居住的国家访问的人”，并且根据是否过夜分为过夜国际旅游者和不过夜的一日游游客，并指出，“游客”不包括那些在法律意义上未进入某国的过境游客，如途经该国但是中转过程未离开机场中转区域的国际航空旅客。1968 年，国际官方旅游组织联盟（世界旅游组织的前身）通过了这一定义。1970 年，经济合作与发展组织旅游委员会也采纳了这个定义。由此，关于国际旅游者的技术性定义，基本上取得了共识。自此，国际组织和世界各国对国际旅游者的统计，大都以此定义为标准。

1991 年，世界旅游组织在采用罗马会议定义作为该组织统计旅游者的依据基础上，进一步明确“在渥太华会议上对国际游客在时间上进一步界定为历时不超过一年”，即国际游客是指到一个非惯常居住的国家去旅行，停留时间不超过一年，主要访问目的不是获取报酬的人，并以停留时间是否超过 24 小时为标准划分为国际旅游者和国际一日游游客两种。

（2）国内旅游者界定。为了实现国内旅游统计口径一致性，世界旅游组织在

1991 年参照国际旅游者的界定与分类标准，将国内旅游者定义为"身为本国居民，离开自己的惯常环境前往本国境内其他地方旅行和访问，连续停留时间不超过 6 个月，并且主要访问目的不是去从事从到访区获取报酬的活动的人"，具体根据是否过夜又分为国内旅游者和国内一日游游客。

不同的国家有不同的界定标准，有的国家以出行距离为标准区别是否国内旅游者，如加拿大和美国的一些机构，以离开居住地边界至少 50 英里（约 80 千米）以外作为标准。有的国家以逗留时间作为标准，如英国对国内旅游者界定为"基于上下班之外的任何原因，离开居住地外出旅行过夜至少一次的人"；法国界定为"基于上下班之外原因离开自己的主要居所，外出旅行超过 24 小时但未超过 4 个月的人"。

2）我国对旅游者的技术性定义

（1）国际旅游者界定。国家统计局为了统计的需要将国际旅游者分为入境游客和出境游客，其中，入境游客指来中国内地（大陆）观光、度假、探亲访友、就医疗养、购物、参加会议或从事经济、文化、体育、宗教活动的外国人、港澳台同胞等游客（即入境旅游人数）。入境游客不包括：外国在我国的常驻机构，如使领馆、通讯社、企业办事处的工作人员；来我国常住的外国专家、留学生以及在岸逗留不过夜人员。入境旅游人数根据是否过夜分为入境过夜游客和入境一日游游客。出境游客指中国内地（大陆）居民因公或因私出境前往其他国家、中国香港特别行政区、澳门特别行政区和台湾省观光、度假、探亲访友、就医疗养、购物、参加会议或从事经济、文化、体育、宗教活动的游客（即出境旅游人数）。其中，公务活动出境居民包括在国际交通工具上的中国服务员工，因私出境居民不包括在国际交通工具上的中国服务员工。此外，国家统计局还指出，国际旅游（外汇）收入指入境旅游的外国人、华侨、港澳同胞和台湾同胞在中国内地（大陆）旅游过程中发生的一切旅游支出，对于国家来说就是国际旅游（外汇）收入。

（2）国内旅游者界定。国家统计局对国内旅游者的界定通称为国内游客，指在中国（大陆）观光游览、度假、探亲访友、就医疗养、购物、参加会议或从事经济、文化、体育、宗教活动的中国（大陆）居民人数，其出游的目的不是通过所从事的活动谋取报酬。并且，国内旅游者人数是指我国内地（大陆）居民和在我国常住 1 年以上的外国人、华侨、港澳台同胞离开常住地在境内其他地方的旅游设施内至少停留一夜，最长不超过 6 个月的人数。

综上，从技术性角度理解旅游者为：到常住地以外进行非营利性活动，且连续停留时间不超过 1 年的人。

2. 概念性定义

概念性定义旨在提供一种观念性理论框架，用以认识旅游的本质特征。对旅游者进行概念性定义是理论研究的必要，也是旅游学科理论存在的基础。

1）国外的概念性定义

关于旅游者的概念性定义最早见于 1811 年出版的《牛津词典》，定义为："旅游者是以观光为目的的外来游客。"1876 年《世纪大百科词典》定义为："旅游者是因好奇和无聊而旅行的人。"1933 年英国人奥格威尔在《旅游活动》一书中从经济学的角度给出了旅游者的定义，认为"旅游者必须是具备两个条件的人：一是离开自己的久居地到外部任何地方去，时间不超过一年；二是在离开自己久居地期间，把钱用到他们所在的地方，而不是在其他地方挣钱"。1989 年美国学者迪恩·麦肯耐尔（Dean MacCannell）在其著作《旅游者：休闲阶层新论》中提到了旅游者"是在旅游过程中获取某种经历的现代人"。1992 年以色列学者科恩认为"旅游者是出于自愿，暂时离家外出的人，他们之所以从事路程相对较长的，非经常重复的往返旅行，是出于盼望旅行中所能体验到的新奇生活所带来的愉悦"。

拓展资料 4.1

2）国内的概念性定义

我国学者马勇认为"旅游者是指以消遣为目的，或因学术、商务、探亲访友、疗养、宗教活动等，暂时离开常住地 24 小时以上的人"。[1] 魏向东把旅游者定义为"旅游者是离开常住地到异地旅行和访问的人，其停留时间不超过一年，其外出目的可以是消遣性旅游，如观光、度假等，也可以是非消遣性旅游，如公务会议等，但主要不是为了赚钱"。[2] 谢彦君避开了定义中常见的"异地"和"短暂停留"的争议，认为"旅游者是利用其自有时间并以寻求愉悦为目的而在异地获得短暂的休闲体验的人"。[3] 田里做了概括总结，认为"旅游者是离开常住地前往目的地游

---

① 马勇 . 旅游学概论 [M]. 北京：高等教育出版社，1998.
② 魏向东 . 旅游学概论 [M]. 北京：中国林业出版社，2000.
③ 谢彦军 . 基础旅游学 [M]. 北京：中国旅游出版社，2011.

览体验的人"。①

综上，从概念性角度理解旅游者，可定义为：离开常住地前往旅游目的地游览体验的人。

4.1.2　旅游者的基本特征

从国内外关于旅游者概念的界定可以看出，该定义包含三个要点：①旅游者必须离开常住地前往目的地，具有异地性特征；②旅游者在目的地停留的时间在1年以内，具有暂时性特征；③旅游者在目的地以游览体验为基本活动内容，不以获取报酬为目的，具有非牟利性特征。

1. 异地性

旅游是一种空间移动，是旅游者到日常生活地以外的地方做短时期逗留，去观赏异地风光、体验异城情调、同当地人交往，并参与当地活动，使精神和身体得到放松和休息。异地性不仅指地理位置的不同，更重要的是指因地区不同而造成的资源差异性，差异越大，异质吸引力就越强。因此，一个地区异地性越强，对域外的旅游者吸引力就越大，旅游者的感受也会越深，该地旅游业也会更加兴旺。

2. 暂时性

旅游是旅游者利用闲暇时间的外出活动，仅仅是发生在人们日常生活中某一特定时段的行为。闲暇时间毕竟是有限的，所有的旅行活动都是一种暂时性的活动，旅游行程结束后，旅游者最终须返回其常住地，既不能在目的地停留过久，更不会在目的地永久定居，因此，"旅游者"只是一个暂时的身份，是人们短时的生活方式转换。

3. 非牟利性

旅游是旅游者开展的一项综合性的游览体验活动，集吃、住、行、游、购、娱六大体验要素于一体，旅游者出游的目的在于获得身心的愉悦和精神的享受，而不是在目的地寻求工作机会或获取报酬。

4.1.3　旅游者类型及特点

随着经济社会的快速发展和大众旅游的普及，旅游者涉及的人员范围越来越

① 田里. 旅游学概论 [M]. 重庆：重庆大学出版社，2019.

广，活动范围越来越大，出游目的越来越多元，出游方式越来越多样，因此，需要对旅游消费者进行必要的类型划分。

1. 旅游者的类型

参照世界旅游组织的惯常做法，依据旅游者的出游目的，将其划分为三种类型，即消遣型旅游者、因公差旅型旅游者和因私事务型旅游者。

按组织形式划分，有团体旅游者、家庭旅游者、散客旅游者。

按费用来源划分，有自费旅游者、公费旅游者、社会旅游者、奖励旅游者等。

按旅游方式划分，有飞机旅游者、火车旅游者、汽车旅游者、自行车旅游者、徒步旅游者等。

按性别划分，有男性旅游者和女性旅游者。

按不同心理划分，有理智型旅游者、冲动型旅游者。

截至目前，国内外尚未形成统一的旅游消费者划分标准，以上是对旅游者类型的列举，不同类型的旅游者具有不同的特点，实际上在对旅游者类型进行划分的时候需要依据实际工作或学术研究的需要，根据不同类型旅游者的特点为旅游产品设计、旅游产品营销等工作提供参考。

2. 基于不同旅游目的的旅游者需求特征

由于旅游者划分类型较多，不同划分标准下的旅游者行为有不同的特点，这里不做一一介绍，仅对其中分类较为广泛的基于不同旅游目的的旅游者特点进行分析，此类划分是旅游产品营销中最常用的一种分类方法。

1）观光型旅游者的需求特征

观光型旅游者是指以欣赏自然风景和风土人情为活动内容的旅游者。这类旅游者是 20 世纪 50 年代至 60 年代初期世界上最常见、最普遍的旅游者，所谓传统的旅游者就是指这部分人。随着 20 世纪 60 年代中期之后度假旅游者的崛起和 70 年代以来会议旅游者、文化旅游者的迅速增加，单纯的观光型旅游者在整个旅游市场上的比例呈下降趋势。

观光型旅游者的特点主要有以下几点。

（1）旅游者外出旅游的季节性强。这是由两个方面的原因决定的：一方面，旅游目的地的地理位置、气候条件以及旅游资源的特点存在着季节上的差异，导致各个旅游景点在不同的季节吸引力不同；另一方面，从旅游需求方面看，旅游者外出旅游主要是利用带薪假期和节假日，而世界各国带薪假期和节假日都相对集中，因此，客观上形成了旅游的淡旺季。

（2）旅游者对旅游目的地的选择自由度较大。旅游者在选择旅游目的地时，既要看旅游景点的知名度和吸引力的大小，又要看旅游产品的质量，同时还要考虑旅游活动中的安全等因素。如果旅游目的地的旅游产品质量下降，或者社会出现不稳定因素，旅游者就会改变计划而选择另一个旅游目的地。

（3）旅游者兴趣构成的广泛性、多样性。旅游者以异域他乡作为观光对象，寻求丰富自身的旅游经历，所以包含广泛的兴趣和爱好。除了观光游览各地的风景名胜、人文古迹之外，旅游者还希望通过旅游考察机会、了解风土人情、寻求知识、结交朋友、增进友谊，以获得愉快及有益的休息。因此，不同年龄、不同职业、不同兴趣爱好的旅游者集合在一起，组成浩浩荡荡的观光大军。这是其他类型的旅游者群体所不能比拟的。

（4）旅游者对产品价格较为敏感，且重游率低。由于观光型旅游者外出大多是自费旅游，一般来说，对价格较为敏感，如果旅游目的地或航空公司提高价格，旅游者会选择其他旅游目的地或者改乘另外的交通工具。此外，观光型旅游者外出最主要的目的是观光、游览，因此除了在食、宿、行、游等方面有一定的开销外，在其他方面的花费比较少。同时，观光型旅游者寻求的是对新的异地风光的追求和体验，故"旧地重游"的回头客较少。

2）消遣型旅游者的需求特征

消遣型旅游者是以娱乐消遣为主要目的，寻求精神愉悦、释放压力、享受放松的环境带来的欢愉的旅游者。其主要特点如下。

（1）旅游者出游季节性强。除退休者以外，所有的在职人员几乎都是利用公共节假日或者带薪假期外出旅游。此外，由于旅游目的地的气候条件的影响，旅游资源尤其是自然旅游资源在不同季节对旅游者的吸引力不同，由此形成季节性特点。

（2）旅游者出游比例大。现代旅游活动的主要特征之一就是旅游活动的消遣性，旅游度假已经成为人们生活的重要组成部分，在各类旅游者中所占比例最大。

（3）旅游者行为自由。消遣型旅游者在对旅游目的地和旅行方式的选择以及出发时间的选择方面，拥有较大程度的自由。

（4）在目的地停留时间较长。此类旅游者一般很少在旅游时只参观游览一个城市，即使要逗留于某一旅游胜地，由于消遣度假的原因，逗留的时间也会比较长。

（5）大多对价格较为敏感。因为消遣型旅游者大多属于自费旅游者，所以经济实惠是他们选择目的地、旅游线路、旅游交通工具的重要参考条件，他们会在众多旅游产品中仔细对比，寻找性价比最高的选项。

3）差旅型旅游者的需求特征

差旅型旅游者主要指以业务为主要目的、兼顾观光旅游的人，包括公务旅游者、商务旅游者、学术教育旅游者（会议旅游者）等。

其特点主要如下。

（1）没有季节性限制。由于他们的出行是出于工作或业务的需要，因此不受季节性的限制，利用工作时间即可。

（2）选择自由度较小，甚至根本没有选择余地。开展业务的差旅型旅游者，必须到有业务联系的地区，业务发生的时间和地点决定了他们出行的时间与相应的目的地。因此，各地在这类旅游市场的经营中基本不存在竞争。

（3）消费相对较高。在对旅游服务的要求方面，这一类型的旅游者强调的是舒适、活动方便，因此消费较高。例如，差旅型旅游者更强调方便，因此在购买机票时一般不会选择附加条件太多的廉价机票，而在选择饭店时，出于维护本组织形象的考虑，也会选择较高档的住宿设施。

（4）对价格不太敏感。一方面，这一类型的旅游者外出消费并非自费；另一方面，由于他们没有选择或更改目的地的自由，只要工作或业务需要，即使目的地的旅游产品价格提升较大，但只要未超过其组织能够或愿意承担的限度，他们仍会前往，即使迫不得已取消了出行计划，一般也不会改往他处。

4）家庭事务及个人事务型旅游者的需求特征

家庭事务及个人事务型旅游者是指因探亲访友、联系调动工作、疗养治病、购物及其他家庭事务和个人事务而外出旅行的人。这种类型的旅游者的需求特点比较复杂，他们在需要方面不同于消遣型旅游者和差旅型旅游者，又兼有这二者的某些特点。

（1）出游时间不确定。在出游时间上，他们不大可能利用工作出行的机会探亲访友，而需要在假期出行。传统上的亲友团聚的节日一般是这一类型的旅游者出游的高峰时期，而这些节日对不同民族、不同国家的人而言又是不同的，这一类型的人也不太可能利用带薪假期外出探亲访友。

（2）出游没有季节性。出游时间在某些情况下是有限制的。例如在参加婚礼、毕业典礼等社会活动时，时间限制就较大。因此，这一部分旅游者的出游没有季节性，这一点与差旅型旅游者相似。

（3）价格敏感性。由于他们多是自费旅游，因此在对价格的敏感程度上，与消遣型旅游者有相似的地方。

（4）选择自由度。在对目的地的选择上，他们的选择自由度与差旅型旅游者相似，基本没有选择空间。

因此，这类旅游者的情况难以一概而论，必须具体问题具体分析。

4.2　旅游者的形成

按照心理学家的解释，旅游者产生的心理过程首先是人们的旅游需要，这是旅游者产生的内驱力，在内驱力的促使下，进而产生旅游动机，而旅游动机是旅游行为的直接驱动力。在直接驱动力的驱使下，人们选择实现旅游动机的方式，即进行旅游决策，决策作出后，就要付诸行动去实现旅游动机。旅游需要和旅游动机是旅游行为产生的基础，但是从潜在的旅游需要或动机转变为现实的旅游需求还需要一系列的客观因素，如时间、收入等。因此，旅游者的形成过程中，心理的失衡产生内驱力，反映在个人意识中便成为旅游需要，进而形成了个人旅游动机，旅游需求则是在旅游动机基础上，结合个人和社会状况对旅游活动的现实选择结果（图4-1）。

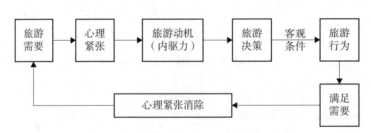

图4-1　旅游需要与旅游动机、旅游行为关系

4.2.1　旅游需要

1. 旅游需要的概念

现代心理学认为，需要是人们在个体或社会生活中产生的与周围环境的某种

不平衡状态，并力求获得满足的一种心理倾向，是个体对生理和社会需求的反映，是个体心理活动与行为的基本动力。个体在其生存和发展的过程中会产生各种各样的需要，如人饥饿时会产生进食的需要，口渴时会产生饮水的需要，寒冷时会产生对御寒衣物的需要，长时间独处会产生交往、娱乐活动的需要，在工作中又会产生被同事尊重、获得友谊以及被领导赏识的需要。一种需要被满足之后，不平衡状态暂时得以消除，当出现新的缺乏或不平衡状态时，个体又会出现新的需要。正是这些需要的产生推动着个体去从事某种活动以满足自身需要，从而弥补个体生理和心理上的某种缺乏和不平衡状态，进而推动人类社会不断向前发展。

需要是个体行为动力的重要源泉，人的旅游活动也都是在需要的推动下进行的。旅游需要是当人处于缺乏旅游状态时而出现的个体对旅游愉悦行为的自动平衡倾向，是旅游动机产生的基础和旅游行为的基本动力。因此，旅游需要可以界定为：是人们对旅游活动渴求满足的一种欲望，是激发旅游动机的内在动力。正是因为旅游需要的存在才为旅游企业通过营销提供产品的行为提供了可能。但从旅游需要的本质来看，它既不是个人与生俱来的需要，也远非与历史同在的现象，而是社会发展到一定阶段的产物，是人类文明进步的体现。旅游需要并不总是处于唤醒状态，只有当身心的不平衡达到某种迫切程度，旅游需要才会被激发，旅游所满足的需要是一种心理需要和社会需要，人们通过旅游活动去实现劳动的回报和喜悦，获得有利于身心健康的享受。

旅游需要是指人们在特定的社会环境和经济条件下，为满足某种目的而到异地进行非牟利性活动的愿望，是一种复杂的社会心理现象，不同的人会产生各种各样、性质各异、层次不同的旅游需要。

2. 旅游需要的类型

1）社会交往、受尊重和自我实现的需要

在有关行为动机的各种理论中，流传最广的当属人本主义心理学家亚伯拉罕·马斯洛（Abraham Maslow）提出的"需要层次理论"。马斯洛将人的需要分为五个层次：生理需要、安全需要、社会交往的需要、受尊重的需要，自我实现的需要。其中，生理需要指的是为了生存而对必不可少的基本生活条件产生需要，如由于饥渴冷暖而对吃、穿、住产生需要；安全需要指维护人身安全与健康的需要。这两者属于生理的、物质的需要。社会交往的需要指参与社会交往，取得社会承认和归属感的需要；受尊重的需要指在社交活动中受人尊敬，取得一定社会地位、荣誉和权力的需要；自我实现的需要指发挥个人最大能力，实现理想与抱负的需要。这五个层次的需要由低到高的排列顺序如图 4-2 所示。

图 4-2   马斯洛需要层次理论示意图

按照马斯洛需要层次理论分析，一个人同时存在多种需要，但在某一特定时期，每种需要的重要性并不相同。一般而言，人的需要是随着历史的发展，由低到高而上升的本能欲求，对于任何人而言，只有当这种较低层次的需要得到满足之后，才会产生上一个层次的需要，层次越高，拥有这一需要的人越少。

如果以一次完整的旅游活动过程来讲，人的旅游需要基本涵盖了这五个层次，生理需要体现在旅游者在旅游活动中由于体力和心理上的疲劳表现出对便捷的交通条件、舒适的住宿环境以及可口的美食的需要；安全需要体现在旅游者在旅游活动中都希望旅程顺利安全、避免人身伤害事故以及对食宿安全的需要；社会交往的需要体现在旅游活动中与他人的交往，与亲朋好友结伴旅游满足情感与社交的需要；受尊重的需要表现为作为旅游者享受到优质的旅游服务，可以享受到受尊重的感觉，以及在旅游过程中获得的成就感；自我实现的需要体现为有的人为了实现自我抱负或谋求自我发展而外出旅游，从中获取信息或启示，以寻求发展机会，或者是考察旅游、会议旅游或者是驾车或徒步游全国、全球、跨越某大洲等，以此展示其成就，实现一种自我价值，引起人们的注目。

在马斯洛需要层次理论中，并不是所有层次的需要都是人们外出旅游动机的诱因，一般来说，生理需要和安全需要属于纯基本物质方面的需要，不会使人们产生外出旅游的动机，当人们满足最低生理需要、安全需要后，进而产生社会交往的需要，以及随之而来的受尊重和自我实现的需要，也正是由于社会交往、受尊重和自我实现的需要，人们才产生外出旅游的需要。但是外出旅游不仅有这些需要，还有如探新求异、逃避紧张现实等需要。

2）探新求异的需要

现代社会，随着教育的普及和信息技术的现代化，越来越多的人都因此增强了对异乡的兴趣，单凭阅读报纸或者他人介绍已经不能满足人们的好奇心，人们更希望亲眼看见和亲身体验外部世界的新奇。大众旅游的发展实践证明，大多数旅游者的旅游动机中都包含这种探新求异的需要，或者说好奇心和探索的需要。

3）逃避紧张现实的需要

在现代社会，竞争激烈，生活节奏不断加快，人们的精神常年处于高度紧张之中；工业化和城市化造成的人群拥挤、交通喧闹和空气污染等问题日趋严重。因此，外出度假成为人们从喧哗和日常紧张生活中解脱的一种手段。

总体而论，不论是探新求异的需要还是逃避紧张现实的需要，人们外出进行旅游活动，从本质上来讲都旨在满足某种精神上的需要，是人的一种心理反应。产生旅游动机可能源于上述需要的某一种，也可能出于其中两种或多种需要，而某种需要又有多种表现方式。

4.2.2 旅游动机

精神需要是旅游活动产生的主观条件，这类具体需要可能是为了扩大视野、开阔眼界，可能是为了接触和了解异国他乡的民族与风俗，也可能是为了探亲访友，还可能是为了消遣度假等。一旦这些需要被人们认识到，就会以动机的形式表现出来。在现代，由于旅游的参与者更加广泛，动机的类型也更加多样化。

1. 旅游动机的概念

动机，即引发一个人去做某事以满足心理需要或者心理意愿的内在驱动力，简单来说，旅游动机就是一个人外出旅游的心理动因。动机是需要的反映，而需要是动机产生的原因，一个人有什么样的需要，就会产生与之相应的行为动机。但是动机并不是需要的简单延续，动机是需要、诱因、情绪等共同作用的结果，因此，旅游动机是激发旅游者外出旅游的直接动力，是旅游者形成的主观条件。

2. 旅游动机的特征

在不同的旅游活动中，旅游者表现出不同的旅游动机，这和旅游动机的一些特征有关。

1）层次性

旅游者的旅游动机是以需要为基础的，由于旅游者的旅游需要是有层次的，一般都是由低层次向高层次逐渐延伸和发展的。当低层次、最基本的生活达到温饱甚至小康，即生存需要被满足后，就会产生高层次的社会交往和自我实现的需要。外出旅游的旅游者多数经济宽裕，更多的是为了扩大人际交往、拓宽交往的平台，在相互了解的情景中，达到对自我尊重和社会尊重的精神领域需求的满足。

2）多样性

由于旅游者本身的个体差异，在兴趣爱好、收入水平、职业领域、年龄阶段等方面都有所差异，他们对于旅游活动的需要是千差万别和丰富多彩的。旅游者旅游需要的差异，就使旅游动机具有多样性。旅游动机的多样性，会在旅游活动中表现出来，有时表现为对旅游目的地的选择，如有人选择去观赏名胜古迹，有人喜欢选择山清水秀的自然风光；有时表现为对旅游纪念品的购买，比如是选择价位高一点的纪念品还是选择普通价位的物品，是选择当地的名优特产还是选择对此次旅行自己认为有纪念意义的产品；还有在不同季节旅游时，旅游动机表现出的多样性，冬天可能去南方过冬，夏季去北方避暑，明年又可能为考察异国风土人情而出境游。凡此种种，无不显示旅游动机的多样性。

3）发展性

党的二十大报告提出要"坚持创造性转化、创新性发展，以社会主义核心价值观为引领，发展社会主义先进文化，弘扬革命文化，传承中华优秀传统文化，满足人民日益增长的精神文化需求"。旅游者旅游动机的多层次发展，使旅游活动无论是在形式上还是在内容上均呈现出多元化的特点，同时旅游者对旅游对象和服务的需要也在不断地发展，需要旅游管理部门作出调整，不断适应旅游者日益增长的新需要。回顾过去，人们的旅游热情不太高，这和收入有关，发展到现在，人们旅游已经不再是简单地外出走走，不光讲游玩，还要有品位，吃好住好，身心都有所收获才算完美，有的旅游者更希望能跨出国门看看外面的世界。所以，不少旅行社为了满足旅游者的需要，纷纷推出不同的旅游线路，已从单纯的国内旅游热线拓展到出国旅游线路；也有城市观光游、生态游、健身游、探险等专项旅游纷纷出台，让旅游者各取所需，尽量满足旅游者的需要，使旅游动机具有发展性。

3. 旅游动机的分类

对于旅游动机的分类，不同学者提出不同看法，如表 4–1 所示。

表 4–1　国内外的主要旅游动机分类

姓名	基本动机	说明 / 动机细分
格里克斯曼	心理的、精神的、身体的、经济的	最早的动机分类
田中喜一	心理的	思乡心、交友心、信仰心
	精神的	知识的需要、见闻的需要、欢乐的需要
	身体的	治疗的需要、休养的需要、运动的需要
	经济的	购物、商务
利奥德·E.哈得曼	健康动机	身心的调剂和保养
	好奇动机	对自然景观和人文景观的好奇
	体育动机	参与或观看某些体育活动或比赛
	寻找乐趣动机	游玩、娱乐、释放
	精神寄托和宗教信仰	朝圣、参加宗教活动或欣赏文艺、音乐
	公务动机	外出考察、公务、经商
	探亲访友	寻根问祖、归还故土
	自我尊重	受邀请或寻访名胜
马勇	健康或娱乐动机	摆脱工作的紧张状态，松弛身心
	猎奇或冒险动机	脱离单调、枯燥的工作环境，寻求刺激、调节情趣
	民族或家庭动机	寻根访祖、探亲访友、结交良师益友
	文化动机	了解异国他乡的异质文化，游览外地的名胜古迹、名山大川
	社会或自我表现动机	通过参加较高层的学术会议、较高级别的考察旅行、去宗教圣地朝觐、增加阅历的修学旅行等，寻求尊重和自我实现
	经济动机	利用到外地或外国进行公务活动的机会，参加旅游活动

资料来源：刘纯. 旅游心理学 [M].4 版. 北京：高等教育出版社，2019；邱扶东. 旅游心理学 [M].上海：立信会计出版社，2003.

美国旅游学专家麦金托什 1977 年提出的四种基本类型，得到了普遍的认可，被世界各地研究者所采用。

（1）身体方面的动机。身体方面的动机包括为了调节生活规律、促进健康而进行的度假休息、体育活动、海滩消遣、娱乐活动，以及其他直接与保健有关的活动；此外，还包括遵医嘱或建议做异地疗法、洗温泉浴、矿泉、做医疗检查以及类似的疗养活动。属于这方面的动机都有一个共同特点，即通过与身体有关的活动来消除紧张。

（2）文化方面的动机。文化方面的动机是指人们为了认识、了解自己生活环境和知识范围以外的事物而产生的动机，其最大的特点是希望了解异国他乡的情况，包括了解其音乐、艺术、民俗、舞蹈、绘画及宗教等。

（3）人际（社会交往）方面的动机。人们通过各种形式的社会交往，保持与社会的接触，包括希望接触他乡人民、探亲访友、逃避日常的琐事及惯常的社会环境、结交新友等。

（4）地位和声望方面的动机。这方面的动机主要涉及追求个人成就和个人发展的需要。属于这类动机的旅游活动包括商务、会议、考察研究、追求业余爱好以及外出修学等。旅游者可以通过旅游实现自己受人尊重、引人注意、被人赏识、获得好名声等愿望。

事实上，人的旅游是一种综合性的活动，能够满足人们多方面的需要，而人们外出旅游时，也很少说是出于一个方面的动机。因此，人们的旅游往往是多种动机共同作用的结果。

4. 旅游动机的影响因素

旅游动机受年龄、性别及受教育程度、个性特征和社会文化等因素影响。影响旅游动机的因素既有来自旅游者自身的内在因素，也包括外部因素。

1）内在因素

人格指对个人行为产生影响的个性心理特征，是一个人内在的自我反映，通常表现为个人倾向决定其个人偏好，从而影响其行为。在影响旅游者决策的个人内在因素中，人格起着重要作用。在这一领域的研究中，美国心理学家斯坦利·帕洛格（Stanley Plog）所做的旅游消费者心理类型研究较有代表性。

帕洛格以数千美国人为调查样本，对他们的个性心理特点进行了详细的研究，总结出如下五种心理类型：依赖型（自我中心型）、冒险型（多中心型）、中间型、近依赖型（近自我中心型）、近冒险型（近多中心型）（图4-3）。

这一模型显示，属于中间型心理类型的人占大多数，而属于两个极端心理类型的人在总人口中只占很小的比例，呈两头小、中间大的正态分布。

其中，依赖型个性的旅游者最强烈的旅游动机是休息和轻松，行为上表现为

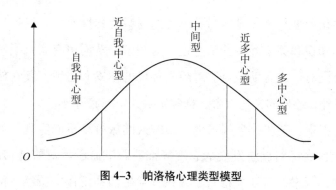

图 4-3　帕洛格心理类型模型

喜安逸、好轻松，理想的旅游是一切都事先安排好的，比较喜欢团体旅游的方式。

冒险型旅游者思想开朗、兴趣广泛，行为上表现为喜新奇、好冒险，活动量大，不愿意随大流，往往喜欢参加冒险型、剧烈型的旅游活动。

不同心理类型的旅游者，在旅游活动中扮演的角色也不同（表 4-2）。冒险型心理类型的人往往是新旅游地的发现者和开拓者，是旅游者大军的先行者和侦察兵。依赖型旅游者喜欢选择自己较为熟悉的、开发较为成熟的旅游地，而中间型旅游者则倾向于选择成长型旅游地。

表 4-2　不同心理类型旅游者的旅游活动行为表现

心理类型	思想特点	行为表现	旅游方式	选择的旅游地
自我中心型	思想谨小慎微、不爱冒险	喜安逸、好轻松，喜欢听公众人物建议	团体式旅游	旅游目的地的成熟期
中间型	不明显的混合型			旅游目的地的成长期
多中心型	思想开朗、兴趣广泛多变	喜新奇、好冒险，活动量大，不愿随大流，喜欢到偏僻、不为人知的旅游地	多选择散客形式	新旅游地的发现者和开拓者，是先行者

其他心理类型的旅游者随后陆续跟进，依赖型的人也会在很长时间后到追求新奇的多中心型人格的人曾经到过的地方旅游。

2）外在因素

（1）年龄、性别、个人的文化程度与修养等。年龄和性别决定着一个人的生理特点，也影响着一个人在社会和家庭中的角色和地位，在考虑进行旅游时，这些必然会影响到其旅游决策。比如年轻人倾向于社会和自然探索，老年人更喜好怀旧型、疗养型的旅游。

个人的文化程度与修养显然与一个人的受教育程度有关。受过较高程度教育的人，掌握的知识和关于外界的信息也相对较多，从而更有亲自了解外部世界的兴趣和热情，同时，也有助于克服对陌生环境的不安和恐惧。其在旅游项目上除选择观光度假外，还偏向文化旅游、科考旅游、生态旅游等。

（2）社会因素。某些社会因素也会影响人的旅游动机的实现，如旅游目的地的政府或者社区居民对旅游发展的态度等都能影响旅游者对旅游目的地的选择。还有微社会群体因素，微社会指一个人在日常生活和工作中所经常接触的人际环境或人群，如经常接触的家人、亲友、同学、同事、街坊邻居等人群。例如在朋友的怂恿下外出旅游，依赖型的人在有熟人陪伴的情况下去遥远而陌生的地方旅游。

总之，不论是什么偏好，也不论是什么个性特征或者个人因素，当人们选择好实现动机的方式后，旅游决策便会转化为行为，旅游者也就产生了。

4.2.3　旅游需求

按照一般经济学的观点，需求是指在一定时期内，某种商品各种可能的价格与在这些价格水平上消费者愿意并能够购买的数量之间的关系。相对应地，旅游需求则是指在一定时期内，旅游产品各种可能的价格与在这些价格水平上潜在旅游消费者愿意并且能够购买的数量之间的关系。因此，旅游需求是指人们愿意并且能够购买的旅游产品的数量，是旅游者购买旅游产品的现实能力。

旅游需求表现为旅游市场中的一种有效需求，它的实现条件既包括旅游者对旅游产品的购买欲望，又包括旅游者对旅游产品的购买能力。

因此，一个人的旅游需求的产生和实现是在具备旅游意愿的基础上，还需要至少具备两个条件：一是足够的支付能力；二是足够的闲暇时间。其中支付能力是需求概念中最基本的支点。具备这两个条件的人不一定都会成为现实的旅游者，但是现实的旅游者必须具备这两个条件。此外，旅游者旅游需求的实现还受到许多社会因素与个人因素的制约。

1. 足够的支付能力

旅游需要是在其基本物质资料得到满足后而产生的精神需要，首先是物质需要必须得到满足才可能产生旅游动机。同时旅游消费是一种水平较高的消费。对旅游者个体来说，实现旅游的首要条件是足够的支付能力。

　　根据世界旅游组织的统计数据，大部分国际游客来自人均收入水平名列前茅的经济发达国家。同样，在世界各国的国内旅游中，大部分旅游需求总量产生于经济水平相对较为发达的地区。从时间序列上进行比较，世界范围内绝大多数国家和地区随着经济发展，人均收入水平上升，出游率都会有所提高。这说明旅游需求与收入水平有着重要的、直接的关系，一般来说，在其他因素既定的情况下，二者为正比例关系。一个人的收入水平和富足程度，或者说是其家庭的收入水平和富足程度，不仅决定着能否产生旅游需求，而且决定着其外出旅游过程中的消费水平。这意味着，家庭收入达到一定的水平是旅游需求的重要前提，也是实现旅游活动的重要物质基础。但是，对于一个家庭来说，其收入不可能全部都用于旅游消费。因此，真正决定旅游需求的收入水平实际上是指该家庭的可支配收入，更为确切地说是可自由支配收入。

　　可支配收入是指个人或家庭的收入扣除应纳所得税之后的剩余部分，而可自由支配收入则是指个人或家庭的收入扣除应纳所得税、社会保障性消费（如健康人寿保险、老年退休金和失业补贴的预支等）以及日常生活必需消费（如衣、食、住、行等）后所剩余的收入部分。该部分收入可供人们随意选择其用途，是家庭收入真正可用于旅游消费的部分。所以，严格意义上说，足够的可自由支配收入是旅游需求实现的首要物质条件。可自由支配的收入不仅影响到一个人能不能成为旅游者，而且会影响到旅游者对旅游目的地及旅游活动范围的选择，还会影响到旅行方式、旅游活动内容的选择、旅游者外出逗留的时间长短，以及旅游者的消费水平和消费结构。

　　2. 足够的闲暇时间

　　由于旅游活动的异地性，旅游者必须离开常住地前往他乡开展参观访问，因此与日常生活中购买的物质产品不同，旅游产品不仅需要一定的金钱，还需要一定的时间。闲暇时间是旅游产生的重要条件。

　　一般地说，人的活动时间可以分为工作时间、生活时间、社会活动时间、闲暇时间四大部分。

　　工作时间是指人们为了维持生存外出工作以赚取货币的时间。生活时间是为了满足人们生理需要如吃饭、睡觉等花费的时间。社会活动时间是用于处理日常琐事如必要的社交、家庭事务等而花费的时间。除了这三部分以外的时间则为闲暇时间，闲暇时间是人们在劳动时间之外，除去满足生理需要和社会活动需要等必需时间后，剩余的可用于自由支配从事娱乐、社交、消遣或其他自己感兴趣的事情的时间。

其中，闲暇时间又可分为每日闲暇、每周闲暇、公共假日和带薪假期。每日闲暇即每日扣除必要的工作和生活时间后剩余的闲暇时间，这部分时间比较零散，只能用于家里休息，不能进行旅游活动。每周闲暇即周末工休时间内的可自由支配时间，我国从1993年开始实行五天工作制，每周两天公休日，能够进行短距离的旅游活动。而长距离的旅游活动主要利用的是公共假日，世界各国的节假日多少不同，多与民族传统和宗教信仰有关。按照我国现行假日安排，一年11天，长假期主要是国庆节和春节，通过调休，假期可达7天左右，由于节假日是全家团聚、共同活动的机会，因此，连续的公共节假日期间往往是家庭外出旅游度假的高峰期，给各地带来巨大经济效益。

部分国家公共节假日及带薪假期情况见表4-3。

表4-3　部分国家公共节假日及带薪假期情况

国家	公共节假日／（天·年）	带薪假期／（天·年）
意大利	15	35
德国	13	35～42
澳大利亚	9	30以上
法国	11	30
西班牙	14	30
英国	8	20～27
日本	15	6～20

带薪假期是劳动法中针对不同工龄段的人规定享有一定的带薪假期。法国是第一个以立法的形式规定就业员工享有一定的带薪假期的国家。由于国情不同，目前世界各国的带薪假期也有所差异，如根据我国《职工带薪年休假条例》的规定，职工累计工作已满1年不满10年的，年休假5天；已满10年不满20年的，年休假10天；已满20年的，年休假15天，国家法定休假日、休息日不计入年休假的假期。我国针对带薪假期的制度也在不断完善，如2015年8月，《国务院办公厅关于进一步促进旅游投资和消费的若干意见》要求落实职工带薪休假制度，

拓展资料4.2

鼓励错峰休假及弹性休息。有了时间的保障，未来的旅游市场将更加广阔。

以上四种闲暇时间主要针对在职人员的休闲旅游，教师和学生群体享有寒暑假，不受时间因素的限制。

总之，旅游者的形成需要足够的闲暇时间，虽然并非所有的闲暇时间都能用于旅游，但是从旅游需求角度理论看，闲暇时间尤其是时间较为长且集中的闲暇时间是实现个人旅游的重要条件。

3. 其他客观因素

足够的支付能力和闲暇时间是一个人能否成为旅游者的两个基本条件，但不是说具备了这两个条件就一定能够成为旅游者，影响一个人能否成为旅游者，还有其他客观因素。

1）旅游目的地因素

（1）自然因素。旅游者对各种因素非常敏感，旅游目的地的天气方面，如台风、暴雨等因素都可能影响旅游者是否外出。比如，九寨沟地震，旅游景区间歇性封闭管理，都使得旅游人数急剧下降，对旅游业造成重创。

（2）社会因素。旅游目的地社会因素主要指一个国家的政治经济制度、社会政治环境以及社会治安等。如 2022 年俄乌战争爆发，让数百万人不得不重新考虑自己的旅行计划。同时，交通运输技术的发展和旅游住宿业的发展，又可极大地推动旅游的发展。

2）旅游者的个人因素

年龄、性别、受教育等也可能影响一个人旅游活动的实现，但其中两个因素最为重要。

（1）旅游者的身体状况。旅游者中以身强力壮的中青年最多，说明身体状况对其外出旅游有很大的影响。不过，随着社会医疗条件的提升和保健技术的发展，人类平均寿命也在增长。同时随着人们生活水平的提高、生活条件的改善，以及注重对身体锻炼，当今的老年人的身体状况和素质都有了显著的提高。人口老龄化现象越发突出，老年人的思想也不断解放，旅游业界也针对老年人旅游的普遍心理和体能特征的要求推出了许多旅游产品，"银发"旅游的高潮即将到来。

（2）个人家庭状况。旅游者家庭所处的阶段决定了其对支出状况、闲暇时间等的分配，因此家庭生命周期也是影响旅游需求的客观因素之一。在青年未婚阶段，一般经济上较为自立，没有太大的负担，而且身体状况处于最佳状况，对于

拓展资料 4.3

旅游活动需求较为突出，因此处于这类家庭生命周期的群体是最具旅游潜力的群体；在已婚阶段，随着家庭支出压力的增加，以及家庭事务占用时间增多，人们的可自由支配收入和闲暇时间都有所减少，开展旅游活动减少；而有婴幼儿的家庭外出旅游的可能性则更小，因为婴幼儿需要特殊照顾，不适宜进行旅游活动。在中年阶段，随着家庭收入的增加，人们往往会选择组织家庭亲子游活动，故处于这个家庭生命周期的人也是出游的主力军。

3）旅游信息

从旅游需要到旅游动机的产生还离不开旅游信息的刺激，因此丰富的营销方式、精准的信息推送一定程度上促成旅游动机的产生或者是程度加强。随着互联网发展带来碎片化生活方式，移动短视频充分发挥影像视听元素的特点，将不同的人、事、物连接，营造了一个价值共创、利益共享的线上美好生活展示平台，塑造新的旅游目的地形象，对于旅游经验相对较少的年轻人群体产生巨大的影响，对旅游者出游意向的影响主要体现为旅游动机由"我想去"升级为"我必须去"，增进了出游意向，因此旅游信息宣传推广促进旅游动机的产生。

4.3　旅游者行为

旅游者行为是指一个旅游者完成整个旅游活动的行为过程，食、住、行、游、购、娱是旅游活动的基本要素，也是旅游者行为构成要素，但是这六个要素用于概括旅游者行为不够全面，依据旅游者角色形成从开始到结束的时间顺序，这里将旅游者行为界定为旅游活动准备、旅游活动中、旅游活动结束三个阶段，其中旅游活动准备主要表现为旅游者的出游决策行为，旅游活动中包括旅游者前往旅游目的地的移动行为和返回行为以及在旅游地逗留游览活动行为，旅游活动结束主要表现为旅游者返回旅游目的地的评价反馈行为（图 4-4）。

4.3.1　旅游活动准备阶段

决策行为是指旅游者对众多旅游机会进行抉择的过程，是人们从产生旅游动机到实现旅游行为之间的过渡环节。由于旅游产品无法像实体产品一样标准化，

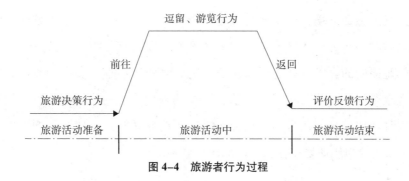

图 4-4　旅游者行为过程

旅游者在购买旅游产品时所面临的风险相对更高，因此，在决策过程中，旅游消费者要收集大量有关备选旅游目的地的信息，而且要尽可能保证信息的准确性，并最终作出相关决定，包括是否出游以及出游目的地选择，可见信息的收集和获取是旅游决策的关键一环。

拓展资料 4.4

一般而言，旅游决策前信息搜寻来源包括口碑信息、中立信息和广告信息等方面。

口碑信息大多源于旅游者的亲戚、朋友、同学、同事等熟人通过亲身经历给予的意见参考，不仅包含客观描述，而且富有引导性，并且这部分信息来源于旅游者群体内部，因而具有很强的可信度。随着网络技术的发展，口碑信息已经不仅仅限于群体内部的传播，其他旅游者的评论都可以在网络上发布，对于潜在的旅游者而言也是非常有参考价值的口碑信息。

中立信息是指通过报刊、图书、电影、电视等中立机构途径传播的，而非由旅游组织或企业提供的信息，具有较强的客观性和权威性，对旅游者的决策有着重大影响。近年来，电影、电视中的信息对人们旅游决策的影响力逐渐增强，某些电影或电视的外景拍摄场地亦成为旅游吸引地，从而吸引大量旅游者前来游览。

广告信息是指来自旅游目的地政府或企业的推介信息，并且随着自媒体的兴起，抖音、快手等短视频、视频直播等也都起到了显著的旅游动机刺激作用，很多地方涌现"第一书记"变装宣传就是一个典型的例子。虽然这些信息带有明显的宣传广告性质，但是由于信息量大、影响面广，因此也会对旅游者的决策产生很大影响。

通过信息的收集、比较和判断，旅游者最终权衡各个方面的情况，形成整体印象，这就是感知环境，这是旅游决策中最重要的一环。只有某旅游地成为旅游者感知环境的一部分，才可能成为旅游备选地。在此基础上，旅游者会进一步受到最大效益原则的影响，在进行旅游决策时，倾向于追求在资金和闲暇时间限制下的最优旅游效益，即在时间上追求从居住地到目的地的时间与在目的地进行旅游活动的时间比最小，在目的地选择上倾向于选择高级别的旅游目的地以及自然环境、文化环境与居住地差异较大的旅游目的地。

4.3.2　旅游活动中

1. 前往行为

前往行为是指由于旅游活动的异地性，旅游消费者必须离开居住地，前往旅游目的地的过程，是旅游消费者从前期准备结束到进行旅游活动的空间移动过程。前往旅游目的地的过程中离不开交通工具的辅助，不同交通工具作为客源地与目的地之间的运输方式，由于其运速、运量等方面存在差异，所以旅游者旅途时间及金钱花费存在较大差异。同时，旅游者往往会根据自身的旅游需求、闲暇时间、经济条件以及现实的旅游交通条件选择不同的旅游交通工具。

旅游者选择不同的交通方式和出游方式，其前往行为也会有所差异。如果旅游者以散客方式出游，则自行前往机场、车站、码头等地，选择乘坐飞机、火车或轮船等交通工具出游。如果旅游者以团队方式出游，则按照旅行社的安排前往集合地点，根据旅行社安排的交通方式前往旅游目的地。随着与常住地的空间距离逐渐增大，与旅游目的地的空间距离逐渐减小，其个人和原先身份特征逐渐消失，换之而来的是一个轻松自如的新身份——旅游消费者，使其在一路上的行为、言语、神态均表现出新的身份特征。

2. 逗留、游览行为

逗留、游览行为是指旅游者进行观光、度假、体验等在旅游目的地逗留活动的过程，是旅游消费者行为过程最核心的部分。旅游者的逗留游览行为是实现旅游体验的重要方式，是真正进入旅游消费者角色、满足其旅游需要的活动的开始，旅游者通过视听感官对所接触到的各类事物进行欣赏、体验，并从中获得审美愉悦的体验。

通常，根据旅游目的地的空间大小，可将游览行为划分为大、中、小三个尺度，大尺度游览行为涉及空间范围为国际、全国、省际空间；中尺度游览行为涉及省内、地区（市）内空间范围；小尺度游览行为则一般涉及更小的县（市）内、风景区内的旅游消费者行为。在大尺度空间范围内，旅游者受旅游时间和最大信息量原则的影响，往往采取闭环游览线路，多选择一些品质较高、知名度较高的旅游地进行旅游活动。而在中、小尺度空间范围内，旅游者一般不愿选择在外地住宿，尽可能在一天内完成游览活动，一般倾向于采用往返走回头路的节点状旅游路线，数次向同一方向进行一日游活动。

值得注意的是，旅游者在旅游目的地逗留游览的活动过程中，根据《旅游法》的相关规定，既享有一定的权利，同时也应履行一定的义务。旅游消费者权利指旅游消费者在购买产品或接受服务过程中有权自己做出一定的行为或抑制一定的行为。旅游消费者权利包括安全权、知情权、自主选择权、公平交易权、求偿权、受尊重权、特殊旅游者优惠权等。旅游消费者义务指旅游消费者在购买产品或接受服务过程中所应该做的事和应该尽的责任。旅游消费者义务包括文明旅游、不损害他人的合法权益、告知个人信息和进行安全配合、遵守出入境管理法规等。

旅游者在旅游活动中的行为表现不仅代表着个人形象，也是客源地的文明水平和文明风貌的体现。为进一步提升旅游者文明旅游素质、倡导文明出行、弘扬文明旅游新风，2016 年 8 月 2 日，国家旅游局发布了中国公民文明旅游 10 句话公约——"重安全，讲礼仪；不喧哗，杜陋习；守良俗，明事理；爱环境，护古迹；文明行，最得体"。该公约将文明理念渗入旅游活动的各个环节，以加强文明旅游宣传引导，强化旅游者和旅游从业者的文明意识，营造文明和谐的旅游环境。旅游者应该以文明旅游为荣、以不文明为耻，形成文明旅游意识，用意识和观念约束旅游行为，杜绝在任何一个旅游环节出现不文明行为，做好中国故事的传播者和中国文明的代言人。

3. 返回行为

返回行为是指旅游者离开旅游目的地乘坐一定的交通工具返回居住地的过程，是旅游者完成一次旅游活动的最终行为。在返回的过程中，旅游者会逐渐调整心态，完成角色的逐渐转变，由旅游者角色回归到原有生活环境中的身份，逐渐对原来的生活、工作等进行考虑，与此同时会对此次旅游体验、经历进行总结，形成对旅游目的地形象的整体认知。对旅游者而言，旅游形象是由旅游目的地众多要素叠加形成的整合体系。形象要素的叠加过程既受到时间、空间因素的影响，也受到旅游者自身经历及各种媒体信息素材的影响，更受到旅游者对目的地直观体验的影响。因此，旅游者会在完成旅游活动后修正旅游前对旅游目的地形象的认知。

4.3.3　旅游活动结束

当旅游者完成旅游活动、回到惯常环境之后，整个消费行为并未完全结束，还会在一定时段内经历某种形式的评估过程，根据在旅游活动中产生的各种直观体验感受和认知印象，通过一些途径进行反馈。也就是说，在这个阶段，旅游者行为往往表现为经历总结、旅游评价和口碑传播。旅游者总结旅游经历后往往会对旅游活动作出满意或不满意的质量评价，并在同他人交流时表达对旅游目的地和旅游产品的满意度评价，对他人的判断给予倾向性引导，影响他人旅游决策。

由于携程网、去哪儿网、马蜂窝等旅游在线网站的空前发展，越来越多的旅游者倾向于在旅游社交平台上搜寻和获取信息，同时也转变为口碑信息的创造者和提供者，在网络共享平台上发布了大量照片、游记、评价等信息。微信朋友圈、抖音、快手、小红书以及各类点评网等成为人们对旅游活动信息反馈的多种途径，在互联网时代，旅游者发布的各种评价信息，其传播范围已不仅仅局限在人际交往圈内部，口碑传播借助社交媒体的放大作用呈现出更加巨大的影响力。

🔍 本章小结

本章主要介绍了旅游者，旅游者是离开常住地前往目的地游览体验的人，具有异地性、暂时性和非牟利性三大特征，可以根据地域范围、出游目的、组织形式等进行多种分类，不同类型的旅游者具有不同的特点。由旅游需要产生旅游动机，从而形成旅游需求是旅游者产生的逻辑机理，三者是递进关系，旅游需求的产生在具备主观动机的前提下，要想成为现实旅游需求，还需要具备足够的可自由支配收入和闲暇时间，以及其他客观条件。旅游者行为分为旅游活动准备、旅游活动中和旅游活动结束一系列行为过程，尤其注意在旅游活动中要好文明旅游、友好旅游。

即测即练

思考题

1. 我国对国际旅游者和国内旅游者是如何界定的?

2. 简述旅游需要、旅游动机与旅游需求之间的关系。

3. 旅游需求实现应具备哪些条件?

4. 阐述基于旅游目的划分的旅游者类型及特点。

5. 旅游者的旅游动机有哪些? 哪些因素影响旅游动机?

6. 旅游者行为由哪些过程组成?

7. 谈一谈文明旅游的重要意义。

第 5 章　旅游资源

 学习目标

1. 了解国内外旅游资源的分类方法，并重点掌握《旅游资源分类、调查与评价》和由郭来喜、吴必虎等编写的《中国旅游资源分类系统与类型评价》中的旅游资源分类系统。了解旅游资源破坏的原因。

2. 熟悉理解旅游资源开发的类型、内容和原则。

3. 掌握旅游资源评价的内容、旅游资源评价的方法、旅游资源的概念。

 能力目标

1. 了解《旅游资源分类、调查与评价》，能够结合其对旅游资源进行实地调查和分类。

2. 熟悉旅游资源评价内容，能够对某旅游地的旅游资源进行综合评价。

3. 掌握旅游资源开发评价的方法，具备分析某旅游地旅游资源开发与保护情况，并提出相应的旅游资源开发与保护对策的能力。

 思政目标

1. 了解中国旅游资源概况，结合旅游资源带来的感官冲击和情感体验，激发学生内心深处的"家国情怀"。

2. 熟悉红色旅游资源分类，激励学生继承优良传统，赓续红色血脉。

3. 掌握旅游资源开发与保护相关内容，弘扬社会主义核心价值观，培养遵纪守法意识和生态文明意识，爱护旅游资源，做文明旅游使者。

思维导图

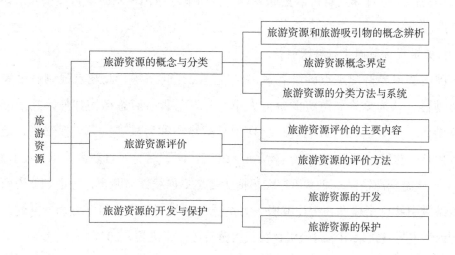

导入案例

旅游资源是什么？或许我们还不太清楚，但它魅力四射，吸引着我们奔向"诗和远方"，那里承载着我国灿烂辉煌的文化，掩映着我国壮美秀丽的山河，蕴含着我国朴实勤奋中庸的处世哲理。

5.1　旅游资源的概念与分类

5.1.1　旅游资源和旅游吸引物的概念辨析

旅游资源是国内旅游学术界的专有术语，在国际期刊上很少见，且含义大不相同。事实上，旅游资源这一专业术语，与国外旅游界通用语旅游吸引物（tourist attraction）极其相似，均指能够对旅游者产生吸引力的旅游活动对象。然而国内学术界关于旅游资源和旅游吸引物两者概念的界定及关系却一直争论不断，至今尚未达成共识，归纳起来，主要有旅游资源等同于旅游吸引物、旅游资源包含于旅游吸引物、旅游资源包含旅游吸引物三种观点。这一状况不利于旅游学科建设和旅游学术研究，同时也难以指导旅游发展实践。因此，有必要对旅游资源和旅游吸引物的概念进行深度辨析以达成共识，从而更好地构建旅游学科体系和指导旅游实践。

1. 旅游资源等同于旅游吸引物

国内学术界持此观点的学者最多，且呈现趋同态势。此观点强调旅游者的主体地位，认为无论旅游资源价值大小、开发与否、形态结构如何，凡是能够对旅游者产生吸引力的自然和社会现象及事物均称为旅游资源（保继刚、楚义芳，1993；林红、王湘，1998；李天元，2002；谢彦君，2011；徐菊凤、任心慧，2014）。旅游资源这一专业术语存在福柯所言之不连续性与断裂，考虑到旅游资源和旅游吸引物两个概念在突出其吸引力本质属性与"共享价值"方面的共性，建议国内学术界直接采用旅游吸引物替代旅游资源（张进福，2021）。

2. 旅游资源包含于旅游吸引物

持此观点的学者主要从旅游业视角讨论旅游资源，对其进行概念界定时，既考虑旅游供给方又关注旅游需求方，认为旅游资源必须同时具备吸引旅游者和利用价值两个功能，将旅游资源看作旅游吸引物与旅游产品的交集，旅游吸引物中能够为旅游业所利用并产生经济效益、社会效益和环境效益的部分才是旅游资源，旅游资源从属于旅游吸引物。此观点常出现在旅游官方文件和旅游规划相关书籍中，指导和服务国内旅游规划实践。其中以国家标准《旅游资源分类、调查与评价》（GB/T 18972—2017）最为典型，它将旅游资源界定为"自然界和人类社会凡能对旅游者产生吸引力，可以为旅游业开发利用，并可产生经济效益、社会效益和环境效益的各种事物和现象"。

3. 旅游资源包含旅游吸引物

在旅游业发展初期，包价旅游是旅游者的主要旅游方式，受限于当时场景条件，一些学者基于包价旅游认为导游讲解（劳务）与旅游吸引物的有机结合才能成就旅游者愉悦的旅游体验，因此将劳务看作旅游资源的一部分，主张旅游资源包含旅游吸引物。持此种观点的学者相对较少，并且随着旅游方式的多元化，再将"劳务"归为旅游资源显得不合时宜。

5.1.2　旅游资源概念界定

通过以上辨析，我们发现，在学术界，旅游资源和旅游吸引物均为旅游客体要素，承载着吸引旅游者的核心功能，而且随着自助游及半自助游的不断普及，旅游资源是否具有开发利用价值已显得无关紧要，其价值大小或吸引力大小完全由旅游者裁断。从这个意义上说，旅游资源在内涵上与旅游吸引物并无本质区别，因此建议在学术界，以构建旅游理论体系为目标，可以将旅游资源等同于旅游吸引物。通过对国内外旅游吸引物和旅游资源等概念的梳理（表 5-1），我们将旅游资源界定为：旅游资源是指对旅游者产生足够吸引力，使旅游者乐意从客源地前往目的地开展旅游活动的各种要素。与此同时，考虑到国内旅游规划实践的需

表 5-1　国内外有关旅游资源和旅游吸引物的代表性定义

作者	观点 / 定义
李天元，王连义	旅游资源是在现实条件下，能够吸引人们产生旅游动机并进行旅游活动的各种因素总和
王大悟，魏小安	旅游资源可以有广义和狭义之分。广义涉及旅游活动的商品、设施、服务，包括人力、物质和资金资源，以及吸引物资源；狭义指具有经济开发价值的旅游吸引物
保继刚，楚义芳	旅游资源是指对旅游者具有吸引力的自然存在和历史文化遗产，以及直接用于旅游目的的人工创造物
张辉	旅游资源是指那些对旅游者构成吸引力和对旅游经营者具有经营价值的自然和社会事物与现象的总和
国家旅游局	自然界和人类社会凡能对旅游者产生吸引力，可以为旅游业开发利用，并可产生经济效益、社会效益和环境效益的各种事物和因素
王洪滨，高苏	旅游资源是所有能被即时或周期性欣赏，并因而产生经济、社会、环境效应的自然与人文诸因素
谢彦君	先于旅游而客观地存在于一定地域空间并因其对潜在旅游者所具有的休闲体验价值而可供旅游产业加以开发的潜在财富形态
Gunn	吸引物是指那些为游客的兴趣、活动和享受而开发出来的，有规划和管理的地方
Lew	旅游吸引物本质上是由所有足以将每个旅游者从家中吸引过来的要素构成的。这些要素通常包括可供观赏的风景、可参与的活动、可追忆的经历
Holloway	吸引物的概念十分广泛，包括许多不同的风景，也许最简便的方法就是承认任何对人有吸引力，足以让他们前来造访的地方就可被认为是"访问者吸引物"
Leiper	旅游吸引物系统包含三种成分，旅游者或人的要素，核心吸引物或中心要素，以及标识信息或提供信息的要素，当这三种要素合而为一，旅游吸引物便开始存在

资料来源：徐菊凤，任心慧.旅游资源与旅游吸引物：含义、关系及适用性分析 [J].旅游学刊，2014，29（7）：115-125.

要，旅游资源是旅游业可持续发展的物质基础和旅游生产力增长的潜力所在（郭来喜等，2000），用旅游吸引物替代旅游资源，过于强调旅游者的主体地位而忽视了旅游业的能动性，因此建议沿用国家标准《旅游资源分类、调查与评价》（GB/T 18972—2017）中关于"旅游资源"的定义，以便平衡旅游业供给和旅游需求之间关系，促进旅游地持续健康发展。

5.1.3　旅游资源的分类方法与系统

我国地域辽阔，自然条件差异显著，形成了东西南北特色各异的自然旅游资源。如东岳泰山之雄、西岳华山之险、中岳嵩山之峻、北岳恒山之幽、南岳衡山之秀闻名遐迩。我国历史悠久、人口众多，人文旅游资源异彩纷呈。如璀璨含蓄的汉族文化、风情浓郁的少数民族文化、宗教文化、建筑文化等，异彩纷呈。

1. 国外旅游资源分类

旅游资源的分类与评价是旅游规划的基础，旅游资源的规划与开发必须建立在对旅游资源的科学认识和准确把握上。旅游资源的分类是为了通过恰当的评价，为更好地开发提供参照（朱纮，2005）。由于旅游资源的多样性、重叠性和时代变迁性，目前国际上对旅游资源分类尚未形成统一的标准和方法，有的依据资源的客体属性将其划分为物质性旅游资源、非物质性旅游资源和物质与非物质共融性旅游资源；有的依据资源的科学属性将其划分为自然景观旅游资源、人文景观旅游资源和服务性旅游资源；有的依据资源的产生历程将其划分为天然赋存性旅游资源、人工创造性旅游资源和两者兼具的复合型旅游资源；有的依据资源的开发状态将其划分为现实旅游资源和潜在旅游资源；有的依据按资源的可持续利用潜力将其划分为再生性旅游资源与不可再生性旅游资源；等等（郭来喜，2000）。其中，世界旅游组织和西班牙的旅游资源普查与分类系统典型，国际认可度较高。世界旅游组织将旅游资源分为3类、9组，即潜在供给类（含文化景点、自然景点、旅游娱乐项目3组）、现实供给类（含途径、设施、整体形象3组）及技术资源类（含旅游活动的可能性、手段、地区潜力3组）。西班牙依据属性将旅游资源分为3个一级类型（自然景观、建筑人文景观和传统习俗）、7个二级类型（自然风貌、风俗、文学、历史等）和44个三级类型（山色、瀑布、酿酒、古堡等）。

2. 国内旅游资源分类

中国旅游业起步较晚，国内学者参照国际旅游资源分类系统，结合中国旅游资源实际情况制订了一些分类方案，其中，以《旅游资源分类、调查与评价》（GB/T 18972—2017）和由郭来喜、吴必虎等编写的《中国旅游资源分类系统与类型评价》（尹玉芳，2017）最具权威和代表性，国家标准主要用于旅游规划操作实践，而郭来喜、吴必虎等的方案则主要用于建构学术理论框架（尹玉芳，2017）。

（1）国内常见分类方法。国内旅游资源分类比较常用的方法有两分法、等级分类法、专题分类法、功能分类法、色彩分类法和整合分类法等（黄细嘉，李雪瑞；2011）（表 5-2）。

表 5-2 旅游资源分类方法对比

分类方法	依据	类型	优点	缺点
两分法	资源属性	自然和人文旅游资源	宽口径，使用便利	过度学术化、规划实用性差
等级分类法	吸引力和影响力	国家级、省级、市（县）级旅游资源	直观判断资源的吸引力大小和品质级别	大中尺度的规划难以计算整体价值，评价指标体系的科学性要求高
专题分类法	旅游专题	生态型、文化型、经济型等	针对性强，产品开发的指导性强	倾向于对旅游产品的分类，不适合旅游资源等级评价和横向比较
功能分类法	旅游资源主要功能和旅游动机	观光型、休闲型、度假型、科考型等	以市场为导向，目标明确，便于开发	针对旅游资源的某一种功能，不能体现旅游资源的整体价值
色彩分类法	抽象颜色	红色旅游资源、绿色旅游资源、金色旅游资源等	形象生动	缺乏科学依据
整合分类法	系统	独立体、主辅体、组合体、联合体四类	宽口径，方便反映旅游资源的整体价值	概念体系不成熟，实践案例少，有待完善

资料来源：黄细嘉，李雪瑞.我国旅游资源分类与评价方法对比研究 [J].南昌大学学报（人文社会科学版），2011，42（2）：96-100.

①两分法。这是目前学术界最常用的分类方法，按成因和属性将旅游资源划分为自然旅游资源和人文旅游资源两大系列。

②等级分类法。按照吸引力和影响力大小将旅游资源划分为国家级、省级和市（县）级旅游资源。

③专题分类法。根据生态型、文化型、经济型等旅游专题进行分类。

④功能分类法。根据旅游资源主要功能和旅游动机将旅游资源划分为观光型、

休闲型、度假型、科考型等。

⑤色彩分类法。根据旅游资源的抽象色彩进行分类，如把生态旅游资源称为绿色旅游资源，把革命纪念地、纪念物及承载革命精神的吸引物等称为红色旅游资源，把工业旅游资源称为灰色旅游资源等。

⑥整合分类法。旅游资源整合评价是指把某一特定范围（尺度）的旅游资源个体和环境感知视为一个整体，按照某一标准对其整体价值、开发条件、组织系统等进行综合评价。整合分类法则是根据旅游资源个体之间的关系（即资源的独立性、资源之间的依附性、共生性和联合性）将其划分为独立体、主辅体、组合体和联合体旅游资源。

拓展资料 5.1

（2）国内典型旅游资源分类系统。

①国标分类。《旅游资源分类、调查与评价》（GB/T 18972—2017）在《旅游资源分类、调查与评价》（GB/T 18972—2003）基础上修订而来。它依据旅游资源的性状（资源本身的形态、特征）将旅游资源划分为"主类""亚类"和"基本类型"三个层次，具体将旅游资源分为地文景观、水域景观、生物景观、天象与气候景观、建筑与设施、历史遗迹、旅游购品、人文活动 8 个主类，23 个亚类、110 个基本类型。其中，主类和亚类为"构造层"，基本类型为"实体层"。构造层是旅游资源的框架支撑，实体层是分类、调查、评价的实际对象，主要应用于指导旅游规划操作实践。详见《旅游资源分类、调查与评价》（GB/T 18972—2017）中的附录 A。

②郭来喜、吴必虎等的分类。郭来喜、吴必虎等对 1992 年出版的《中国旅游资源普查规范》（试行稿）进行完善，构建旅游资源分类分级分态系统，将 2 个景系（serial）、6 个景类（type）、74 个景型（pattern）增至为 3 个景系、10 个景类、98 个景型；把资源单体按其天然属性归属为分类体系中的最基本类型，以景域、景段、景元三个空间尺度等级区别表征资源单体规模，并将旅游资源分为已开发态、待开发态和潜在势态三种存在状态。

5.2　旅游资源评价

旅游资源评价，是指以合理地开发、利用、保护旅游资源并取得最大的社会、经济、生态效益为目的，对一项或某一地域内的旅游资源价值及开发利用的可行性进行评判的过程（邢道隆等，1987）。旅游资源评价是旅游规划与开发的前提，在整个旅游项目开展中具有举足轻重的地位（张肖，2019）。

20 世纪 50 年代以来，旅游资源评价一直就是地理、环境、经济、社会等学科领域研究的一个重点问题。目前，国外旅游资源评价研究成果颇丰，除了 3S（遥感、地理信息系统和全球定位系统）、互联网、虚拟现实等技术被广泛应用于旅游资源评价研究中外，经济学、心理学和社会学等方面的研究方法也逐渐引入，评价方法由最初的定性研究到定量研究。国外有关旅游资源评价的研究主要集中于旅游资源的视觉质量评价、人类文化遗产价值评价和货币价值评价三个方面（梁修存等，2002）。康德美学的"四个契机"为现代旅游资源视觉质量评价奠定了基础，认为美感是建立在鉴赏能力和资源美景度之上，对美学的评价受制于主观感觉。Osgood 等和 Graik 等学者的研究发现，不同视觉感受或质量的景观资源，评价中特别重视景观资源替代物的选取和语言描述的准确性。之后一些学者逐渐将数理统计方法引入旅游资源评价中，尤其条件价值评估法（CVM）和旅行费用法（TCM）应用最为广泛。Choong-Ki 等以韩国的明州山为实例，运用条件价值评估法和二分选择问卷法、支付意愿法对生态旅游的潜在收益进行了评价。尽管 CVM 理论及其应用的有效性仍存在质疑，但该方法却明确了旅游资源的内在价值，有助于旅游资源的合理开发与利用（罗艳，2015）。此外，旅行费用法和享乐定价法（HPA）等在旅游资源定量评价方面使用也较为普遍。

5.2.1　旅游资源评价的主要内容

旅游资源评价的研究内容主要集中在旅游资源单体或单要素评价、旅游资源专题类型评价、区域旅游资源评价和旅游资源经济价值评价上（王建军，2005）。

1. 旅游资源单体或单要素评价

单体或单要素即为旅游资源等级分类中的最基本单元，或称"基本类型""景型"，《旅游资源分类、调查与评价》（GB/T 18972—2017）将旅游资源单体定义为"可作为独立观赏或利用的旅游资源基本类型的单独个体，包括'独立型旅游资源单体'和由同一类型的独立单体结合在一起的'集合型旅游资源单体'"。在对旅游资源单体进行评价时，由评判人依据旅游资源共有因子（即旅游资源基本类型所共同拥有的因子）对旅游资源单体进行价值和程度评价。郭来喜、吴必虎等依据规模对景型（即旅游资源单体）进行评价，并将评价结果分为景域、景段、景元三个层级。旅游资源单体或单要素评价是旅游资源组合评价、旅游资源地域评价、旅游资源地域旅游吸引力评价、地域旅游资源经济价值等综合评价的基础。

2. 旅游资源专题类型评价

由于旅游资源的多样性和不同资源之间所存在的不可比性，一些学者开始对专题旅游资源进行评价。如生态旅游资源评价、水体旅游资源评价、文化旅游资源评价、乡村旅游资源评价和其他类型旅游资源评价等。

1）生态旅游资源评价

生态旅游资源是以生态美吸引旅游者前来进行生态旅游活动，在保护的前提下，为旅游业所利用，并能够产生可持续的生态旅游综合效益的客体（杨桂华等，2000）。王建军等（2006）将生态旅游资源分为生态旅游景观资源和生态旅游环境资源两类，并构建了生态旅游景观资源与生态旅游环境资源相结合的定性与定量综合评价基本框架。田润炜等（2015）通过构建湿地生态旅游资源评价指标，采用层次分析法（Analytic Hierarchy Process，AHP）对赛里木湖国家湿地公园生态旅游资源进行综合评价。

2）水体旅游资源评价

拓展资料 5.2

水体旅游资源是指水域（水体）及相关联的岸地、岛屿、林草、建筑等能对人产生吸引力的自然景观和人文景观（丁蕾等，2013）。黄静波（2005）首先利用郭来喜等的旅游资源分类系统对郴州市水体旅游资源单体进行评价，然后采用层次分析法确定每一资源单体在本类型内的重要性，最后根据域、段、元各占 0.5、0.35、0.15 的权重进行线性加总，以此对水体旅游资源各类型进行综合评价。

3）文化旅游资源评价

文化旅游资源是指客观地存在于一定地域空间并因其所具有的文化价值而对旅客产生吸引力的自然存在、历史文化遗产或社会现象（吴芙蓉，2005）。学界常将人文旅游资源与文化旅游资源等同，认为剔除自然旅游资源后的旅游资源均是文化旅游资源（唐建军等，2022）。文化旅游资源包括遗址遗迹类、建筑与设施类、旅游商品类和人文活动类（传统型）和文化创意类和商务会展类（非传统型）等类别（李烨等，2016）。冯亮等（2018）依据国家标准《旅游资源分类、调查与评价》（GB/T 18972—2003），在对晋中市红色文化旅游资源进行分类评价的基础上，采用层次分析法确定每一类型单体权重，并以此对晋中市红色文化旅游资源进行整体评价。

4）乡村旅游资源评价

乡村旅游资源评价是在对乡村旅游资源分类调查的基础上，按照一定的标准进行分类评价，对旅游资源的数量、等级、规模、开发前景等进行可行性评估（张健等，2017）。随着乡村旅游的快速发展，乡村旅游资源评价体系已经初步形成。如张晶（2007）、林雄斌（2010）采用层次分析法，分别对贵州乡村旅游资源、宁波乡村旅游资源进行评价；蒲利利等（2022）从资源价值、环境因素和接待条件三个维度构建包含文化性等 25 个评价因子的评价指标体系，采用层次分析法和模糊综合评价法对兰州市乡村旅游资源进行综合评价。

5）其他类型旅游资源评价

其他类型旅游资源评价如地质公园旅游资源评价、冰川旅游资源评价、沙地旅游资源评价和科技旅游资源评价等。

3. 区域旅游资源评价

区域旅游资源评价是在旅游资源单体或单要素评价，抑或是在旅游资源专题评价的基础上，对区域旅游资源作出的系统性、整体性评价，包括旅游资源组合评价、旅游容量评价、旅游资源地域旅游吸引力评价等。在对区域旅游资源进行评价时，主要有两种评价方案：一种是整体评价方案，另一种是专题横向评价方案。"知己知彼"是整体评价方案的灵魂，"知己"就是要按照某个标准对区域旅游资源的组合结构、容量、发展潜力、旅游吸引力等进行评判；"知彼"既要对周边邻近区域旅游资源禀赋情况进行摸排评判，进行横向比较，又要获悉旅游者的旅游需求动态。"分类评价"是专题横向评价方案的精髓。专题横向评价首先对区域内的旅游资源进行分类，然后以每类旅游资源评判结果为基础，再对区域整个旅游资源禀赋情况进行评判。如学者常将旅游资源分为生态旅游资源、森林旅游资源、水体旅游资源、乡村／农业旅游资源、休闲旅游资源、文化／科技旅游资源、地质公园旅游资源等类型。如王学峰（2012）运用《旅游资源分类、调查与评价》（GB/T 18972—2003），将满洲里市作为一个旅游目的地，对其整体旅游资源内在价值进行综合评价。唐承财等（2012）依据资源调查和评价结果，分别对内蒙古凉城县水利、温泉、文化与森林四大核心类型旅游资源提出开发模式。

4. 旅游资源经济价值评价

旅游资源经济价值是指其能够满足旅游者旅游需求效益的货币衡量（李丰生，2005）。消费者剩余理论、外部性理论、公共产品理论、经济效率理论等构成了旅游资源经济价值评价的理论基础。旅游资源具有使用价值和保存价值（非使用价值）。使用价值来自人类实际的游憩利用（游憩价值），与消费者剩余有关；而保存价值则包括选择价值、存在价值和遗产价值。选择价值是为了将来的使用保留游憩娱乐机会的支付意愿（willingness to pay，WTP）；存在价值是资源本身具有的一种经济价值，亦被称为内在价值，是指人们为确保某种资源继续存在而自愿支付的费用；遗产价值是指当代人为将某种资源保留给子孙后代而自愿支付的费用（查爱苹等，2015）。条件价值法、旅行成本法、收益还原法、游憩费用法以及享乐定价法等是目前国内外旅游资源经济价值评价最常用的方法。

5.2.2　旅游资源的评价方法

旅游资源的评价方法总体上分为定性和定量两种。定性评价主要宏观把握旅游资源的价值和特色，简单明了，易被人们接受，结果不能量化且具有明显的主观性。定量研究则通过建立评价指标体系，将旅游资源的各种影响因素或指标分化整合予以量化，提高了评价的精确性和实用性，具有客观性强、科学直观等优点（陶卓民等，2009）。

1. 定性评价方法

1）美感质量评价法

美学观赏价值是形成旅游资源吸引力的重要所在，因此针对旅游资源美学价值的美感质量评价是旅游资源定性评价中的一个重要派别。美感质量评价是对旅游资源美学价值的专业性评价，康德的美学"四个契机"奠定了现代旅游资源美感质量评价的理论基础，这类评价一般是基于旅游者或旅游专家的审美趣味和亲身体验对旅游资源进行综合评判，其评价结果具有可比性。其中有关自然风景美感质量评价较为成熟，已发展成为四个公认的学派，即专家学派，心理物理学派，认知学派或心理学派，经验学派或现象学派。

2）"三三六"评价法

"三三六"即为"三大价值""三大效益"和"六大开发条件"。"三大价值"

指艺术观赏价值、历史文化价值和科学考察研究价值。"三大效益"指经济效益、社会效益和环境效益。"六大开发条件"指地理位置和交通条件、景象的地域组合条件、环境容量条件、旅游客源市场条件、投资条件和施工条件。

3）黄辉实"六字七指标"评价法

"美、古、名、特、奇、用"。美：旅游资源给人的美感；古：有悠久的历史；名：具有名声或与名人有关的事物；用：有应用价值。对旅游资源所处环境采用季节性、环境污染状况、与其他旅游资源之间的联系性、可进入性、基础结构、社会经济环境、客源市场七项指标进行评价。

2. 定量评价方法

定量评价方法一般是构建旅游资源评价指标体系，然后确定指标权重，最后通过统计、分析和计算等方式，用具体的数值表示旅游资源及其等级的评价方法。其包括层次分析法、模糊数学评价法、旅行费用法和条件价值法等。

1）层次分析法

层次分析法是由美国运筹学家、匹兹堡大学教授托马斯·萨蒂（Thomas Saaty）于 20 世纪 70 年代提出的一种实用决策方法。其原理是把研究内容看作一个整体，通过对多个因子进行分类整理，形成多层次的具有隶属关系的评价系统，再请专家对各因子的相对重要性进行判断评分，求出各因子的权重并排序，最后根据排序结果进行分析。

2）模糊数学评价法

模糊数学评价法是运用模糊数学理论和方法构筑旅游决策模型，以提出旅游区开发价值综合评价指标，一般可以将评价对象抽象为若干个评价指标，建立综合评价因素集 U，并结合需要设置等级评判矩阵 V（如非常好、很好、一般、不好、非常不好等），$R=U \times V$，R 便是单因素评判矩阵，由于各个评价指标的重要程度不同，我们要依据专家打分确定每个评价指标的权重，于是形成各因素的权重矩阵 A，$A \times R$ 即为模糊综合矩阵。

3）旅行费用法

旅行费用法作为一种基于消费者选择理论的旅游资源非市场价值评估方法，由经济学家 Clawson 等提出，通过测算"游憩商品"的消费者剩余评估环境资源的经济价值。其通过对旅游者已付费用的调查建立旅游需求函数以测算消费者剩余。

该方法常用来评价那些非市场价值的自然景点或者环境资源。

4）条件价值法

条件价值法是指在假想市场的情况下，以调查问卷为工具来评价被调查者对缺乏市场物品或服务所赋予的价值方法，它通过询问人们对于环境质量提高的支付意愿或忍受环境损失的受偿意愿（willingness to accept，WTA）来推导环境物品的价值。CVM可用于评估环境物品的使用价值和非使用价值，并一度被认为是可用于环境物品和服务的非使用价值评估的唯一方法（查爱苹等，2015）。

5.3　旅游资源的开发与保护

5.3.1　旅游资源的开发

1. 旅游资源开发的类型

在旅游资源评价的基础上，旅游资源开发方案、开发内容及开发程序陆续开展。现有的旅游资源开发多为某一个旅游地或旅游景区的旅游开发。旅游资源开发不仅包括对潜在旅游资源的开发，还包括对已开发资源的深层次的系统整合开发。旅游资源开发的目的是通过各种手段发挥、完善和提高旅游地的旅游资源吸引力，从而产生社会效益、经济效益和环境效益。

1）潜在旅游资源开发

借助现代科学技术手段，把潜在的旅游资源改造成旅游吸引物，以满足旅游者的旅游需要。比如改善可达性条件，完善酒店、餐饮、娱乐、购物等旅游基础设施，培训相关旅游接待人员等。前期的旅游资源开发多为此类，比如2006年之前的新疆，虽然自然景观神奇独特，有著名的天山天池、喀纳斯、吐鲁番葡萄沟、那拉提、可可托海等景观，但其旅游可达性较差，导致其旅游资源开发滞后。随着青藏铁路的全线通车，新疆旅游资源开发迎来机遇。

2）深层次开发

一些已经开发的旅游资源项目，由于当时开发较为粗放单一，旅游资源开发仅仅是同一类型旅游资源的数量扩张，造成旅游资源的严重破坏和旅游生态环境的不断恶化。一些地方由于前期缺乏旅游总体规划，造成旅游资源无序开发、景区功能定位模糊、特色不鲜明等问题；还有一些地方旅游资源开发较为肤浅，对地方文化底蕴植入不够或不当；一些人造景观更是粗制滥造，造成"一年兴、两年衰、三年亡"的境遇。此外，还有一些景区不能做到与时俱进，无法提供有效旅游需求产品。于是为了发挥、完善和提高旅游资源吸引力，我们需要对旅游地的旅游资源进行深层次开发。

2.旅游资源开发的内容

1）完善旅游资源的外部环境条件

旅游设施、开发资金、政策保障等是旅游资源开发的外部环境条件。首先，不断提高旅游资源的可达性、完善水、电、气和排污等基础设施建设，加大旅游供给投入、实施优惠的旅游招商引资政策，构建住宿、餐饮、娱乐、购物等旅游上层设施。其次，依据旅游资源调查与评价结果，对旅游资源分类分级依次开发，重点围绕优质旅游资源制定规划区的旅游发展战略，编制科学合理的旅游规划，形成系统完善的旅游资源结构。最后，在旅游资源开发上要坚持可持续原则，严格落实生态环保措施，开发具有当地特色的旅游产品，提供细致、周到的人性化服务。

2）对旅游资源精耕细作，联动互补开发

首先，深入挖掘重点旅游资源的文化内涵，深化景观意境与韵味，加强景观辐射与联动作用，增强景观的时代性和文化性。其次，联动互补开发，主要是利用知名度较高的旅游资源辐射带动其他互补性的旅游资源，形成聚集规模经济效应。新的旅游资源开发，要注重同一范围内不同类型旅游资源的功能搭配，将其重点分布在城郊和旅游线路沿线，加强与原有景区的互动与连带效应。

3）构建全方位的营销体系，制定合理的旅游市场发展规划

目前各旅游地旅游宣传资料以单一、概述性的景点介绍和活动说明为主，未能充分考虑旅游者的个性需求，缺乏针对性和吸引力，难以满足旅游者的多元化需求。相较而言，韩国的宣传介绍针对不同人群的不同需求和心理特征量身定做，从内容到形式，从介绍重点到字体设计皆有不同的经验值得借鉴。建立旅游认知性评价体系，旅游部门可以根据地方旅游资源特点，对包括旅游资源知名度、参与度、评价度在内的整体认知进行旅游者调研。正确把握旅游者的旅游动机、游览倾向、活动特征等，并以此为依据制定旅游市场的发展规划。

拓展资料 5.3

4）加强旅游业人力资源的开发和管理

对于一个旅游地或者旅游景区来说，其旅游可持续发展的关键在人才。尤其是周围邻近旅游资源相同或相似的旅游地，其竞争的核心就是旅游从业人员的服务水平和职业素养。发展旅游业，必须加强旅游业人力资源的开发和管理，在人才观念、人才政策等方面进行更新和改革，注重旅游业不同层次人才的培育，提升旅游业从业人员的职业素养。

3. 旅游资源开发的原则

王庆生教授将旅游资源开发原则总结为"八化""八结合"和"八性"。

1）"八化"

（1）资源开发"特色化"。特色是旅游资源开发的灵魂，是旅游产品生命力的体现，没有特色就没有效益，因此旅游开发要突出"人无我有，人有我新"的开发方针，绝不能拾人牙慧，要突出自己的特色。

（2）项目设置"市场化"。旅游业是一个经济产业，在市场经济的大环境下，要以市场为导向，必须考虑市场的需求和竞争力，要把旅游市场的需求和供给情况作为规划决策的基础。一切要按照旅游市场来进行项目设置，同时要根据旅游资源的冷热原则，预测旅游市场的发展趋势，以对旅游项目实施合理的开发序列。

（3）旅游氛围"生态化"。目前的旅游趋势是生态旅游、绿色旅游和回归自然旅游，在旅游开发过程中一定要突出生态化、原始化和自然化，从植被保护到服务设施，皆要营造生态化的环境氛围。

（4）游览观光"知识化"。随着旅游者知识层次的提高，其对旅游项目的文化内涵也提出了新的要求，即旅游景点有一定的知识性、科学性，旅游区力求做到科学性、知识性与可观赏性的统一，使旅游者在游览观光的同时，得到知识的陶冶和精神的享受。

（5）建筑设施"景观化"。在旅游区开发中，每个景点中的建筑设施，都应作为景观的组成部分来对待，应该以"园林化""景观化"为主，曲径通幽，曲折有度，强调建筑与自然的协调效果，提高观赏性、艺术性。对于以自然景观为主的景区，其区内建筑设施要坚持"宜小不宜大、宜低不宜高、宜藏不宜露、宜疏不宜密"的原则。

（6）旅游服务"系统化"。旅游服务是一个系统工程，要把整个旅游服务看作一个大的系统，在开发建设中，大小系统综合平衡、相互协调，如要达到吸引力与接待力的统一，就要求旅游资源的开发建设与旅游服务设施、交通设施及基础结构（如水、电等）等方面的综合平衡。在行、游、住、吃、购、娱六个方面的服务上，要全面考虑，各种设施系统配套，形成综合接待能力，使旅游者以最少的时间、最少的费用，看最多的景点，力求使其舒适、方便、安全。

（7）建设投资"多元化"。旅游区开发应在突出主题的前提下，把近期投资小、效益大的关键性基础项目规划到位，尽快进入设计与施工阶段，缩短建设周期，提高投资效益，做到全面规划、分期实施。在投资开发上，要明确开发序列，突出重点，多元筹集资金，个人、集体、单位、政府、外资一起上。

（8）开发利用"持续化"。旅游开发应贯彻可持续发展的思想，把保护旅游及生态环境视为战略问题加以对待，它不仅关系到旅游区的命运，而且直接关系到人类未来的生存环境。因此要求在开发过程中，一定要把保护自然资源放在首位，永续利用旅游资源。对于人文旅游资源，必须认真贯彻《中华人民共和国文物保护法》，要坚持"有效保护、合理利用、加强管理"的思想。

2）"八结合"

旅游开发的"八结合"原则即旅游开发与城市园林景观建设相结合，旅游开发与高科技农业观光相结合，旅游硬件建设与软件配套相结合，远期开发与近期建设相结合，古代题材与现代意识相结合，旅游开发与农民脱贫致富相结合，长远利益与眼前利益相结合，宏观布局与微观建设相结合。

3）"八性"

旅游开发应体现"八性"原则，即科学性、知识性、真实性、艺术性、参与性、观赏性、协调性、超前性。

5.3.2　旅游资源的保护

旅游资源保护与旅游资源开发相伴而生，除了重大天灾、风化作用、动物性原因等自然原因外，多数旅游资源的破坏均与旅游资源的开发有关。如传统经济增长方式使得旅游资源保护形同虚设；公共性旅游资源开发无度，"公地悲剧"现象频频出现；旅游资源成本的难以核算以及核算方法的不确定性客观上促进了旅游资源破坏等（田玲等，1998）。

1. 传统经济增长方式使得旅游资源保护形同虚设

传统经济增长方式曾经宣称旅游业为"无烟"产业、"低投入，高产出"产业、

"非耗竭"产业，这些观念势必导致旅游资源的保护形同虚设，使以耗竭自然资源为手段的旅游经济增长方式变得合理，无视旅游经济增长必须以自然资源、生态环境良性循环为基础的法则，造成旅游饱和与旅游超载现象时有发生，旅游资源遭到极大破坏。

2. 公共性旅游资源开发无度，"公地悲剧"现象频频出现

拓展资料 5.4

公共性旅游资源指具有公共资源特性的旅游资源，如世界遗产地、风景名胜区、森林公园、地质公园、自然保护区、博物馆、民俗文化和温泉资源、海岸资源等。公共性旅游资源具有公益性和负外部性的特征，由于其所有权属于全体社会成员，因此公共性旅游资源具有公益性特征；公共性旅游资源具有强烈的负外部性，一旦旅游资源遭到破坏，对其他使用者来说就会产生一笔额外支出，从而影响当地居民或企业正常的利益。正是由于公共性旅游资源公益性和负外部性这两个典型特征，公共性旅游资源的"公地悲剧"屡见不鲜，主要表现在公共旅游资源的拥挤效应和过度使用以及其周边环境的污染等（梁明珠等，2010）。

3. 旅游资源成本的难以核算以及核算方法的不确定性客观上促进了旅游资源破坏

继 2001 年四川省出让包括九寨沟、三星堆遗址等十大景区经营权后，国内掀起了景区经营权转让的热潮，引发了学术界关于经营权转让和旅游资源开发与保护之间关系的广泛讨论，究竟旅游资源经营权的转让对旅游资源保护是利还是弊，核心问题在于经营权转让的价格。而转让价格的基础便是旅游资源成本。然而由于旅游资源的产权不够清晰以及价值构成的复杂性（包含社会价值和经济价值），旅游资源成本难以核算。核算方法也不够成熟完善，以致一些旅游资源的租赁价格特别低，再加上旅游企业经营的短视性，使得旅游资源保护标准降级甚至无视旅游资源的保护。如武陵源转让后，出现了违法违章建筑挤占核心景区、水土流失严重，周围环境杂乱无章等，对武陵源旅游资源造成了极大破坏。

🔍 本章小结

本章主要介绍了旅游资源的概念与分类、旅游资源评价、旅游资源的开发与保护。通过本章的学习重点使学生掌握旅游资源评价的内容、旅游资源评价的方法和旅游资源的概念，使学生具备分析某一旅游地旅游资源开发与保护情况，并

提出相应的旅游资源开发与保护对策的能力。结合旅游资源开发与保护相关内容，培养学生具备弘扬社会主义核心价值观、遵纪守法意识及生态文明意识，爱护旅游资源，做文明旅游使者。

即测即练

思考题

1. 概念解释：旅游资源、潜在旅游资源、旅游资源评价、旅游资源单体、旅游资源共有因子、层次分析法、旅行费用法、"三三六"评价法、生态旅游资源、乡村旅游资源、水体旅游资源、文化旅游资源。

2. 概念辨析：旅游资源、旅游吸引物。

3. 简述郭来喜、吴必虎等的旅游资源分类分级分态系统。

4.《旅游资源分类、调查与评价》是如何对旅游资源进行分类的？

5. 决定一项旅游资源价值大小的主要因素有哪些？

6. 旅游资源的开发应遵循哪些原则？

7. 分析旅游资源遭受损坏的原因，并提出相应的保护对策。

8. 尝试采用一些评价方法对某旅游地的旅游资源条件进行评价。

9. 尝试从"家乡印象、家乡名胜、家乡风情和家乡故事"等方面，为家乡的旅游资源代言。

10. 结合所学内容，讨论哪些算是红色旅游资源。如何对红色旅游资源进行评价？

第6章 旅游业

学习目标

1. 了解旅游业的构成、旅行社的分类、发展方向、旅游饭店的产生与发展和饭店集团化发展情况，旅游交通的主要类型，旅游景区的分类及作用，旅游娱乐的概念、类型和作用，旅游购物的未来发展趋势。

2. 熟悉旅行社的作用、基本业务、旅游交通的概念、作用和未来发展趋势，饭店集团化经营模式及其优缺点。

3. 掌握旅游业的概念、性质、特点，旅行社、景区的概念、特点、主要业务，饭店的分类、等级及旅游饭店的作用，旅游购物的特点及作用。

能力目标

1. 了解旅游业各组成机构的发展趋势，能够洞悉旅游业构成的市场需求动态。

2. 熟悉旅游业各组成部分日常业务的经营，提升理论与实践结合分析问题能力。

3. 掌握旅游业各部门在旅游活动中的主要业务及运营管理模式，提升学生综合协调能力。

思政目标

1. 了解查阅相关资料，分析国内外旅游行业的经营状况，激发学生的行业竞争意识，提高我国旅游业的国际竞争力。

2.熟悉旅游业未来的发展趋势，使学生在行业发展认识方面具有前瞻意识和创新意识。

3.掌握旅游业各部门的综合运营管理思路，培养学生具备系统的发展观，不断提升战略思维、创新思维，具备旅游业发展的全局意识和长远意识。

思维导图

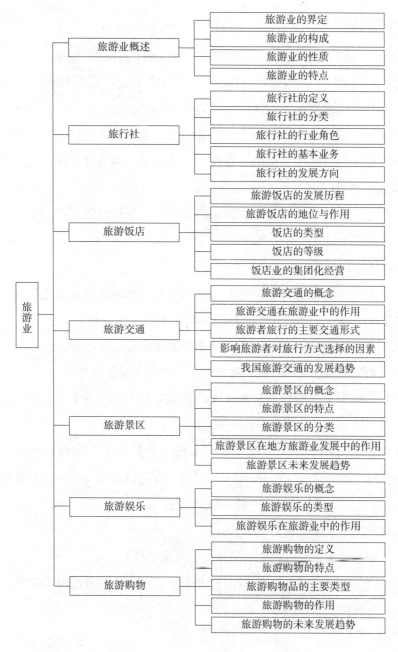

导入案例

6.1　旅游业概述

6.1.1　旅游业的界定

"旅游业"或"旅游产业"一词出现在 20 世纪 60 年代，但一直以来对旅游业定义困难、范围模糊，比较常见的旅游业定义主要在研究需要和实践需要两方面。前者是基于学科的研究要求对这一个学科的研究内容有一个标准的定义，在定义的限制下建立研究对象和研究内容。后者是基于度量旅游经济活动对地方、国家和全球的社会、经济和环境影响要求有统一的口径。因此建立地区之间统计数据的一致性和可比性是必不可少的前提条件，而得到这些数据必须有统一的标准。基于旅游研究和实践的需要，不同国家的学者从本国旅游业发展的情况出发对旅游业作出了不同的定义。

1. 国外学者的代表性定义

日本学者前田勇在《观光概论》一书中认为，旅游业就是为适应旅游者的需要，由许多独立的旅游部门开展的多种多样的经营活动。

美国旅游学者伦德伯格认为，旅游业是为国内外旅游者服务的一系列相关的行业，关联到旅游者、旅行方式、膳宿供应设施和其他各种事务。

英国帕尔格雷夫出版社出版的《旅游学要义》一书中认为，旅游业是涉及旅游供应方的商业运营者与旅游产业的关键部门的总称。

世界旅游业理事会提出：旅游业是为旅游者提供服务和商品的企业，包括接待（旅馆、餐馆）、交通、旅游经营商（tour operator）和旅游代理商（travel agent）、景点，为旅游者提供供给的其他经济部门。

2. 国内学者的代表性定义

对于旅游业的定义，国内学者的定义也未完全统一。

李天元认为旅游业就是以旅游消费者为服务对象，为其旅游活动的开展创造便利条件，并提供其所需产品和服务的综合性经济产业。

邓爱民认为旅游业是以旅游资源和旅游设施为依托，以旅游者为主要对象，向旅游者提供旅游活动所需的各种产品和服务的综合性产业。

田里认为旅游业是指为旅游消费者开展旅游活动、提供产品和服务的综合性产业。其认为旅游业既包括"旅游产业"，也包括旅游行业。

虽然学者们定义描述并未统一，但对旅游业的定义以需求为取向，旅游业是综合性的服务产业等观点是相通的。因此本书认为旅游业是以旅游者为服务对象，为旅游者开展旅游活动提供便利条件所需要的各种产品和服务的综合性产业。

6.1.2　旅游业的构成

旅游业是由为旅游者服务的相关行业组成的，虽然在当今研究中国内外对旅游业的概念界定并未完全统一，但对旅游业的构成方面两种观点得到了国内外多数学者的认可。

1. "三大支柱"说

从 20 世纪 60 年代开始，随着旅游业成长为"世界经济中的巨人"，旅游业的发展得到了联合国越来越多的关注。根据联合国的《国际标准产业分类》以及对从事旅游业务经营的具体经济部门的分析，发现人们的旅游消费开支主要流向旅行社行业、交通客运业和住宿业。因此，这三个行业也普遍被认为是旅游业的构成部分。这种认识，在改革开放初期也影响到我国对旅游业构成的认识，将旅行社行业、交通运输业和住宿业称为旅游业的"三大支柱"。

2. "五大部门"说

从 20 世纪 80 年代中期开始，"五大部门"说成为国际旅游学界的主流认识，从一个国家或地区的旅游业发展，特别是从旅游目的地营销的角度来认识，一个国家或地区的旅游业主要由五大部门组成，如图 6-1 所示。

住宿接待部门：	游览场所经营部门：	旅行业务组织部门：	旅游目的地各级旅游	交通运输部门：
饭店、宾馆	主题公园	旅游经营商	组织部门：	航空公司
供出租的乡村农舍	博物馆	旅游批发商/经纪人	国家旅游组织（NTO）	航运公司
供出租的公寓/别墅	国家公园	旅游零售代理商	地区/州级旅游组织	铁路公司
分时度假公寓	野生动物园	会议组织商	地方旅游组织	公共汽车/长途
度假村	花园	预定服务代理商	旅游协会	汽车公司
会展中心（供住宿）	自然历史遗产游览点	奖励旅游经营商		
野营营地/旅行房车营地				
提供住宿设施的船坞				

图 6-1　旅游业构成的五大部门

相对"三大支柱"说，"五大部门说"中增加了游览场所经营部门和旅游目的地各级旅游组织部门。对于旅游目的地旅游业发展来说，五大部门存在共同的目标，就是通过吸引、招徕和接待外来旅游者，促进该旅游目的地旅游业的发展。这五大部门不可分割，而且需要协同和配合。这里需要说明的是，旅游目的地各级旅游组织部门并非营利的商业部门，但是从旅游目的地营销的显示来看，它们在促进其他各个商业性部门营利方面，起到非常重要的支持作用。换言之，如果没有旅游组织部门在旅游目的地进行营销或开拓客源市场，其他的构成部门均无力代行旅游目的地营销的职能，这也是将旅游目的地各级旅游组织部门也纳入旅游业的重要原因。

除了"三大支柱"说和"五大部门"说之外，斯蒂芬·L. J. 史密斯（Stephen L. J. Smith）提出了旅游业构成的"两层观"，将旅游业分为直接旅游行业和间接旅游行业。直接旅游行业是指那些主要为旅游者提供服务、离开旅游者无法生存的行业，如旅行社、饭店行业等。间接旅游行业是指那些虽然也能为旅游者提供服务，但离开了旅游者仍然能继续生存，只是营业额会有所缩减的行业，如出租汽车公司、礼品商店、市区景区等。随着旅游业的发展和人们对美好生活追求意愿的增强，党的二十大报告也明确提出了"构建优质高效的服务业新体系"，旅游业的构成部门更加多样化，包括旅行社与旅游电商、以饭店为代表的住宿业、餐饮业、交通客运业、游览娱乐业、康养旅游业、文化旅游业、赛事会展业、旅游用品和旅游纪念品销售行业等。各级旅游管理机构、旅游行业组织虽然不盈利，但是也应纳入旅游业构成之中。

6.1.3　旅游业的性质

要理解旅游业的性质，首先要区分旅游产业与旅游事业。旅游事业并非以发展经济为唯一目的，国家在推动旅游发展的过程中会涉及政治、经济、社会等多个层面。推动旅游的发展，不仅包括推动旅游业的发展，还包括推动国民活动的发展。因此，从这方面来说旅游业可以看作旅游事业的一部分。但旅游业也是一项产业，产业是以营利为目的的，追求的是利润的最大化。我国在改革开放前一直把旅游业作为一项事业，作为社会主义文化事业和政府外交的一部分，后来又提出旅游业是具有经济性的文化事业或者是文化性的经济事业，因此可以看出旅游业具备经济性和文化性两方面的性质。

1. 经济性

首先，旅游业是社会经济发展到一定阶段的产物，是建立在一定的经济发展水平之上的，没有经济发展水平做保证，也就不可能产生旅游需求和旅游供给。其次，旅游供给的产品和服务是具有特殊价值的消费品，受到市场经济、商品生产及交换等经济发展规律的支配，旅游业提供的产品和服务必须进行投入、产出的比较。以营利为目的各类旅游企业构成了旅游业的主体，其根本目的是通过刺激旅游需求，提供便利服务获取利润。最后，许多国家已经将旅游业作为国民经济的一项重要产业，并纳入经济社会发展规划之中。旅游业作为综合型经营的行业，可以促使和带动与旅游相关的企业经济行业的发展，进而带动区域经济的发展，还可以增加外汇收入和回笼货币。

拓展资料 6.1

2. 文化性

旅游业的属性除了大家所熟悉的经济性之外，还有文化性。2018 年，文化部和国家旅游局合并，成立了文化和旅游部，更加说明了文化是旅游的重要内涵。党的二十大报告提出"繁荣发展文化事业和文化产业"，坚持以文塑旅、以旅彰文，推进文化和旅游深度融合发展。以文化引领旅游发展、用旅游促进文化繁荣，更加突出了旅游业的文化性。从消费角度看，旅游本质上是一种文化体验、文化认知和文化分享的重要形式。旅游者在食、住、行、游、购、娱等方面所进行的消费，其本质是文化消费，如旅游者欣赏名山大川、了解文物古迹、体验民俗风情、品尝美味佳肴、感受旅游乐趣等。旅游业以生产和制造能满足这种旅游消费需求的产品为己任，并通过与旅游者的交换而获得经济效益。旅游经营者向旅游者提供具有一定文化内容的、有特色的产品和优质服务，满足旅游者的需求，帮助旅游者实现其旅游愿望，同时表现出旅游目的地国家或地区的文化发展水平，因此，旅游业具有文化性质。

虽然旅游业具备经济性和文化性两种属性，但这两种属性的作用和地位是不一样的。经济性是旅游业的本质属性，因此可以概括为旅游业是具有丰富文化内涵的经济产业。

6.1.4　旅游业的特点

1. 综合性

旅游业是旅游主体与客体之间的媒介，为旅游者提供包括食、住、行、游、购、娱等各个方面的一体化服务，提供多样化的旅游产品，从而满足旅游者多样化的旅游需求。党的二十大报告提出"构建优质高效的服务业新体系，推动现代服务业同先进制造业、现代农业深度融合"，在这一过程中，必然需要多种不同类型的企业来共同为其提供产品和服务。旅游业必须联合国民经济中的工业、农业、商业、建筑业、交通运输业等物质资料生产部门和文化、科技、教育、卫生、宗教、邮电通信、金融保险等非物质资料生产部门，共同向旅游者提供不同的商品和服务，进而形成产业集群。旅游业作为核心，将这些在传统产业划分标准下相对独立的行业联系在一起，旅游业因涉及各行业的联动，从而具有综合性的特点。

2. 季节性

气候、旅游资源的特点以及节假日等影响，使旅游业具有很强的季节性，具体体现在旅游者人数和旅游收入上的差别，即不同地区旅游淡、旺季到来的时间区分上。季节性是旅游目的地共有的特征，在旅游资源、旅游活动以及整个旅游业中都有体现，是旅游业各行业最容易理解却最难解决的问题。季节性也是每年重复发生的周期性模式，如每年的"五一""十一"和春节等节假日都是旅游的高峰期，令旅游地应接不暇，出现酒店爆满、交通堵塞、景区拥挤等现象。旅游业的季节性会给旅游企业的经营带来一定困难，使得它们在旺季的接待能力不足，淡季却大量闲置，并因此而遭受经济损失。

3. 劳动密集

旅游业属于第三产业，具有劳动密集的特点。判定一个企业或行业是否属于劳动密集型，其标准并非表面上雇用职工人数的多寡，也不是其投资数额与职工人数的比例大小，而是其工资成本在全部营业成本中所占的比重，所占的比重越大，劳动密集程度也就越高；反之则越低。旅游业的产品是以提供劳务为主的旅游服务，营业中消耗性的原材料成本很小，从而使工资成本在全部营业成本中占有非常高的比重。正是这一点，才决定了旅游业的劳动密集的特点。在国际学术界，不论是旅游学家还是经济学家，都称旅游业是劳动密集型行业，其依据即在于此。

4. 波动性

旅游业的波动性也称旅游业的敏感性，是指旅游业经营时会受到多种内部因素和外部因素的影响与制约。内部因素是指业内组成部分之间以及有关的多个部门行业之间的比例关系的协调，其中每一部分出现脱节，都会造成整个旅游目的地的旅游供给的失调，从而影响整个旅游目的地的经济效益。外部因素是指旅游业的生产和发展过程中受自然、政治、经济和社会等因素影响变化反应明显，各种因素的微小变化都可能引起旅游业的波动。

5. 涉外性

任何一个国家的旅游业在开展出入境旅游业务方面，都不能违背本国的涉外政策。我国旅游业开展跨国界的旅游业务要执行我国的对外政策、侨务政策和统战政策。因此，国际旅游具有很强的政策性。同时在当今全球化的背景下，国际旅游的需求越来越旺盛，出境游客和从业人员的行为在一定程度上代表了客源国或地区的形象，具有很强的涉外性。

6.2　旅行社

6.2.1　旅行社的定义

1. 世界旅游组织关于旅行社的定义

世界旅游组织将旅行社定义为"零售代理机构向公众提供关于可能的旅行、居住和相关服务，包括服务酬金和条件的信息。旅行组织者或制作批发商或批发商在旅游需求提出前，以组织交通运输、预订不同的住宿和提出所有其他服务为旅行和旅居做准备的行业机构"。

2. 我国关于旅行社的定义

我国 2020 年 11 月 29 日修订的《旅行社条例》的总则规定，旅行社是指"从事招徕、组织、接待旅游者等活动，为旅游者提供相关旅游服务，开展国内旅游业务、入境旅游业务或者出境旅游业务的企业法人"。

《旅行社条例》第二条所称"招徕、组织、接待旅游者等服务"，主要包括：安排交通服务；安排住宿服务；安排餐饮服务；安排观光旅游、休闲度假等服务；导游、领队服务；旅游咨询、旅游活动设计等服务。

旅行社还可以接受委托，提供下列旅游服务：接受旅游者的委托，代订交通客票、代订住宿和代办出境、入境、签证手续等；接受机关、事业单位和社会团体的委托，为其差旅、考察、会议、展览等公务活动，代办交通、住宿、餐饮、会务等事务；接受企业委托，为其各类商务活动、奖励旅游等，代办交通、住宿、餐饮、会务、观光游览、休闲度假等事务；其他旅游服务。出境、签证手续等服务，应当由具备出境旅游业务经营权的旅行社代办。

所以，凡是经营上述旅游业务的企业，不论其所使用的具体名称是旅游公司、旅游服务公司、旅行服务公司，还是旅游咨询公司或其他称谓，都属于旅行社企业，都可泛称为旅行社。

6.2.2　旅行社的分类

世界各国对旅行社的分类各不相同，我们从欧美国家分类和国内分类两方面做概括性介绍。

1. 欧美国家的旅行社分类

1）旅游批发商、旅游经营商

旅游批发商和旅游经营商是主要从事经营批发业务的旅行社和旅游公司。这些旅行社和旅游公司预先以较低的价格大量从市场上购买旅游交通、旅游饭店、旅游景点的有关旅游企业的产品或服务项目，然后对这些单项的旅游产品进行组合，合成包价旅游产品或集合旅游产品，通过旅游零售商（tourism retailer）销售给旅游者。旅游经营商在开展旅游批发商业务的同时，还兼具直接将旅游产品销售给旅游者的职能；旅游批发商不直接销售旅游产品给旅游者，而是通过独立的零售商向大众销售。欧美国家的旅行社从业者，因两者的主营业务相似，将旅游批发商和旅游经营商视为同一个类型的旅游企业。

2）旅游零售商

旅游零售商是指所有从事零售代理业务的旅行社，这些旅行社与旅游批发商对接，以旅游代理商为典型代表。线上的代理预订业务也纳入旅游零售商范畴。旅游代理商具体的业务可以是：咨询服务；代客预订房、餐、交通、门票；代理服务；信息反馈；宣发旅游宣传品等。

在传统上，旅行代理商提供代理预订服务时，通常不向顾客收取服务费，其收入主要来自销售佣金，即被代理方所给付的销售佣金。虽然具体的佣金率标准由双方事先商定，但就整个行业的情况而言，佣金率一般为10%。

以欧美为代表的多数国家中，旅行社行业内分工是自然形成的结果，而非行政要求的产物。在欧美国家旅行社行业中，旅游批发商、经营商的企业规模一般都比较大，集中化程度比较高，经济实力较为雄厚，与外界的社会联系也较为广泛，市场销售能力强。组团来华旅游的欧美国家旅行社企业，大多数是这类旅游批发商、经营商。

2. 国内的旅行社分类

改革开放以来，我国对旅行社的分类大体上经历了三个阶段。

第一阶段。1996 年以前，我国旅游行政管理部门曾将旅行社企业分为三类：第一类旅行社、第二类旅行社和第三类旅行社。按照当时的规定，第一类旅行社的经营范围是对外招徕和接待海外游客来我国旅游，第二类旅行社的经营范围是接待由第一类旅行社以及其他涉外部门组织来华的海外游客，第三类旅行社只能经营国内旅游业务。

第二阶段。1996 年，我国颁布了《旅行社管理条例》，根据不同的经营范围，将旅行社企业划分为两类：一类是国际旅行社，经营范围包括入境旅游业务、出境旅游业务（必须经特别授权）和国内旅游业务；另一类是国内旅行社，只经营国内旅游业务。

第三阶段。2009 年，国务院颁布了新的《旅行社条例》，将我国内地经营的旅行社企业规范为两大类，一类是经营国内旅游业务和入境旅游业务的旅行社；另一类是经营国内旅游业务、入境旅游业务和出境旅游业务的旅行社。

外商投资旅行社在《旅行社条例》中作为旅行社分类中的一个亚类。外商投资旅行社包括中外合资经营旅行社、中外合作经营旅行社和外商旅行社。

6.2.3　旅行社的行业角色

1. 在旅游业中充当前哨和先锋

旅行社直接与旅游者接触，可以最先洞察到旅游者需求的变化，设计符合消费者需求的旅游产品；在旅游者消费后还会最先得到旅游者的反馈，这些一手的反馈意见对旅游目的地的旅游供给和旅游产品开发都起着极为重要的作用。

2. 在旅游业中作为桥梁和纽带

从旅游目的地供给角度讲，旅行社是目的地旅游产品重要的销售渠道，旅行社可以将目的地的旅游产品整体销售，取得价格优势，最大限度满足旅游者需求，并在旅游活动结束后根据供应商具体提供服务的数量和质量，合理分配旅游收益，这就充分体现了旅行社的桥梁和纽带作用。

3. 在旅游业中担当旅游活动组织者

旅行社的组织作用可以从以下三方面来看：①通过宣传和促销的作用，将有旅游需求的旅游者组织起来，特别是大众旅游产品的组织者；②将各种要素组织起来组合成包价旅游产品，销售给旅游者；③在旅游活动过程中，负责旅游活动的组织工作，并处理旅游者在旅游活动过程中遇到的突发问题。

6.2.4　旅行社的基本业务

我国旅行社开展业务可分为以下两种形式。

1. 包团业务

包价旅游是指旅行社经过前期计划、组织和编排旅游活动项目，向社会推出的一次性付费，并包含所有服务工作的旅游形式。旅游的日程、旅游目的地、住宿、就餐、游览、交通及相应服务等级均包含在包价旅游中。

包价旅游通常以团体形式为主，按照国际惯例，团体指人数至少 15 人的旅游团，我国的现行惯例为团体人数至少 10 人（包括旅行社中的导游人员）。

自 20 世纪 60 年代大众旅游兴起以来，包价旅游一直是人们开展旅游活动乐于选择的方式，在全世界得到发展和普及。同样，我国入境的旅游者和我国出境的旅游者都普遍采用团体包价的旅游方式。我国境内旅行社的批发业务也主要采用团队包价旅游。包价旅游受到世界各地的旅游者的喜欢，主要是从需求角度讲有如下特点：省心省力，旅行社负责全程事务；安全保障性强，旅行社专门的人员带队，集体方式出游；省钱，旅行社已经在组织包价旅游产品时成批量购买，在价格占有优势。

现在的人们所体验的包价旅游，已经不是完全意义上的包价旅游，并非所有的包价旅游产品都将食、宿、行、游等方面的服务内容全部包括在内。例如有的包价旅游产品只包含交通和住宿，这就是小包价旅游。目前典型的小包价旅游只含目的地住宿、目的地的早餐、出发地与目的地之间的往返交通，旅游者可以根据自己的时间和兴趣来自由选择餐食、游览景点、参观线路等。

2. 散客业务

散客旅游，在概念上是同团体旅游相对的。根据国际上的惯例，散客主要是指个人、家庭及同行人数 15 人以下自行结伴外出旅游的旅游者。在我国旅游业务中，散客一般是指个人以及同行人数 9 人以下的旅游者。

散客旅游是旅行社受委托购买或预订某些单项服务的旅游产品。散客根据自己的意愿，提出自己的旅游线路需求，委托旅行社为其设计和预订相关服务，散客也是购买了一系列的包价旅游组合产品，但与前面讲到的包价旅游不同，旅行社只提供相关的组合安排，不做全程的包价。旅行社因需要落实相关服务项目并分别报价，会花费更多的时间，所以会在原有价格的基础上收取代办服务费。

散客旅游市场呈不断上升的趋势，散客旅游者在活动中灵活度大、随意性强，也要求旅游目的地接待条件更加完备和便利。所以散客旅游者的接待量是衡量一个旅游目的地成熟度的重要标志。

旅行社面向散客旅游者开展委托代办业务主要涉及两种类型：一是当地单项委托，二是联程委托。当地单项委托是指某地旅行社接受散客的临时委托，为其代办饭店、车辆、导游员等单项服务。联程委托的服务对象是入境旅游者，分为境内联程服务和境外联程服务。境内联程服务是指地处入境口岸城市的某旅行社接受访入境旅游者的委托，旅行社按照委托方提出的要求，为其安排旅游线路和活动日程；境外联程服务是指旅行社根据境外旅行社的事先委托，为其安排入境期间所要求的各类旅游服务，包括翻译导游、代订酒店、代租汽车、代办旅游签证、代购各种景区门票和机场、车站、码头接送服务。

6.2.5　旅行社的发展方向

1. 旅行社的未来发展力求满足人民对美好旅游生活的追求

旅行社是旅游经济运行的主要引导力量。从国际旅游产业发展来看，德国途易、日本交通公社、美国运通等旅行服务集团一直都是世界旅游强国的重要标志，也是各国、各地区产业政策的重点领域。这些大型旅行社与所在国家旅游业共同成长，并日渐影响全球旅游业的战略格局。从大众旅游到全域旅游，再到文旅

拓展资料 6.2

融合，每年 60 多亿人次的海内外旅游者，没有旅行社的服务支撑和专业组织，是不可想象的。无论需求如何变化、信息渠道如何多元，旅游者对品质化旅行服务的需求始终存在，在全球更大范围内的自由行走也将越来越依赖旅行社的专业服务。

2. 旅行社业务从传统跟团游转向以定制游、亲子游、老年游、深度游为代表的"新跟团"

作为包价旅行服务提供主体，团队游是传统旅行社的重要领地。近年来团队游比例的下降经常成为专家学者判断传统旅行社衰亡的直观依据，然而专家学者却没有看到这只是反映了团队游产品与旅游者需求升级的错位，不代表团队出游

形式的过时，更不代表旅游者不需要旅行服务、凡事都能自己来。在定制旅游、研学旅游、老年旅游、亲子旅游等快速崛起的细分市场中，旅游者需要的是更专业的旅行服务，团队游仍然是国民大众主要的出行方式。私家团、精致小团、目的地参团、品质团、定制团等一系列创新的"新跟团"产品已经融入旅行服务市场且日渐流行。

3. 旅行社在资源掌控方面从传统地接升级到当地玩乐定制生产的"新地接"

作为集成目的地资源的地接社，正在突破"来料加工被委托"的传统模式，转向"主动出击打品牌"。面对当代旅游者分层、分众、个性和碎片的非标准化需求，对市场和资源两端均有深刻理解的旅行社，通过对车辆、导游、餐馆、商场、度假村等资源的掌控，加上对小众化的日常生活场景的理解，直接介入产品研发和服务优化环节，重塑旅游价值链的供应商关系，甚至重构旅游生态圈。那些控制了稀缺的应季食材、小批量的红酒和雪茄、游艇码头和文化演出的旅行社，则会通过合理的要素组合和服务增值，借助资本和品牌的力量，为市场提供多元化的产品、灵活的价格和创新的营销策略，进而实现与目的地的有机共生。

4. 旅行社的营销模式正在从传统服务链条的下游，走向科技和文创营造生活场景的"新零售"

在出游方式多元化、内容需求碎片化、决策时间缩短化的趋势下，资源端与客源端中间的传统批零体系正受到挑战，因其链条长、反馈慢而制约了对需求的响应速度和创新能力。在定制游、小包价、碎片化预订等趋势的驱动下，传统旅行服务链正向更短、更智能、更柔性的"新零售"模式转变。互联网技术的去中介化仍然在主导旅游业的变革，在全球"直客浪潮"的影响下，批发商、组团社、地接社都有更强的动力去直连旅游者，并且在获客成本不断攀升的竞争中，学会从简单"获得顾客"到全面"运营顾客"。

6.3　旅游饭店

旅游饭店是保障旅游活动顺利进行的重要阵地。旅游者外出旅游，食宿是其最基本的需求，而旅游饭店的核心功能便是提供住宿。旅游饭店的发展水平，标志着旅游接待国或地区旅游业的发展水平及旅游企业的管理水平。

6.3.1　旅游饭店的发展历程

饭店起源于古罗马时期，至今已经历四个历史时期——客栈时期、大饭店时期或豪华饭店时期、商业饭店时期、现代新型饭店时期。这四个时期的饭店，反映了四个历史时期人类社会生活的脉搏。

1. 客栈时期（19 世纪中叶以前）

人们习惯上把 19 世纪中叶以前旅馆业的漫长发展时期称为客栈时期。就世界范围来看，简易客栈或客店大约出现在公元前 700 年，距今已有 2600 多年历史。古罗马时期，商业和旅游活动日益兴旺，古代商队的出现对食宿提出了要求，古代客栈由此诞生，它是专门为客商和旅行者提供食宿的场所。客栈规模小，设施设备简陋，服务项目少，一般只提供简单的食宿服务。从某种意义上说，客栈只能是过路客人的"借宿之地"。

中国是世界上历史最悠久的国家之一，在漫长的奴隶制和封建王朝时代，客栈产生较早，可以追溯到春秋战国或远古时期。在中国，自从建立了奴隶制国家和封建王朝，古代旅店就开始了自己的经营史。由于古代中国疆域辽阔，所以古代客栈式旅店也呈现出了多种形式。从所有制的角度考察，中国古代旅店主要有两种形式：一是官方开办的驿站和迎宾馆；二是民间私营的客栈。

2. 大饭店时期或豪华饭店时期（19 世纪中叶至 20 世纪初）

大饭店从 19 世纪中叶至 20 世纪初存在于欧洲，以英国为代表的西方国家先后完成了工业革命，出现了现代化的交通工具，社会财富不断增加，但巨额财富仍集中在王室及其特权阶层手中。因此，出现了一批专供王室贵族、上层阶级出游、社交时享用的高级饭店。大饭店规模大、设施豪华、服务正规，注重接待礼仪。其服务对象仅限于王室、巨富、社会名流等，其经营的主要目的不是赚取利润，而是提升投资人的社会名望。

其中，最具代表性的饭店是 1880 年建成的巴黎大饭店（Grand Hotel）和 1889 年开业的伦敦萨伏依饭店（Savoy）。它们保留了欧洲上层社会奢华的作风和服务内容，成为代替宫廷和乡村别墅的新的富裕阶层的社交场所。而 1794 年美国纽约建成的首都饭店，有 73 套客房，其就像一座宏伟的大宫殿，成为当时美国服务行业标志性的服务设施。

这一时期被誉为"饭店主之王"的瑞士籍人塞尚·里兹，他所建造、经营的饭店及其本人的名字成了最豪华、最高级、最时髦的代名词。他的"客人永远不会错"的经营哲学至今仍被欧洲许多豪华饭店当作遗训,代代相传、恪守不渝。里兹被称为"世界豪华酒店之父",自 19 世纪末到现在,100 多年间,其创立的丽思·卡尔顿酒店定位始终是面向仅占全世界人口 5% 的精英人士。

3. 商业饭店时期(20 世纪初至 20 世纪 50 年代初)

19 世纪末至 20 世纪初,随着商业的繁荣和交通运输的进步,各种商业活动与商业旅行急剧增加,商旅人员对招待所式的食宿服务抱怨不断,而同时对大饭店又望洋兴叹,于是价廉、方便、干净舒适的商业饭店应运而生。它的服务对象主要是公务旅行者,服务健全而简单,价格合理。

美国是现代商业饭店的发源地。1908 年,美国斯塔特勒饭店正式营业,标志着饭店进入商业饭店时代。埃尔斯沃思·斯塔特勒(Ellsworth Statler)十分重视服务质量,他认为饭店是出卖服务的企业,他信奉"客人永远是正确的"。斯塔特勒在饭店建造和管理上都有许多创新,在他之后发展起来的美国饭店诸如希尔顿、喜来登与假日饭店集团等,均是受到斯塔特勒的启发,依据斯塔特勒创造的原则发展起来的。因此,斯塔特勒被公认为现代饭店的创始人,被称为"现代饭店管理之父"。同时,由于美国的对外开放政策,世界各国旅游者和企业家以及社会名流都纷纷前往美国,使其旅游业和饭店业发展迅速。到 1929 年,美国已有 26 800 家旅馆。

4. 现代新型饭店时期(20 世纪五六十年代至今)

第二次世界大战后,随着大众观光旅游的发展,以接待商业旅行者为主的商业饭店,其提供的条件逐渐显示出局限性。于是介于大饭店和商业饭店之间的现代新型饭店相继出现。它功能齐全、服务项目多样,饭店集团市场占有率高,以大众旅游者为服务对象。

与商业饭店相比,新型饭店规模较大,主要表现在客房数的增加和连锁酒店的扩张上。饭店集中化趋势彰显;饭店服务项目增多,主要表现在职能性服务项目增多和个性化项目的增加上,如住宿、餐饮、交通、游览、购物和娱乐等服务一应俱全,饭店已成为旅游者的"家外之家";饭店服务质量不断提升,主要表现在一站式服务和服务管理水平提高,现代饭店不仅能够提供满足住店客人行、游、住、食、购、娱等方面需求的服务,还能够提供通信、融资、学习、开会、休闲、商务和访友等一站式服务,并且能够确保饭店提供的各种服务使客人感到满意,使客人高兴而来、满意而去。

6.3.2 旅游饭店的地位与作用

1. 饭店是旅游业发展的物质基础和促进因素

作为旅游业的三大支柱之一，饭店是一个国家或地区旅游接待力的重要标志。饭店的数量和服务质量通常是衡量一个国家或地区旅游业发展水平的重要尺度。饭店以一种特殊的商品形式，使人们愿花更多的钱，去享受在家庭和其他地方享受不到的东西，并通过提供贸易场地、会议场所、住宿、餐饮、娱乐等优良服务获取利润，其本身也是旅游地旅游吸引物的重要组成部分。可见，饭店是旅游业发展的物质基础和促进因素。

2. 饭店是增加收入及创汇的重要渠道

境外旅游者和境内远程旅游者都能给饭店带来较高的收益，尤其是随着入境旅游的发展，饭店成为创造外汇的重要行业。旅游抽样调查报告显示，无论是境内旅游者还是入境旅游者，住宿费在其消费支出中所占份额最高，因此，饭店是增加收入及创汇的重要渠道。

3. 旅游饭店反映旅游地社会文化的重要窗口

大多数国家和地区的饭店不仅为旅游者提供服务，而且许多重要的会议、仪式、讲座、新闻发布会以及企业产品的促销会等活动，也大都在饭店举行。现代饭店所提供的设施、设备、服务、环境等，为人们的社会活动提供了便利条件。因此，饭店成为旅游和社交活动的重要场所，是国家或地区社会文化的重要窗口。

4. 饭店是就业机会的重要提供者

饭店属于劳动密集型行业，由于饭店产品的特殊性，其生产和消费同时进行，顾客消费的同时也是饭店产品的生产过程，顾客与一线服务人员的互动情况是评判旅游产品质量好坏的重要标准。而且随着饭店服务的个性化发展，饭店需要雇用更多的员工来满足顾客的不同需求。据国际调查统计，在低成本地区，如亚洲、非洲，每增加一间客房就会直接或间接地提供 4.5 个就业机会。在我国，根据实践经验，高档饭店每增加一间客房可以直接或间接增加 5 ~ 7 个就业机会；中低档饭店每增加一间客房可以为 4 ~ 5 个人提供就业机会。

6.3.3　饭店的类型

1. 国外常见的饭店分类

1）世界旅游组织和联合国对旅游饭店的分类

饭店业在旅游设施分类中一直处于重要地位。1993年，世界旅游组织和联合国共同发布的《旅游统计建议》中，对饭店及其他住宿设施给予界定，并将其分为公共设施和私人住宿设施两类。

（1）公共设施：分为专项旅游设施、其他公共设施和饭店及其他住宿设施。其中，专项旅游设施涵盖健身设施、度假营地、带交通功能的住宿设施和会议中心等；其他公共设施涵盖提供有限服务的公共度假设施、旅游度假地和其他公共住宿设施。

（2）私人住宿设施：分为私人住宅、个人家庭出租房屋、从个人或中间商租得的房屋、家庭免费提供的住宿和其他个人住宿。

2）旅游研究机构 Smith Travel Research 的饭店分类

旅游研究机构 Smith Travel Research 按照饭店房价在整个市场中所占比重将饭店划分为豪华饭店、高档饭店、中档饭店、经济型饭店和廉价饭店。

（1）豪华饭店：房价占本区域市场前15%的饭店为豪华饭店。

（2）高档饭店：房价占本区域市场前15%～30%的为高档饭店。

（3）中档饭店：房价占本区域市场前30%～60%的为中档饭店。

（4）经济型饭店：房价占本区域市场前60%～80%的为经济型饭店。

（5）廉价饭店：房价占本区域市场前80%～100%的为廉价饭店。

3）美国 PKF 咨询公司的分类

美国 PKF 咨询公司按照设施和服务的水平划分饭店类型，是美国饭店行业市场划分常用的一种方法。它将饭店划分为全套服务饭店和有限服务饭店，其中全套服务饭店主要包括博彩类饭店、豪华饭店、精品饭店、度假地饭店、疗养饭店、会议饭店、会议中心和全套房饭店等；有限服务饭店包括俱乐部场饭店、经济型饭店、微型饭店、长住式饭店、产权饭店和家庭旅馆。

4）加拿大学者 Frank Go 的饭店分类

加拿大学者 Frank Go 根据饭店所在地点与提供的主要服务来区分饭店，按饭店所处地点的不同将饭店划分为城市中心饭店、近机场的郊区饭店、高速公路沿线饭店与休养地饭店；按服务内容的不同划分为豪华饭店、高档饭店、一般全服务饭店和有限服务饭店。

2. 国内常见的饭店分类

（1）按客人住宿目的，饭店可分为商务型饭店、度假型饭店、旅游型饭店、会议型饭店、长住型饭店和汽车旅馆。

（2）按饭店所在地，饭店可分为城市饭店、山村/乡村饭店、度假地饭店、公路饭店和机场车站码头饭店。

（3）按饭店的服务项目及星级，饭店可分为完全服务饭店（五星级和四星级）和有限服务饭店（三星级、二星级和一星级）。

（4）按规模及客房数，饭店可分为小型饭店（100～300 间客房）、中型饭店（300～500 间客房）、大型饭店（500～1 000 间客房）和超大型饭店（1 000 间客房以上）。

（5）按经营方式，饭店可分为精品饭店、主题饭店、分时度假饭店、公寓式饭店和宿营设施。

（6）按产权所有，饭店可分为内资饭店和外资饭店（包括港澳台）。

6.3.4　饭店的等级

酒店分级管理是指管理当局根据酒店的硬件设施设备、服务质量、服务水平，以及顾客满意程度来综合评定酒店层次、划分等级，并且以一定的标识标志出来供顾客进行辨别和监督。饭店的等级划分，有助于维护国家和旅游目的地的形象，有助于饭店市场营销，有助于为消费者提供有效信息以了解饭店的设施和服务，有助于饭店行业的公平竞争。

目前，世界上大约有 100 种饭店等级划分体系，这些体系划分的标准和评定的机构各不相同，通常可分为官方体系和民间体系，官方体系通常由国家和旅游委员会起草，而民间体系则通常由商业公司和协会颁布。多年来，世界各国饭店的划分体系不断在变化，大部分国家都遵循一种或多种具有一定差异的标准体系，其中使用最为广泛的是星级评定系统。

1. 国外常见的饭店等级评定系统

1）米其林指南

这是由法国创立的传统饭店定性评估的最佳方案。它具有官方和商业性两种标准体系。依据米其林指南，饭店被划分成五个等级，并通过房屋、刀叉、鲜花等图形标志对饭店的舒适度、特别要素和餐饮进行评价。

2）美孚旅行指南

美孚旅行指南对美国的饭店和住宿设施进行评估，将饭店划分为一星至五星，用星号表示饭店的等级，星号越多，饭店的等级越高。而且饭店每年进行复核，每年大约都有10%的饭店从名录上撤销，以此保证该指南的权威性。

3）英国的自愿自主分等体系

该体系由英国、爱尔兰和苏格兰旅游局提出，其将饭店划分为6个等级，从零皇冠到5个皇冠，每年通过问卷调查的形式对饭店进行评估。虽然各国饭店定级的标准各不相同，但都是针对饭店的硬件设施和软件服务进行星级评估。

2. 我国的饭店等级评定系统

我国旅游饭店从1988年起实行星级制度。星级标准颁布实施至今，经历了1993年、1997年、2003年、2010年四次修订，简称"四标时代"。每次修订，都是我国旅游饭店发展到一定历史阶段的产物，且其本质都是为了进一步引导和规范旅游饭店，切实推进和提升服务质量。星级标准不但区分了饭店档次，也客观上形成了饭店价格层次和客源的消费层次。星级标准将饭店的服务、价格联系起来，形成了饭店业基本的市场秩序和经营规则。

1）旅游饭店星级评定范围

正式营业的各种经济性质的旅游饭店（如宾馆、酒店、旅馆、旅社、度假村），在开业1年后都可申请进行星级评定。经星级评定机构评定批复后，可以享有5年有效的星级及其标志使用权。开业不足1年的饭店可以申请预备星级，有效期1年。

2）饭店星级的评定标准

旅游饭店星级评定的标准包括硬件标准和软件标准。

（1）硬件标准。旅游饭店星级评定的硬件标准主要有饭店的建筑、装饰、设施设备、地理位置、综合投资评价和客房价格等。

（2）软件标准。旅游饭店星级评定的软件标准主要有设施设备的维护保养和清洁卫生、饭店的服务项目、服务质量、服务与管理制度、宾客意见等。

6.3.5　饭店业的集团化经营

饭店集团又称连锁饭店或饭店联号，是指饭店集团公司在本国或世界各地拥有或控制两家或两家以上的饭店。这些饭店采用统一的店名、店标，统一的经营管理方式，统一的管理规范和服务标准、联合经营形成的系统。

1. 集团化经营的发展历程

现代酒店集团诞生于 20 世纪 40 年代的欧美国家，在过去 70 多年的发展中，欧美国家的酒店集团在市场需求和经济利益的牵引作用下，逐步完成了从无到有、从小到大、从单一到多元、从国内到国外的成长发展过程，并先后经历了三大发展阶段。

1）区域性发展阶段（20 世纪 40—50 年代）

拓展资料 6.3

第二次世界大战后，伴随着欧美等国家和地区出现的相对持续的和平、稳定、繁荣的历史发展机遇和五天工作制、高速公路及私家汽车的日趋普及，局限在其一国家及其周边地区的休闲度假旅游或商务公务旅游对制度化、规范化和标准化管理的连锁酒店产生了强烈的市场需求。1946 年成立的"洲际酒店集团"（Inter-Continental）、1949 年成立的"希尔顿国际集团"（Hilton International）、1950年成立的"地中海俱乐部集团"（Club Med）和 1952 年成立的"假日酒店集团"（Holiday Inn）等现代酒店集团都是这一时代的必然产物。需求和利益的牵引最终使一大批现代酒店集团应运而生并脱颖而出。

2）跨国发展阶段（20 世纪 60—70 年代）

交通工具的现代化及欧美国家和地区日益普及的带薪假期制度，催生了跨国旅游和跨洋度假的大众旅游消费市场。为了满足国际旅游市场的需求，众多欧美饭店集团纷纷"联姻"航空公司，并先后走出国门到本国出境旅游者流量较大的外国旅游目的地或中心门户城市接管或开设酒店。美国的希尔顿国际与环球航空公司（TWA）的联姻（1967 年），美国的西方国际（WI）与联合航空公司（UA）的联姻（1970 年），法国的子午线（Meridien）与法航（AF）的联姻（1972 年）等成功案例催生了一大批跨国、跨洲、跨地区经营的国际酒店集团。这些酒店集团发展到 20 世纪 70 年代末已基本完成对全球酒店市场的瓜分。

3）整合发展阶段（20 世纪 80 年代至今）

随着信息技术和网络平台在各国酒店经营管理业务中的日益普及，那些兼具规模经济效益和范围经济效益的欧美饭店管理集团，在基本完成了全球酒店市场的瓜分之后，又呈现出整合发展的趋势，酒店集团的扩张模式逐渐从单一酒店接管向管理公司或酒店集团之间的兼并、收购与联盟转型。从 1981 年大都会（Grand

Metropolitan）兼并洲际酒店集团开始，这种趋势一直延续到今天。通过重新整合，全世界范围内出现了一大批横跨国界、纵跨行业、品牌多元、管理统一的超级酒店集团，如英国的洲际集团、美国的万豪集团和法国的雅高集团等。

2. 饭店集团化经营的优势

1）资金优势

饭店集团规模大、资金雄厚、信誉好，和各行业的联系广泛而密切，这为饭店集团吸纳社会资金、发展酒店业务、加快设备设施及技术的更新等创造了条件；同时，有利于及时调节各酒店间的资金余缺，对新开酒店或经济较困难的酒店，可予重点扶持。此外，饭店集团经营范围广，遍布不同国家和地区，又可降低经营风险和投资风险。

2）人才优势

饭店集团有自己的培训基地和培训系统。如假日集团设立了假日大学，希尔顿集团在休斯敦大学设立了自己的饭店管理专业。饭店集团内部设有培训部门，负责拟订培训计划，并聘请各类饭店经营专家经常对在职人员进行轮训，以不断提高饭店的管理水平和技术水平。

3）信息优势和管理优势

信息方面，饭店集团设有专门的信息系统，进行信息的收集、处理和传递工作。通过广泛收集各方面的信息，及时了解市场动态，不断改善经营管理，适时调整经营战略，以保证本集团在国际上的竞争力。

管理方面，饭店集团有自己成功而独特的经营风格和管理系统，能为所属饭店制定统一的经营管理方法和程序，为饭店的硬件服务和软件服务制定严格的标准，如集团可为饭店的开发和更新改造提供可行性研究、建筑设计及装潢服务等。

4）市场竞争优势

饭店集团在连锁经营中使用统一的名称和标志，具有统一的经营管理模式和规范的服务标准，通过宣传、推销和公共关系方面的开发，可在市场上树立良好的群体企业形象，公众也更易对饭店集团产生深刻印象，从而提高饭店集团的知名度、扩大客源市场；饭店集团通过采用完备、高效的预订系统、客源信息联网，提高了服务效率，能有效吸引、稳定客源，使客源在本集团内部流动。

在客房价格上，可以充分利用连锁饭店网络多、信息灵的特点，及时制定集团内各酒店的价格，在价格策略上赢得主动；在酒店设施设备和酒店物品的采购价格方面，可以发挥总部集中采购的优势，获得优惠价格。

酒店集团规模较大，分布地域广泛，产品较多，通过利用集团的资金优势、促销优势、采购优势、预订优势、人才优势、信息优势和管理优势等，形成综合竞争优势。

3. 饭店集团的经营形式

1）直接经营

饭店集团在本国或世界各地拥有多家饭店，酒店集团既是各酒店的经营者，又是拥有者（一是直接投资建造酒店并经营；二是购买现成酒店并经营；三是控股经营）。从土地、饭店房产所有权到人才选拔、经营管理等各方面都由集团直接控制。因此，直接经营要求饭店集团有较强的经济实力。

2）所有权和管理权分离

（1）租赁经营。饭店集团通过签订租约长期（一般为 20 年）租赁业主的建筑物进行经营。租赁费用有两种支付方式：一种是承租者每月按双方约定的固定数额支付租金给业主；另一种是根据出租饭店的建设投资还本付息的需要，确定最低限度租金，按饭店经营总收入的某一比例上交租金，但不得低于此限额，或在最低限度租金之上，再加收一定比例的年营业收入。对业主来说，失去了对饭店的经营管理权，只有租金收入，财务收入有限，但经营风险小、收益有限。对饭店集团来说，可以用少量投资扩大集团规模，增加集团收益、享有对饭店的独家经营管理权。但饭店集团要承担较大经营风险，包括定期支付租金和各种费用，合同终止时会失去对饭店的经营管理权等。

（2）管理合同。管理合同经营也称委托经营，是饭店集团或饭店管理公司与饭店所有者签订合同，接受业主委托，根据饭店集团的经营管理规范和标准经营管理饭店，并获取管理酬金的形式。业主不做饭店运营上的决策，但要负责流动资金、经营费用和债务的问题。管理公司只收取管理费或按比例分享利润，业主得到的是保障所有费用之后的纯利润。

（3）特许经营。根据国际特许经营协会的定义，特许经营是指拥有特许经营权人向受特许权人提供特许经营权力，以及在组织、经营和管理方面提供支持，并从受特许权人获得相应回报的一种经营形式。特许经营的核心是特许经营权的转让。

饭店集团所采用的特许经营形式，就是饭店集团向拥有饭店的业主让渡特许经营权，允许受让者的饭店使用饭店集团的名称、标志，加入集团的营销和预订网络，成为集团的成员。与此同时，特许经营权的让渡者在该饭店的可行性研究、地点选择、建筑设计、资金筹措、宣传营销、人员培训、管理方法、操作规程和服务质量等方面给予指导和帮助。

6.4 旅游交通

旅游者要实现从常住地到目的地之间的旅行，都必须借助良好的交通条件和运输工具这两个载体，因此旅游交通在旅游目的地发展中具有重要的作用。随着交通的进步和旅游者旅行方式的变化，需要重新认识旅游交通的地位和作用。

6.4.1 旅游交通的概念

国际上旅游业中的交通运输部门一般表述为"交通运输"（transportation）或"客运交通"（passenger transportation），我国业界和学术界则习惯称作"旅游交通"。不管称谓如何，其本质都是旅游者利用某种交通方式，实现从一个地点到另外一个地点的空间转移过程。随着交通技术的进步，从交通运输服务的方式来看，其可以分为陆运（如汽车、长途汽车、旅行拖车或火车等）、水运（包括轮渡和邮轮）、空运。另外，从空间层次上旅游交通可以分为三个层次：第一层次是外部交通，即旅游者从常住地城市到达旅游目的城市的交通；第二层次是旅游区内由中心城市到旅游地风景区的交通；第三层次是旅游景区内部的交通。但无论是哪种旅游交通类型的划分，旅游交通功能实现都需要包含以下四个要素：①道路，即交通工具运行的载体（如铁路、公路或航线、游道等）；②终始港站，即使用和离开一个特定运输方式的地方（如火车站、汽车站、飞机场、码头等），也可能是转变运输方式的交汇点；③交通工具（也称出行方式）；④动力，交通工具使用的动力形式（今天几乎所有的商业运输车辆都使用汽油、柴油、电力或者新能源等）。

6.4.2 旅游交通在旅游业中的作用

1. 旅游交通是旅游者完成旅游活动的保障条件

交通条件的便利与否直接影响到人们的外出旅游活动。旅游者在外出开展旅游活动时，首先要解决从常住地到旅游目的地的空间转移问题，即通过适当的运输方式抵达旅游目的地。旅游者外出旅游是为了放松身心，不是去寻找疲惫的，多数旅游者在交通选择方面一般不会"舍易求难"，如果旅途过于艰难或者耗费时间较多，旅游者可能会改变出游目的地或者出游计划，由此可以看出便利的旅游交通条件是保障旅游者外出旅游活动的重要条件。

2. 旅游交通是旅游目的地旅游业的命脉

从供给方面看，旅游业的发展离不开旅游者的支持，旅游者产生的旅游效益是促进地方旅游业发展的根本。交通运输网犹如旅游目的地的血脉，能够保证足够的可进入性。

3. 交通运输业是旅游创收的重要来源

旅游者在完成一次旅游活动的花费中，交通费是必不可少的，尤其在长途旅游活动中，交通费用所占总花费比例更高，成为目的地旅游收入的稳定来源。根据国家统计局近些年的抽样调查，在我国城镇居民国内旅游的人均消费结构中，城市间交通和市内交通费两者合计所占的比重通常为人均消费的30%左右。

4. 旅游交通本身就是旅游活动的组成部分

旅游活动包括食、住、行、游、购、娱六大要素，其中行和游都涉及旅游交通的问题，可见旅游交通本身也是旅游活动的组成部分。旅游交通不仅可以实现旅游者的空间位移，而且可以与游览活动有机地结合在一起，实现空间位移的同时，完成游览活动。如上山索道，不仅可以使旅游者完成上山、下山的转移，乘坐索道的过程也是观光的过程。此外，有些旅游活动本身就是体验某种新奇，或者古老的交通方式、交通工具，如乘坐直升机、溜索、蒸汽小火车等。

6.4.3　旅游者旅行的主要交通形式

1. 汽车交通

汽车是旅游者外出主要的交通形式之一，汽车出游的方式主要有两种：一种是自驾旅行，另一种是客运汽车。

1）自驾旅行

自驾旅行几乎是比较完美的旅行形式，它具有较强的吸引力，主要原因如下。

（1）旅游者可以自由选择落脚点，避开热闹的人群，充分享受属于自己的空间。

（2）出发时间灵活。

（3）方便携带行李与设备，适合全家出行。

（4）车辆可作为住宿设施（房车），私密性好。

（5）到达目的地后开车行动自由。

（6）成本较低。

随着社会经济的发展和人们收入水平的提升，越来越多的人拥有自己的私家轿车，再加上公路网及高速公路服务设施的不断完善，自驾车旅行已成为新宠。就我国自驾旅行而言，国内中产阶级群体的扩大也使得自驾游消费者数量明显增长，自驾游已经成为国民旅游出行的主要选择。《中国自驾车、旅居车与露营旅游发展报告（2022—2023）》的数据显示，2022年全国自驾游人数占国内出游总人数的比重为74.8%。交通运输部的数据显示，截至2022年底，ETC（电子不停车收费系统）用户数量为2.7亿。中国汽车保有量达到3.19亿辆，其中ETC用户占比为86%。截止到2022年，汽车ETC安装率超80%，通行高速公路的车辆ETC使用率超90%，基本实现高速公路不停车快捷收费，高速公路的运行效率显著提升，助推了自驾旅行产业的发展。为了适应自驾市场的需要，旅游业开办了相应的业务，如汽车租赁、旅行社组织的自驾车方式出游的包价旅游产品、汽车俱乐部组织的自驾出游业务、汽车租赁公司租赁业务等；在高速公路沿线或者风景区发展房车露营地、咖啡厅、观景台、餐馆等供自驾车旅游者中途休息和观光。

当然，自驾车旅行人数的增多，也不可避免地出现一些副作用。最典型的问题是容易造成旅游接待地的交通拥挤和环境污染，自驾前往景区或者旅游度假区停车困难等。由于土地的限制和生态环境的保护不可能无限制地扩建或增建停车场和道路设施，对于景区或旅游度假区来说最常见的方式就是限制小汽车的进入，来访旅游者将车停在指定的地点，步行、乘坐公共汽车或者换乘景区转运车到达景区的入口。除此之外，自驾出游还存在以下的缺点。

（1）长途旅行会使人产生疲惫和感觉不适。

（2）人均能耗/废气排放量大，不利于环保。

（3）安全性较差，据统计，在人们常用的交通运输工具中，汽车交通的事故率最高。

2）客运汽车

客运汽车节能效率高是小汽车的3倍，在很多国家价格比较低廉，因此在旅游市场上扮演着重要的角色。客运汽车主要有两种运营模式。

（1）长途客车。定点的长途客车是铁路和小汽车的替代工具。在美国，长途客车是航空公司的有力竞争者。长途客车适合中长途旅程，顾客群体主要包括学生、收入较低的社会阶层以及老年群体。

（2）租赁客车。这种方式主要满足团体包价旅游者的需要，解决团体旅游者从机场到目的地或者从客源地到目的地之间的交通问题。在欧美地区，组织包价汽车游的情况下，汽车旅游公司通常会派车上门接送旅游者，从而免除旅游者旅行过程中的行李安排及转车所带来的麻烦。此外景区内部的观光游览或者转运旅游者通常也会用到客车。如长白山景区，采用中型客车和小型客车实现旅游者从旅游集散地到达景区。

2. 铁路交通

铁路交通曾是旅游普及后人们外出旅游时主要的交通工具，也是发展较早的一种交通运输，至今已有近 200 年的历史（1825 年 9 月 27 日，世界上第一辆机车首次行驶于英国的史达克顿和达灵顿之间），并且是古代旅游演进到近代旅游的关键性因素之一。铁路客运交通有诸多优点，主要表现在以下方面。

（1）铁路运输人均耗能低、噪声低、污染小。按千米／人计算，公路有害气体的排放量是铁路的 10～20 倍，飞机是 100 倍。此外，铁路运输产生的噪声对城市的影响也小于汽车和飞机。

（2）火车运力大。一列火车可以同时乘坐数百名甚至上千名旅客。

（3）受天气和外界影响小，安全系数高。

（4）旅游者可以在车厢内自由活动，长途火车还可以沿途观光。

（5）不受交通拥堵的影响。

20 世纪 50 年代后，随着航空、高速公路以及汽车的普及，在很多国家铁路交通的地位有所下降。但在我国，旅游乘坐火车旅游的人数占了很大的比例。我国铁路建设步伐的加快、铁路网的不断完善、高铁动车组的开通运营，极大地压缩了两地之间的时空距离和人们旅游的时间成本，形成了一个又一个一小时、两小时的城市群。极大地丰富了人民群众的周末及节假日生活，使人们如同城中漫步，实现了旅游的梦想。还有高铁动卧的并行，让人们的时间利用到了极致。再就是旅游专列的开行，给人民群众的旅游提供了定制式的服务，使人们抛却找宾馆、找导游、购买门票、购买火车票等烦琐的事情，全身心地投入旅游景点的欣赏中，给旅游业的发展创造了良好的交通环境。

3. 航运交通

航运交通主要包括远洋定期班轮、海上短程渡轮和内河客运,具有运载力大、能耗小、舒适等优点,同时也有行驶速度慢,受季节、气候、水深、风浪等自然因素影响大,准时性、连续性、灵活性相对较差等缺点。

与铁路境况相同的是,在20世纪50年代后,其逐渐被高速、高效的汽车和飞机所取代。为增强竞争力,如今班轮、渡轮航运已演变为邮轮旅游,内河航运也演变为游船旅游,邮轮公司遂兴起邮轮假期的概念。1996年,嘉年华命运号邮轮横空出世,以10万余吨净重称霸当时的邮轮业。邮轮假期在20世纪80年代渐趋蓬勃,不少邮轮公司加入,并投资建造设施更豪华、节目更丰富、排水量更大的邮轮,使邮轮变成一个豪华的海上度假村,一定程度上可以说是一种旅游项目。邮轮被称作"无目的地的目的地""海上流动度假村",具有悠闲、舒适的特点,在平稳的行驶中,旅游者既可以观光游览,也可以回船休息,并且船上提供多种多样的高端消遣娱乐设施。就世界范围来看,加勒比海海域、地中海海域和东南亚海域是邮轮旅游的热门地区,近年来我国豪华邮轮业也呈现快速发展的趋势。

4. 航空交通

航空交通是20世纪最重要的交通创新,半个多世纪以来,随着喷气推进技术在民用航空运输中的应用以及大型宽体喷气客机的广泛运用,航空交通具有速度快、相对舒适、安全等优点,深受远程旅游者的欢迎。加之航空运输业中的竞争和机票价格的不断下调,航空旅行市场的规模在不断增大,航空业在远程客运特别是在国际旅游交通中的地位也因此确立。

航空交通的业务类型主要有定期航班服务和包机服务两种。

(1)定期航班服务。定期航班服务是指航空公司在既定的运营航线上按公布的航班时刻表提供客运服务。届时不论乘客多少,飞机须按照航班时刻表规定的时间启程(除非有意外情况发生)。对于那些不能维持全年运营的航线,航空公司则需根据对需求波动情况的评估,规定季节性的定期航班时刻表。定期航班服务的最大特点是航班时间固定,乘客能预知自己的出发时间和抵达时间。因此,定期航班服务能够吸引重视效率的商务旅游者和不愿意在旅途上耗费时间的消遣旅游者。

（2）包机服务。包机服务是一种不定期的旅游交通业务，是从 20 世纪 60 年代随着大众旅游的兴起发展起来的。包机旅游具有价格低、时间相对自由的优点，在欧美地区，不少大型旅游公司有自己的包机公司，或者与经营包机业务的公司开展合作，因此包机旅行也成为团体旅行的主要交通方式。

当然，航空交通也具有一定的局限性，主要是航空运输服务覆盖不全面，很多地方不在航空运输队的范围内，机场建设费用高，且多选在离市区较远的地方，抵达机场耗时较多，且能耗和噪声比较大。

6.4.4　影响旅游者对旅行方式选择的因素

旅游者在确定旅游目的地后，在选择到达目的地交通方式方面主要受到交通运输方式供给方面和旅游者自身需求方面的影响。

1. 交通运输供给因素影响

1）价格

在其他因素不变的情况下，价格的变化会导致旅游者在交通工具的选择上作出不同的选择。

2）旅游的距离

距离的远近会影响旅游者支出的费用和时间，所以在进行远程旅游时，在能承受的价格的前提下，旅游者更愿意选择快捷的交通工具。

3）交通工具的运输速度

这与旅游的距离是相关的，但是由于现代社会人们的可支配时间较少，旅游者不管旅游距离的长短，都更愿意选择最快的交通工具，能够尽量减少交通时间，从而有更多的时间去游览、度假等。

2. 旅游者自身因素

从需求方角度看，旅游者的收入水平、闲暇时间、个人偏好等都会影响到对交通运输形式的选择。收入水平和闲暇时间是客观制约因素，个人偏好是主观制约因素，两者共同对旅游者的选择产生影响。一般情况下，经济实力较弱的旅游者会选择价格相对低廉的交通工具，如火车等；而闲暇时间较少且有一定经济实力的旅游者会选择高速、便捷的交通工具，如飞机等；而在旅游者收入和闲暇时间许可的范围内有多种选择的话，最终选择何种交通方式则取决于旅游者的个人偏好。

6.4.5　我国旅游交通的发展趋势

1. 转型升级、突出体验

旅游交通有别于一般客运交通，旅游者不再以实现从居住地到目的地为主要目的，更注重旅游交通的服务品质和体验性。铁路旅游交通、公路旅游交通、航运旅游交通、航空旅游交通都属于旅游产品的一部分。旅游交通未来应更加注重转型升级，开发和丰富交通旅游产品，使交通服务的所有环节都成为供广大旅游者欣赏、感受、体验、回味、评价的旅游产品，包括其运输工具、场站、线路及其所承载和延伸提供的食、住、行、购、娱、厕、商务、信息、环境等所有要素。

2. 设计引领、路景融合

交通运输作为旅游业的基础支撑和先决条件，对旅游业的带动和发展作用越加凸显。特别是自驾出游的旅游者增多，很多家庭举家自驾出游，目的地和景点逐渐被淡化，而"边旅边游"正成为潮流。首先，旅游交通应充分考虑旅游者的需求，突出慢旅游，特别是将交通线路融入旅游元素，充分依托沿线自然条件、文化、历史，将沿线的资源整合在一起，打造旅游路、观景台、特色交通服务区等，为旅游者提供更具有特色的旅游交通线路。其次，道路客运企业与旅游景区、旅游度假区加强合作，根据景区、度假区需求畅通区内交通微循环。支持在国家旅游风景道开通旅游观光客运线路，在全国红色旅游融合发展示范区开通红色旅游主题客运线路。最后，支持道路客运和旅游经营者合作开发特色运游融合服务产品，深化推广"车票+门票""车票+门票+酒店"等一站式运游融合服务产品，针对自由行、家庭游、团队游等提供定制化的运游融合服务。

3. 绿色环保、低碳出游

党的二十大报告中，习近平总书记再一次强调了坚持绿水青山就是金山银山的理念，推进绿色、循环、低碳发展，旅游交通应该积极践行绿色环保和低碳出游的理念，在旅游交通工具提供方面选择混合动力汽车、电动车、自行车等低碳或无碳方式，同时也丰富旅游目的地的旅游项目，增加环保出行项目。如在九寨沟等景区，多年前已禁止机动车进入，改以电瓶车代替，以减少二氧化碳排放量。九寨沟能够多年一直保持清澈见底的水，与其采用统一的环保大巴不无关系。

4. 突破局限、交通联运

旅游交通运输不再局限于地理位置，交通运输公司也趋向虚拟化。航空交通、铁路交通应突破区域局限，整合转接服务、提供共享营销、宣传和奖励服务，联合运营，打造集航空、铁路、公路、水运于一体的交通联运系统。

6.5　旅游景区

6.5.1　旅游景区的概念

拓展资料 6.4

旅游景区是旅游业活动的重要场所，是旅游业发展的基础与核心要素，也是吸引旅游者最重要的因素。但长期以来，由于景区所涵盖的范围比较广，人们对景区的概念界定不明确，至今也没有归纳出一个被公众所接受的统一的概念。

我国学者对于景区定义时，部分借鉴和翻译了国外的"tourismattraction"一词，有的翻译成旅游景点，有的翻译为旅游景区，出现此种情况的原因一般有两种：一种是有的学者将旅游景区与旅游景点视为同一事物；另一种则是没有把握全文的观点而误译。但总体定义概念比较宽泛，视角也不完全相同。如马勇认为："旅游景区是由一系列相对独立景点组成，从事商业性经营，满足旅游者观光、休闲、娱乐、科考、探险等多层次需求，具有明确的地域界线，相对独立的小尺度空间。"李天元将旅游景区与旅游景点等同，认为旅游景点是旅游业构成中的一个部门，是指由某一组织或企业对其行使管理的封闭式旅游景点。杨桂华认为："旅游景区是指以其特有的旅游特色吸引旅游者前来，通过提供相应的旅游设施服务，满足其观光游览、休闲娱乐、度假康体、科考探险、教育和特殊旅游的需求，有专门经营管理的旅游管理地域综合体。"吴必虎认为：旅游景区是中国特有的概念，是指基于各类自然或历史文化资源发展演化而成的具有明确空间范围，并按照一定的法律或制度规定纳入某种系统的资源管理、经营管理与旅游者管理的地区。

国家质量监督检验检疫总局 2003 年发布的国家标准《旅游区（点）质量等级的划分与评定》（GB/T 17775—2003）中将旅游区（点）定义为"具有参观游览、休闲度假、康乐健身等功能，具备相应旅游服务设施并提供相应旅游服务的独立管理区，该管理区应有统一的经营管理机构和明确的地域范围，包括风景区、文博院馆、寺庙观堂、旅游度假区、自然保护区、主题公园、森林公园、地质公园、游乐园、动物园、植物园及工业、农业、经贸、科教、军事、体育、文化艺术等各类旅游区（点）"。

从上面的定义来看，虽然每位学者对定义的表述不尽相同，但无论哪种描述，仍有统一的认识，旅游景区都包含以下内容：①景区是明确的区域场所；②景区有相应的服务设施和基础设施，能为旅游者服务；③景区能够为旅游者提供休闲度假、康体健身、探险考察等方面活动；④景区是能够经营管理的；⑤景区具有良好的可进入性。

6.5.2 旅游景区的特点

1. 吸引要素的综合性

景区的构成要素是多方面的，这些要素既包括景区内在吸引力系统部分，又包括景区所在地域的一系列独特的文化、民俗、社会、政治、经济因素，这些要素的综合，共同构成景区的吸引力。除了构成要素的综合性之外，景区的消费方面也具有综合性，多数景区内的消费带有一定的连带性。

2. 经营场所的稳固性

无论是自然景区、文化历史景区还是人造景区，只要形成，那么它的经营场所就具有长期的稳固性，并且能利用这一场所发挥其固有的职能。这里强调经营场所的稳固性，主要是与没有固定场所的旅游吸引物区别开来。例如临时举办的展览、娱乐、流动性演出、民间表演等，由于这些暂时性的吸引物有不同的组织和管理方式，没有长期固定的专用经营场所，因此不属于规范意义上的旅游景区。

3. 资源构成的地域性

景区的建设受到旅游资源的影响，而旅游资源具有地域分异的特征，受自然地理与人类社会活动规律及经济活动的影响，因此景区也具有一定的地域性。由于地域的差异性，景区呈现出不同的组合特征，这也决定了景区不同的特色与旅游魅力。当然，地域性也决定了景区在经营与吸引旅游者方面具有一定的季节性，所以景区一般都有最佳观赏季节，也就是景区旅游旺季。

4. 经营管理的可控性

作为规范意义上的旅游景区，必须有专门的经营管理机构，从而对旅游者的出入行使有效的调控和管理。这里所说的管理并不是只针对收费准入景区，还包括具有专门的管理机构，实行免费参观的景区，多是由政府部门和社会团体出于公益目的而建造的参观游览场所，如博物馆、市区免费开放的公园等。需要说明的是，目前世界上多数旅游景区都实行购票入内的做法。纯商业性的旅游景区，可以通过门票收费补偿运营的成本并获取利润。对于由政府部门或者社会团体兴办的旅游景区，通过门票收费或园中的娱乐收费补偿其流动费用。总之，从世界各国的旅游景区管理情况来看，旅游景区管理的趋势仍是实行收费准入，而不是全免费使用。

6.5.3　旅游景区的分类

旅游景区是构成旅游产业的基础，是旅游目的地最重要的吸引要素，在地方旅游业发展中扮演重要的角色。旅游景区多种多样，学者们对旅游景区的划分方式也不尽相同，比较常见有以下几种。

1. 按旅游景区所依赖的主要吸引物形成原因划分

按旅游景区所依赖的主要吸引物形成原因，旅游景区可分为自然类旅游景区与人文类旅游景区两种类型。

自然类旅游景区是以天然形成的旅游资源为主要吸引物的景区，以名山大川为代表，包括江、河、湖、海等自然风景区。自然类旅游景区在我国占的比重较大，也是近几年来的旅游热点。由于工作紧张、生活压力大、城市污染严重，很多人希望去大自然中放松心情、享受清新的空气，因此，近年来生态旅游升温很快，自然类的旅游景区也受到普遍欢迎。

人文类旅游景区是人为的产物，既包括历史上人类社会发展遗留下来的建设成就，如故宫、长城等，也包括现代人造的旅游景区，如城市公园、主题公园、社会发展的建设成就、新型的创意旅游景区等。

2. 按旅游场所设立的性质划分

按旅游场所设立的性质，旅游景区可分为公益性旅游景区和商业性旅游景区。前者是指投资者主要基于营利目的建造或者设立的旅游景区，这类景区纯属于企业性质，如主题公园类景区等。后者是指政府部门或者社会团体出于社会的公益性目的而建造或设立的旅游景区，如博物馆、城市公园等。

3. 按景区的主导功能划分

按景区的主导功能，旅游景区可分为四类，即观光类旅游景区、度假类型旅游景区、科考类旅游景区、游乐类旅游景区。

（1）观光类旅游景区。观光类旅游景区即以观光游览为主要内容的旅游景区。该类旅游景区具有较高的审美价值，可供旅游者参观、游览。

（2）度假类旅游景区。度假类旅游景区是拥有高等级的环境质量和服务设施，为旅游者提供度假、康体、休闲等服务的独立景区。

（3）科考类旅游景区。科考类旅游景区是以科学考察和科学普及类旅游资源为主，具有较高的科学研究价值和观赏性，为旅游者提供科学求知经历的相对独立的景区。

（4）游乐类旅游景区。游乐类旅游景区是指那些以现代游乐设施为基础，为旅游者提供娱乐游乐体验的景区。

4. 按旅游景区的质量等级划分

根据中华人民共和国国家标准《旅游区（点）质量等级的划分与评定》（GB/T 17775—2003）的规定，按照旅游景区的"服务质量与环境质量评分细则""景观质量评分细则"评价得分，结合"游客意见评分细则"的评价得分的综合评定，将旅游景区质量划分为 5 个等级，从高到低依次为 AAAAA、AAAA、AAA、AA、A 级旅游景区。凡是在我国境内正式开业 1 年以上的旅游景区，均可申请质量等级。从 2007 年 66 家旅游景区被批准为首批 5A 级旅游景区以来，截止到 2023 年 7 月，全国共有 5A 级旅游景区 318 家。

拓展资料 6.5

3A 级以下等级的旅游景区由全国旅游景区质量等级评定委员会授权各省级旅游景区质量等级评定委员会负责评定，省级旅游景区质量等级评定委员会可以向条件成熟的地市级旅游质量等级评定机构再行授权。4A 级旅游景区由省级旅游景区质量等级评定委员会推荐，全国旅游景区质量等级评定委员会组织评定。5A 级旅游景区从 4A 级旅游景区中产生。被公告为 4A 级旅游景区 3 年以上的，方可申报 5A 级旅游景区。5A 级旅游景区由省级旅游景区质量等级评定委员会推荐，全国旅游景区质量等级评定委员会组织评定。

6.5.4 旅游景区在地方旅游业发展中的作用

旅游景区是旅游业的核心要素，是旅游产品的主体成分，是旅游产业链的中心环节，是旅游产业的辐射中心，在旅游业的发展中具有非常重要的地位和作用，主要表现在以下几个方面。

1. 旅游景区是地方旅游业发展的吸引力所在，决定旅游人数和发展前景

构成旅游景区的基础是当地旅游资源的精华场所，是吸引旅游者前往一个旅游

目的地进行旅游活动的诱发因素。虽然地方旅游业是涉及食、住、行、游、购、娱等多种要素的综合产业，但食、住、行等方面的需求基本上属于派生的需求，因为在正常的情况下，很少有旅游者外出旅游仅仅因为乘坐某种交通工具或者去住某个饭店，交通工具和饭店对旅游来访主要起到一种支持和保证作用。相比之下，旅游者之所以去某个地方，多数是受到当地旅游景区的吸引，如果没有旅游景区存在，那么目的地的旅游吸引力就不存在或者大打折扣，因此，旅游景区是地方旅游业发展的吸引力所在，决定旅游人数和发展前景，在旅游目的地竞争中占有重要的地位。

2. 旅游景区是地方旅游业发展中拉动创收的重要来源

旅游景区在推动地方旅游业发展中，有助于推动旅游景区所在地脱贫增收，具有带动地区全面发展的经济催化作用。旅游景区通过不断创新旅游产品、提升服务质量、完善服务设施、延长产业链本身就可以成为旅游业的创收来源，此外，旅游景区不断提升吸引力，为地方旅游业发展吸引更多的旅游者，旅游者在吃、住、行、游、购、娱方面的消费也能给地方旅游业的发展带来较大的经济价值。

3. 旅游景区在地方旅游生态环境保护中具有重要引领作用

旅游景区是旅游者放松和休闲的场所，对环境的依赖性比较强，因此旅游景区在开发和规划过程中，往往以生态环境的保护先行，为人们提供亲近自然、享受自然的机会。首先，旅游景区在开发新的旅游资源时，注重落实环境保护的措施，通过实施林木和绿化建设确保景区的生态平衡。其次，景区的开发也促进了地方对生态环境的关注和治理，进而会制定相应的法律法规和措施改善地方的生态环境。因此可以说旅游景区的发展在改善地方生态环境中具有重要的引领作用。

6.5.5　旅游景区未来发展趋势

未来景区的发展将更加注重旅游者的体验和新技术的使用，为旅游者打造更优、更舒适的旅游景区，新技术的使用逐渐成为景区未来发展的主流。

1. 旅游景区更加智慧化

1）景区管理更加智慧化

景区通过运用 5G、大数据、云计算、物联网、人工智能、图像识别、卫星定位、地理信息系统（GIS）、红外热成像、传感、生物识别等技术，为景区内旅游者停车提供更加精准和便捷的服务，提升停车场的监管能力和使用效率，能及时获取特定区域即时人流密度和流向、流速等数据，实时发布游客流量预警信息，科学疏导分流，有效提高游览舒适度和安全性；在景区内的出入口、重要游览点、事故易发地、环境保护地等安置视频监控和物联传感设备，建立实时监测、通话与定位、自动处置、救援等系统；实现视频监控、重点喊话、关键人追踪、探索环境智能监测等功能，实现景区内部的安全预警，及时发现和有效处治各类安全隐患，保障旅游者人身安全和旅游环境安全。

2）景区服务更加智慧化

运用 5G、大数据、人工智能、虚拟现实、蓝牙、基于位置服务（LBS）等技术，通过自动定位、景观识别、近距离感知、人机交互、多媒体展示等功能，采取语音、文字、图片、视频等形式，为旅游者提供基于位置的个性化路线推荐、导览和讲解等服务，为旅游活动提供形式多样的信息提示，满足旅游者的个性化和多样化游览需求。

3）景区产品更加智慧化

景区运用 AR（增强现实）、VR（虚拟现实）、MR（混合现实）、裸眼 3D、4D/5D（四维／五维）、全息投影、AI（人工智能）等技术，结合环绕式音响、多通道同步视频、高清立体显示等设备，通过交互式空间营造，创新内容表达形式，打造虚拟场景、多维展陈等新型消费业态，打造沉浸式的景区产品和场景，提升旅游者的感官体验和认知体验。

2. 旅游景区更加注重产业融合

随着旅游业的发展，旅游景区的规模和总量日益壮大，文化和旅游部发布的数据显示，截止到 2022 年，A 级景区的数量达到 14 917 家，加上其他非 A 类景区共有 3 万多个。在文化和旅游融合催化下，旅游景区的产业化趋势日益明显。未来旅游景区将更加注重"旅游＋多产业"融合发展，延伸上下游旅游产业链条，推进康旅、交旅、工旅、体旅同步快速发展，开发适应市场需求和消费升级的新业态，形成观光旅游和休闲度假旅游并重、旅游传统业态和新业态齐升、基础设施建设和旅游公共服务共进的新格局。推动工业、农业、服务业等上下游产业发展，重点打造避暑度假、户外运动、保健疗养、研学旅行、多元文化体验、山地自驾、休闲农业和乡村旅游等旅游景区产品，形成全域化高质量旅游产品体系。旅游景区的竞争核心将日益增强，高等级核心旅游资源、景区专业经营管理人才以及旅游景区的核心主题 IP（知识产权）等观念日益深入人心，并日益成为旅游景区的核心竞争力。旅游景区的产业地位不断提升。旅游景区对地方旅游业发展的整体贡献度及国民经济发展、促进社会就业、传承文化、生态文明建设等作用越来越明显。

3. 旅游景区开发更加注重生态保护

旅游景区是生态环境的重要组成部分,再加上旅游者对旅游空间生态环境的要求越来越高,因此旅游景区未来开发过程将会在以下环节中更加注重生态化:①景区项目,即未来旅游景区新建或改建的旅游项目、配套设施都应体现生态、绿色、低碳的理念,尤其是垃圾分类与回收处理、绿色可再生能源的使用等方面应率先取得突破。旅游景区的旅游项目在设计时要体现出增强保护自然的意识,增进旅游者与自然之间的交流和了解,如长春中泰海洋世界的海狮表演结束后,工作人员专门会用 3 分钟左右的时间讲解海洋的价值,呼吁旅游者关注环境保护。②景区布局,旅游景区的整体布局应强调环境保护和自然景观的营造,规划出核心保护区,营造出人与自然和谐相处的规划布局。③旅游景区内外空间环境,即未来旅游景区至少应在旅游者视野范围之内,保证旅游环境本地的高品质维持和游览环境的清洁、卫生、整洁。

4. 旅游景区更加注重旅游者体验

旅游景区本质上是一种旅游产品,对于旅游者来说这种产品实际上是一种体验。未来景区只有增强体验感,才能更好地带动景区的二次消费。对于增强体验感来说:①挖掘文化体验。文化是旅游景区的灵魂,景区的文化氛围是一种高尚的软环境,是一种诉诸游人心灵深处的力量,能给旅游者留下非常深刻的印象。因此景区要不断挖掘景区的文化、历史、民俗,并创造出以特色文化为主题的文化体验空间和项目。②完善商业体验。景区要想盈利,完善的商业设施和良好的商业环境必不可少,旅游景区需要营造观光化的旅游商业街区,将游憩、休息、地方的生活方式和商业功能深度融合,为旅游者提供完美的购物体验。③打造节庆活动体验。丰富的活动是旅游景区吸引旅游者的爆点之一,旅游景区应根据所在区域的传统节日、文化特色,精心策划丰富多彩的节庆活动,使旅游者在参与的过程中感受到旅游的乐趣,进而提高景区的知名度。

6.6 旅游娱乐

随着经济的发展和科技的进步,旅游者的需求和供给都发生了重大的变化。

作为旅游六要素之一的"娱"，呈现出快速发展的趋势，在旅游业发展中的地位也越来越重要。

6.6.1 旅游娱乐的概念

旅游娱乐是指旅游目的地融合旅游者在旅游过程中，寻找精神愉悦、身心放松、内心满足和个性发展中所观赏和参与的文娱活动。其涉及文学、艺术、娱乐、音乐等诸多领域，能够丰富旅游者生活，满足旅游者精神需求。这里需要明确的是，旅游娱乐与娱乐消遣旅游是不同的。娱乐消遣旅游是指以娱乐为主的旅游活动，是一次独立的旅游活动，旅游娱乐是一次旅游活动中的旅游行为，不一定是旅游活动的动机，两者的共同之处在于注重参与性和娱乐性。

旅游娱乐是社会发展到一定阶段的产物，20世纪以来，随着西方私人汽车的普及和野营地的建设，旅游娱乐范围不断扩大，并在旅游者的推动下走上了产业化道路，逐步与人们的日常休闲融合，成为人们生活的必需内容。如今随着旅游者对旅游娱乐的需求变化，旅游娱乐的地位越来越重要，体验化、智慧化、个性化、主体化、多样化和等级化成为旅游娱乐的基本特征。

6.6.2 旅游娱乐的类型

旅游娱乐划分依据较多，这里主要介绍两种划分方式：一是按旅游娱乐设备不同划分；二是按旅游娱乐的场所形式划分。

1. 按旅游娱乐设备不同划分

1）传统的机械游乐设备

传统的机械游乐设备经过多年的发展涌现出不少外观新颖、玩法有趣的优质项目，很多经典的游乐设备都会在景区中出现，如转马类、自控飞机类、轨道车类、旋转类、飞行塔类、海盗船等，这些游乐设备主要以游乐园的形式经营。

2）网红游乐设备项目

网红游乐设备项目主要是指通过互联网的传播快速被大众接受并喜爱的游乐设备项目，像现在景区必备的玻璃栈道项目、旱地滑草项目、高空蹦极项目等。甚至一些小型的如针雕、不倒翁等，在景区都非常受欢迎。

拓展资料 6.6

3）无动力拓展项目

无动力拓展项目是一处集户外拓展、儿童综合素质教育于一体，旨在提升青少年德、智、体、美、劳等全面发展的素质教育亲子乐园。其主要包括无动力水动力体验馆、儿童拓展攀爬网、大型滑梯等，这些设备可以让孩子和家长游玩或者休息。

2. 按旅游娱乐的场所形式划分

1）专门性娱乐场所

专门性娱乐场所一般是指设置在城市或旅游区内以提供娱乐活动为主的场所。例如，长春的和平大剧院、刘老根大舞台等。这些专门性娱乐场所不仅为旅游者提供服务，而且为当地居民服务。

2）辅助性娱乐设施或活动

（1）设置在旅游饭店中的娱乐设施。我国的涉外饭店通常都设置一些可供旅游者使用的娱乐设施，尤其是三星级以上的旅游饭店一般都有比较完善的娱乐旅游服务设施，如歌舞厅、健身房、桑拿浴、美容美发中心、保龄球、桌球、壁球、游泳池、网球场等，极大地充实了国内外旅游者在旅游途中的娱乐活动内容。

（2）旅游景区中设置的娱乐设施及活动。一些俱乐部、度假区或度假村等作为专门的娱乐旅游活动场所，在娱乐旅游项目的设置上具有独特的优势，它们或依山临水，或地处乡间林边，有的还拥有海滨、湖滨甚至温泉等自然旅游资源，除了具有常规娱乐旅游产品所需的设备和设施外，还可进行野营、疗养、海水浴、沙滩浴、冲浪、潜水等专项特色娱乐活动项目。

在深圳世界之窗、民俗文化村、珠海圆明新园等主题公园的专场演出活动也属于旅游娱乐。深圳世界之窗的"创世纪"、民俗文化村的"绿宝石"、圆明新园的"华夏明珠"等演出活动，运用大制作、大场面、大色块的现代广场表演理念，采用专业的演员水准和通俗的表现手法，深受旅游者喜爱。

6.6.3　旅游娱乐在旅游业中的作用

旅游娱乐作为六要素中的非基础要素，其产业发展潜力大，具有以下几个作用。

1. 丰富旅游活动内容，增强旅游产品吸引力

旅游娱乐项目的开发可以满足旅游者更高层次的旅游需求，不再是简单的走马观花式的游览，而是可以参与、互动的放松身心的旅游项目，因此能够丰富旅游者的活动内容，极大提升旅游者的兴趣，使整个旅游活动更加丰富、形式更加多样，增强旅游产品对旅游者的吸引力。

2. 提升旅游产品竞争力，增加旅游收入

旅游娱乐业作为旅游活动的一部分，是对旅游产品欣赏层次的补充，改善了旅游产品的结构，能够吸引更多的旅游者，从而增强旅游产品吸引力。虽然旅游娱乐在旅游业中创汇、创收比重并不大，但利润可观，发展前景广阔。旅游业是综合性很强的产业，它通过为旅游者提供食、住、行、游、娱、购等综合服务而取得经济收入，在这些综合性服务中，食、住、行具有相对的稳定性，其经济收入是有限度的，而旅游娱乐在旅游需求中的弹性较大，因此，其经济收入具有相对的无限性。

3. 减轻季节性给旅游业的冲击，平衡旅游收支

旅游娱乐项目与一般的自然景点不同，受季节气候的影响较小，并且旅游娱乐业的主要目的是满足旅游者除观赏外的旅游需求，具有很强的娱乐性，不但对旅游者有吸引力，对当地居民也有一定吸引力，在旅游淡季仍然能够吸引居民参与其中，可以创造效益，减小旅游淡季带来的影响，平衡旅游收支。

4. 提高旅游活动质量，丰富文化内涵

旅游娱乐活动已渗透到旅游业各个组成部分中，它特有的文化内涵与参与性强烈地吸引旅游者，对旅游活动起到增彩的作用，提高了旅游活动的质量。如今走马观花的观光型旅游活动正在失去魅力，更多的旅游者希望深入地了解旅游地社会、文化现象，更加注重参与性。

5. 陶冶旅游者情操，增长见识、有益于健康

旅游娱乐注重旅游者的参与，可以使旅游者在参与旅游娱乐的过程中，了解更多娱乐活动的特色知识，有利于增长旅游者的见识。此外，旅游娱乐可锻炼体魄、增进健康，很多旅游娱乐项目都比一般的健身运动消耗体能，对身体健康有很好的促进作用。

6.7　旅游购物

旅游基础六要素中，"购"作为相关联的一个要素，是提高旅游过程质量的重要条件，购物既满足了人们大量的社会需求和心理需求，也对区域经济发展作出

重要贡献。在旅游活动中，旅游购物也被认为是消费者普遍喜爱的活动，在旅游效益构成中处关键地位，是目的地社会经济发展的重要推力，与此同时，旅游购物由于对目的地的非破坏性，也日益受到发展旅游业的国家和地区的政府的重视。

6.7.1　旅游购物的定义

狭义的旅游购物是指旅游或旅游业的一个领域或要素，指以非营利为目的的旅游者离开常住地，以购物或其他为旅游目的，为了满足其需要而购买、品尝，以及在购买过程中观看、娱乐、欣赏等行为。

广义的旅游购物是指旅游者在旅游目的地或旅游过程中购买商品的活动以及在此过程中附带产生的参观、游览、品尝、餐饮等一切行为，它不仅包括专门的购物旅游行为，还包括旅游中一切与购物相关的行为总和，但不包括任何一类旅游者出于商业目的而进行的购物活动，即为了转卖而进行的购物行为。

旅游购物不是单纯地购买商品的行为，这与日常生活中的购物不同，其中包括与旅游相关的休闲娱乐等活动，通常与特产店、景区门票、农家乐、酒店住宿组合在一起，增加了旅游购物的乐趣。区别于单纯的"购买"活动，完整的旅游"购物"活动包括购买、游览、娱乐、交流互动等体验元素。因此，现代意义上的旅游购物，既涵盖专门的购物旅游行为，还包括旅游活动中与购物相关的经济文化的行为总和。随着时代发展，旅游者对旅游购物的功能消费比例增大、工具消费比例减小，旅游目的地的零售业发展也逐渐从实效功能向享受功能倾斜。

6.7.2　旅游购物的特点

和一般的购物相比，旅游购物具有以下特点。

1. 旅游购物是感性消费过程

经济的发展使人们的消费经历了生存消费、理性消费和感性消费过程。生存消费和理性消费属于纯物质消费，而感性消费却介于物质消费和精神消费之间。旅游购物是一种追求较高层次的满足的过程，可以说旅游商品在其有用性的基础上包含了精神的内涵。旅游者更注重抽象、无形的精神或感性的需要，且很少认真或难以辨别不同产品或企业之间的实质性差异。例如，多年以来入境游客最感兴趣的中国旅游商品一直是丝绸、茶叶和旅游纪念品的现象就是感性消费的表现。

2. 旅游购物更多追求的是心理满足

虽然旅游购物的物质性是旅游购物存在的基础，但在物质特别丰富、物流条件特别发达的情况下，异地购物所追求的物质性因素弱化。在旅游过程中对旅游者购物的影响因素最大的是旅游商品的个性、形象、文化、内涵和感情表现。可以说，旅游购物是物质基础上的精神消费。只有当旅游者购买到具有较高文化品位的旅游商品时，才能引起旅游者的心理满足。因此，旅游购物已经突破一般购买商品的意义。除了少数为旅游做前期准备的居住地的购物外，大部分旅游购物的场所处于旅游目的地或旅游途中。

3. 信息不对称

与普通消费品不同，一般的消费品主要体现的是使用价值，而旅游商品除了实用性之外，更主要的是体现它的文化特色。地方性、民族性等决定了一般旅游者对商品的了解程度低，特别是对于收藏及艺术价值较直观的使用价值来讲，其真实价值更加难以估计，又由于旅游者来自异国他乡，旅游商品市场交易中信息不对称程度比一般消费品交易更大。因此，旅游商品的产品结构、制作繁易程度与其价格之间不存在完整的对等关系，这就容易导致旅游商品市场中的欺诈现象。

4. 高弹性

旅游购物属于非基本旅游消费，消费弹性大。从狭义来看，旅游购物支出可有可无、可大可小，波动性大。旅游购物的多少取决于旅游商品市场供应是否与旅游者的购物需求相一致。若旅游商品市场供应不能满足旅游者的购物需求，旅游者也许会减少或放弃购物；若旅游商品市场供应品种丰富，且有特色，旅游者可能会增加购物量。因此，旅游商品市场的发达程度和购物环境，对于旅游购物消费的增长具有决定性作用。

6.7.3　旅游购物品的主要类型

学界关于旅游购物的概念曾有不同的见解，争议焦点在于对购物中"物"的界定。目前，把旅游购物中的"物"界定为实物形态的旅游商品在学界已经约定俗成，并被政府采纳。旅游者在旅游活动中通常会购买具有纪念性、艺术性、礼品性和实用性的物质产品，从我国市场经营状况分析，旅游购物品可大体分为六大类。

1. 旅游工艺品

旅游工艺品指旅游者在旅游活动中购买的富有当地民族地域特色，具有工艺性、礼仪性、实用性和纪念意义的商品，如漆器、陶器、瓷器、木雕工艺品、刺绣制品、玉雕等。

2. 文物古玩

文物古玩是人类历史上物质文明和精神文明的遗存物，既具有历史、艺术和科学价值，又具有教育意义和纪念意义。其主要包括文房四宝、出土文物复制品、碑帖、拓片以及不属国家严禁出口的古玩等。

3. 旅游纪念品

旅游纪念品是以旅游景区景点的文化古迹或自然风光为题材，利用当地特有的原料，体现当地传统工艺和风格，富有纪念意义的小型纪念品。一般来说，这部分产品体积小，便于携带；售价低，富有特色，便于馈赠，又可经常引起旅游者的美好回忆。

4. 土特产品

土特产品一般是指具有浓郁的地方特色和风味，为本地出产最佳的产品。如东北三宝：人参、貂皮、鹿茸。

5. 旅游食品

旅游食品主要是指旅游者在旅游活动中购买的用来方便旅行的主副食品，如面包、饮料、罐头、快餐、风味小吃等。

6. 旅游日用品

这是旅游者在旅行活动中经常使用的物品，如草帽、折伞、太阳镜、胶卷、旅行包、急救药品、地图指南、毛巾、香皂等。有的是旅游者在离家前做准备，有的可在旅游过程中购买。尽管这些小商品不能像工艺品、纪念品等那样富有纪念意义和保存价值，但它们是旅游者生活必需品，所以，旅游购物品经营部门也应同样重视这类购物品的品种、数量和供应，以保证满足旅游者旅游活动的需要。

6.7.4　旅游购物的作用

1. 有助于满足旅游者多样需求

旅游购物作为旅游业的重要组成部分，不仅能满足旅游者在旅游活动中的各项需求，带给旅游者较好的旅游活动体验，而且在某些旅游地，旅游购物成为旅游者最主要的旅游动机，因此在旅游业态中衍生出"购物＋旅游"的购物旅游，如被称为"购物天堂"的香港。随着城市综合服务功能的提升，将购物与游憩功能结合已经成为世界潮流，集购物、娱乐、游憩、文化、艺术、餐饮、休闲、运动、观光等于一体的大型购物中心在许多城市出现并继续发展。

2. 有助于经济效益提高

发展旅游购物是提高旅游整体经济效益的重要途径，是增加收入和就业机会，振兴地方经济的重要手段之一。中国有句俗语"穷家富路"，因此在外出进行异地旅游活动的过程中，消费者往往比在惯常环境中有更积极的消费意向，以求得旅途更加顺心，参与旅游活动的消费者比一般的消费者具有更高的消费能力。旅游者在旅游目的地购物，不仅形成商品销售，带来目的地经济收益，而且它有一定的就地出口优势，与一般外贸商品不同，具有现汇交易、价格自主性强、运输成本低等特点。

3. 有助于弘扬旅游目的地文化艺术

对国内而言，旅游购物的发展，可以直接满足本国人民日益增长的物质和文化需要；在国际范围内，旅游购物的发展，可以使世界各国（地区）人民加深对旅游目的地国家和地区的历史文化、民族传统的了解。因此，旅游购物一定程度上形成了旅游目的地的记忆载体和品牌文化传播的对象。如近些年较为推崇的旅游文创，通过设计者对于旅游文化的理解，将原生艺术品的文化元素与产品本身的创意相结合，形成一种新型针对旅游文化的创意产品，具有文化传承与经济收益的双重效益。旅游者将旅游购物品携带回居住地，或消费，或使用，或馈赠，这些有形物品就会将其携带的旅游地信息展示、传达给所有接触到这些购物品的人，促进更多的人对旅游地的了解，从而使旅游目的地的形象得到宣传。

6.7.5 旅游购物的发展趋势

在旅游信息化的浪潮中，传统的旅游六要素"购"的信息化一直是薄弱环节。随着信息化的发展，智慧旅游购物平台的出现逐渐成为一项重要旅游资源，它主要解决购物中的诚信、配送、质量、服务等传统手段无法解决的难题，为旅游者、企业、政府之间搭建了便捷沟通的电子通道，成为旅游界信息化的一大亮点。未来的旅游购物具有以下发展趋势。

拓展资料 6.7

1. 以价值为导向开发特色旅游购物品

价值是衡量一件商品的重要指标，也是决定消费者是否产生购买行动的重要因素。旅游者在旅游目的地购买旅游商品时，首先考虑的是这件商品是否具有价值，即是否具有文化价值、艺术价值、审美价值、实用价值或食用价值等，价值越高的旅游购物品越能促进旅游者达成购买行为。随着居民消费水平的提高，居民出游的机会越来越多，他们希望每到一个地方都能购买到体现当地特色的旅游纪念品或工艺品留作纪念，在选择购买旅游商品时更多关注的是这件商品是否具有当地特色。因此，在开发旅游购物品时，既要关注其价值的高低，也要关注当地特色在旅游购物品中的体现。

2. 以消费者需求为中心加速旅游购物品提质创新

1）在旅游购物品质量提升上下功夫

随着我国居民消费水平的整体提升，高端化、品质化、个性化的消费行为逐渐成为主流，旅游者的购物消费也依附于主流而改变，不再满足于购买一些普通的纪念品或特产，而是更加注重购物的品质和体验，一些高端品牌、设计师品牌和特色小店等逐渐成为旅游者购物的热门场所。而目前我国各旅游区存在旅游购物产品的质量等级与旅游者的购物需求严重不相匹配、中高端产品不足而低端产品过剩的现象。因此，亟须提高旅游购物品的质量和档次，以满足旅游者对优质产品的需求。

2）在旅游购物品产品创新上出新招

以"旅游+"为手段，将这些地方特色产品与旅游者的旅游体验融合，深入挖掘其文化内涵和地方特色，必将大大促进各全域旅游示范区旅游购物收入的增长。可以考虑进行"旅游+美食"地方特色食品开发，如张家界的腊肉品尝体验；"旅游+民俗"地方特色手工艺品开发，如湘西的小背篓现场制作；"旅游+医药"地方特色保健产品开发，如邵阳铁皮石斛的观赏；"旅游+农林"地方特色农副产品开发，如湘西猕猴桃的采摘，让旅游者在现场体验中感受旅游购物品的魅力，增强其购买欲望。

3. 以信息技术为依托优化智慧旅游购物体验环境

随着移动互联网、物联网技术、云计算的快速升级，为实现旅游购物的智慧管理与服务提供了可能。新一代科技背景下的信息传递、生产流程、消费习惯、服务模式等将发生前所未有的变革，有效地实现了旅游购物的异地管理和异地服务。智慧旅游新生态模式将优化社会资源创新组合，提升政府与景区管理效率，更好地提升与满足旅游者的旅游体验和多元化需求，所有这些为旅游购物的智慧管理提供了借鉴。通过购物资源、销售管理与质量服务体系的整合，以及创新的智慧旅游购物模式，实现高效的旅游生态供应链管理、便捷的购物体验，共同推进智慧旅游的全业态发展。

本章小结

　　本章首先介绍旅游业的概念及旅游业的构成部门、旅游业的性质及特点，其次介绍了旅游业重要的组成产业，以及旅行社的概念、分类以及旅行社基本业务、类型及旅行社的未来发展方向；旅游饭店的发展历程、在旅游业中的地位和作用、类型及主要经营形式；旅游交通的概念和作用及不同交通类型在旅游业发展中的重要性及优缺点、影响旅游者交通方式选择的因素及未来旅游交通的发展趋势；旅游景区的概念、特点、分类、在旅游业发展中的作用及未来景区的发展趋势；旅游娱乐的概念、分类及作用；旅游购物的定义、特点、分类、作用及未来发展趋势。通过本章的学习，使学习者可以明确旅游业各部门在地方旅游业发展中的地位、作用和职责，各部门在旅游发展的过程中如何协调及未来如何创新发展。

即测即练

思考题

　　1. 根据本章学习，你认为旅游业具体包含哪些内容？

　　2. 谈谈你对旅游业经济性的认识。

　　3. 旅游者选择旅游交通运输方式的影响因素有哪些？

　　4. 谈谈旅游景区的作用。

　　5. 旅游娱乐对旅游业发展的重要性有哪些？

　　6. 旅行社的主要业务有哪些？

　　7. 通过对旅游业的学习，结合自己的家乡，谈谈旅游业在发展过程中如何进行文旅融合。

第7章 旅游产品

 学习目标

1. 了解国内外学者在旅游产品方面的研究，旅游产品开发的程序。

2. 熟悉旅游产品的概念和构成，旅游产品开发内容和开发策略。

3. 掌握旅游产品生命周期的四个阶段及各阶段的调控，旅游产品的特点和质量要求，旅游产品开发的概念和原则。

 能力目标

1. 了解产品开发的程序，具备运用科学的方法、分析影响旅游产品质量因素的能力。

2. 熟悉旅游产品的概念和开发内容，培养创新思维能力。

3. 掌握旅游产品生命周期规律和旅游产品开发策略，培养逻辑思维能力。

 思政目标

1. 了解学者在旅游产品方面的研究，培养科学严谨的学习精神。

2. 熟悉旅游产品的构成，具备开拓进取的创新意识。

3. 掌握旅游产品的调控及产品质量要求，具备高尚的思想道德情操，认识到学业和工作中踏实勤勉、实事求是的重要性。

🔍 **思维导图**

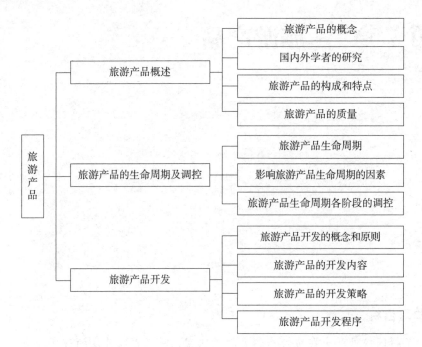

🔍 **导入案例**

7.1 旅游产品概述

7.1.1 旅游产品的概念

旅游业是人民美好生活的重要组成部分，是实现共同富裕的重要途径之一，是传承中华优秀传统文化的重要载体。旅游业是市场经济的重要组成部分，旅游市场经济是旅游产品的需求与供给运行活动的经济。旅游产品作为旅游企业的经营对象，遍布在旅游业中。

旅游产品作为旅游企业的经营对象，在旅游业甚至是旅游业以外其他行业广泛存在。旅游交通可以满足旅游者空间位移的"行"的需求；酒店客房服务满足旅游者休息的愿望；餐食产品可以满足旅游者的食物需要；旅游景区、娱乐项目和旅游购物店的商品可以满足旅游者的游、娱、购的需要。只要旅游市场存在某一需求，就会有旅游产品诞生的可能性。

在市场营销的意义上，在市场上提供给人们满足某种需要或者能创造需求的任何东西，都是产品。从现代营销意义上讲，产品是提供给人们满足某种需求的物质产品和非物质产品的服务。

从需求者的角度，也就是旅游活动主体旅游者的角度，旅游产品是指旅游者支付一定金钱、时间和精力所获得满足其旅游欲望的经历。例如一次三亚之行的旅游产品，在旅游者的角度，不单单是三亚往返的机票、海边酒店的住宿，而是旅游者出行的全方位的体验和感受，是一次经历。

从供给角度，旅游产品是旅游经营者为满足旅游者某种经历的实现，提供的各种接待条件和相关服务的总和。旅游业中的旅游经营者通过销售旅游产品获得利益。我们可以从广义和狭义两个层面来看。

广义的旅游产品是指旅游经营者在旅游市场上，为满足旅游者旅游活动过程中的各种需求，以一定的设施设备为依托，生产并提供的所有商品和服务，再进一步分为整体旅游产品和单项旅游产品。

整体旅游产品是以旅游者在旅游目的地停留期间的访问活动为核心，一次完整旅游经历的各种有形的因素和无形的因素的总和。单项旅游产品是相对于整体旅游产品而言的，是从旅游经营者的角度提出的，这些经营者各自提供的旅游产品或旅游服务项目，并不能独自构成一次完整的旅游经历，只是整体旅游产品的一部分。

狭义的旅游产品是指旅游商品，是由物质生产部门所生产、由商业系统所销售的物品，它包括旅游者旅游期间购买的日用品、纪念品等各种实物商品。这种旅游产品满足人们外出时购物的需要，旅游者购买后，商品的所有权发生了转移。

7.1.2　国内外学者的研究

ISO（国际标准化组织）标准已经明确地将服务纳入产品范畴，国外学者和国内学者对旅游产品概念提出了不同的看法。

1. 国外学者

1）西方学者（Cooper Gibert，Fletcher，Wahill，1933）

西方学者（Cooper Gibert，Fletcher，Wahill，1933）提出用 4A 来表示。

（1）attractions，当地的旅游资源。

（2）access，当地的交通运输设施和交通运输服务。

（3）amenities，当地的住宿、餐饮、娱乐、零售及其他旅游生活设施和相应的服务。

（4）ancillary services，当地提供的其他相关服务，如旅游问询中心。

2）史密斯（1994）旅游产品解释模型

史密斯旅游产品解释模型见图 7-1。

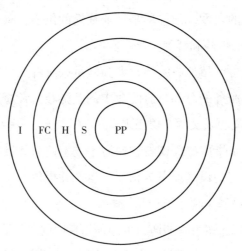

图 7-1　史密斯旅游产品解释模型

PP= 实体环境（physical plant）

FC= 选择的自由度（freedom of choice）

S= 服务工作（service）

I= 旅游者参与（involvement）

H= 居民好客（hospitality）

史密斯认为整体旅游产品并不是这五项要素的简单组合，而是要素间相互作用。

3）维克多·密德尔敦（1988）

"旅游营销大师"维克多·密德尔敦在《旅游营销学》中讲到旅游产品是为了满足消费者某种需求而精选组合起来的一组要素。对出行的旅游者来说，其是离家到回家的一整段完整经历。

2. 国内学者

国内学者对旅游产品的观点见表 7-1。

表 7-1　国内学者对旅游产品的观点

姓名	年份	观点
魏小安 冯宗苏	1991	旅游产品是提供给旅游者消费的各种要素的组合，其典型的和传统的市场形象表现为旅游线路
肖潜辉	1991	旅游产品是旅游经营者所生产的，准备销售给旅游者消费的物质产品和服务产品的总和。旅游产品可以分解为三个部分：①旅游吸引物；②交通；③接待。其中旅游吸引物的地位和作用是首要的，因为它是引发旅游需求的凭借和实现旅游目的的对象
林南枝 陶汉军	1994 2000	对旅游产品的定义分为两个方面：从旅游需求一方来，旅游产品乃是旅游者为了获得物质和精神上的满足，通过一定的货币、时间和精力所获得的一次旅游经历；对于旅游供给一方而言，旅游产品是指旅游经营者凭借旅游吸引物、交通和旅游设施，向旅游者提供的用以满足其旅游活动需求的全部服务。旅游产品是个整体概念，它是由多种成分组合而成的混合体，是以服务形式表现的无形产品。整体旅游产品构成的主要内涵有旅游吸引物、旅游设施、旅游服务和可进入性四个方面。其中旅游服务是旅游产品的核心
谢彦君	1999	旅游产品是指为满足旅游者审美和愉悦的需要而在一定地域上被生产或开发出来以供销售的物象和劳务的总和……最典型、最核心的旅游产品形式就是旅游地，它是指出于交换的目的而开发出来的能够向旅游者提供审美和愉悦的客观凭借的空间单元
王兴斌	2001	旅游产品是以自然资源、历史资源和社会资源为原材料，以行、游、住、食、购、娱的配套服务为基本环节，针对客源市场的需求，按照特定的功能和主题，沿着一定的路线或区域设计、加工、组合而成，在市场上供旅游者挑选、购买、消费的服务性商品
田里	2004	旅游产品是旅游市场上，由旅游经营者向旅游者提供的满足其一次旅游活动所需的各种物品和服务的总和，也可视为旅游者花费一定的时间、费用和精力所获得的一次完整的旅游经历。旅游产品从本质上说是旅游者购买的以服务形式表现的无形产品
冯卫红	2006	旅游产品是旅游生产者和经营者为满足旅游者的旅游需求，对自然或人文旅游资源等原材料进行设计、开发并添加各种设施和服务而形成的综合性产品；其核心是经过开发的旅游资源即旅游景点、景区或旅游事项（节庆、会展等活动）

7.1.3　旅游产品的构成和特点

1. 旅游产品的构成

按旅游者对旅游产品的依赖程度，旅游产品分为核心旅游产品和外延旅游产品。

1）核心旅游产品

核心旅游产品是指在旅游活动中的终极目的指向物，缺少就会影响旅游产品质量，核心旅游产品包括旅游吸引物、旅游服务、旅游交通、旅游接待设备设施和旅游购物商店。

旅游吸引物：现实的旅游资源，对旅游者具有吸引力的旅游资源是旅游活动发生和实现的先决条件。

旅游服务：无形服务产品的总和，包括旅游过程中以及到达旅游目的地后航空服务、导游服务、宾馆服务、就餐服务等内容。

旅游交通：各种交通工具的总和，帮助旅游者从出发地到目的地实现空间位移及在目的地期间的各种空间转移。

旅游接待设备设施：依托的各种硬件设备和必要设施，如酒店的空调系统、电梯系统等。

旅游购物商品：旅行期间购买的日用品和旅游纪念品。

2）外延旅游产品

外延旅游产品是指非旅游活动过程中的非必需产品，是由相关旅游企事业单位围绕核心旅游产品所做的各种价值的附加。如果没有这部分产品，旅游者的旅游活动还可以发生，但旅游的效率和旅游的效果都受到影响；如果有这部分产品，旅游目的地的效益也会增加。

2. 旅游产品的特点

旅游产品是一种服务性产品，所以和工农业所生产的物质产品相比，有自身服务产品的特点（表 7-2）。同时旅游产品作为一种商品，具有价值和使用价值的二重性质。价值不仅包括人们过去的物化劳动，也包括旅游从业者的实时劳动。旅游产品的使用价值体现在满足人们的旅游及相关需求上。旅游产品既有一般商品的基本属性，也有自身的特殊属性，特殊属性主要体现在以下几个方面。

拓展资料 7.1

表 7-2　实物产品与服务产品的对比

产品	实物产品	服务产品
特点	使用物质材料进行制造，表现为有形的物品	以劳务方式提供，表现为无形的服务
	消费者隔离于生产现场，不涉及生产过程	顾客置身于生产现场，并参与生产过程
	可运销于消费者所在之地	顾客需前往生产地点当地消费
	产品售出之后，所有权发生转移	顾客所购得的仅是暂时的使用权
	消费者可事先查验品质，然后决定是否购买	顾客在决定购买之前，难以先行查验品质
	能够仓储	无法储存

资料来源：RATHMELL J M. Marketing in the service sector[M].Cambridge, MA：Winthrop Publishers，1974.

1）综合性

从旅游者需求的角度看，一个旅游目的地的旅游产品是一种总体性产品，是相关旅游企业为满足旅游者的各种需要，而提供各种设施和服务的总和。很多旅游者在作出旅游的决定时，都是将这一目的地的多项旅游服务或产品结合起来的选择。例如一名观光型旅游者在选择观光游目的地旅游景点的同时，还要考虑目的地的交通、住宿、餐食等服务情况。旅游产品的综合性特点，决定了目的地各项旅游行业需要同步发展和联合营销。

2）无形性

旅游者交付旅游费用后，获得的是一种感受、一次经历；旅游企业在旅游者付费后，除凭借一些设施来保障服务效果外，很多情况是以无形服务来满足旅游者的需求，而且在产品中起着主导作用。旅游产品的无形性特点，使旅游企业在生产管理和市场营销中增加了不少难度。

3）不可转移性

旅游产品的不可转移性是指旅游商品在交易过程中空间上大多数情况下不发生转移，一般还固定在原有的位置，如历史建筑、山川河流等，脱离了该产品特定的空间和历史范围，价值必将受损或不复存在。另外，旅游产品交易买卖中所有权不发生转移，转移的只是部分使用权。

4）生产和消费的同步性

旅游产品一般是在旅游者到达生产地点时，旅游企业才能生产并交付部分使用权，也就是服务活动是生产者和消费者双方共同参与发生的，在同一时间，旅游者消费旅游产品的过程，就是旅游企业生产和交付旅游产品的过程。这意味着服务人员的一言一行、一举一动，都会使旅游者对旅游产品和服务质量产生影响，因此质量控制工作对旅游企业经营至关重要。需要注意的是，旅游产品生产与消费同时发生，但购买和消费是可以分割的，也就是旅游交易是一种预约性交易。

5）不可储存性

旅游者购买旅游产品后，旅游企业只是在规定的时间内交付有关产品的使用权。因旅游供应商对未能及时售出的旅游产品无法存放起来日后售出，所以，买方如果没有在规定日期使用，要承担因此而给卖方带来的损失。如航空公司的客舱、旅游饭店的客房，出现空闲带来的损失是不可弥补的。旅游产品的不可储存性使很多旅游企业必须提高设施设备的使用率，采取多种多样的营销手段，避免空置带来的损失。

6）后效性

旅游者只有在消费过程全部结束后，才能对旅游产品质量作出全面的评价。旅游者对旅游产品质量的理解是其期望质量与经历质量相互作用的结果。

7.1.4　旅游产品的质量

1. 产品质量的重要性

旅游产品属于服务性产品，由于旅游产品的无形性特点，生产与消费同步进行，而且又在异地完成，所以旅游消费者在购买产品前对质量不好把控。旅游产品的后效性，决定旅游者在消费全部结束后方能作出评价，才能知道是否最终满意，所以没有质量保障，在激烈的市场竞争中，旅游企业将失去市场份额和损失经济利益。旅游产品质量是旅游企业生存和发展的生命线。

2. 服务质量

旅游产品主要表现为旅游服务，在旅游服务的研究中，影响较大是克里斯蒂·格鲁诺斯（Christian Gronroos）。他提出在服务质量这一主观范畴下，质量的高低取决于顾客对服务质量的预期与实际感知或体验质量之间的比较。在一般情况下，顾客主要从技术质量和功能质量两个方面来评价。

3. 基本理论模型（控制模型）

技术质量一般是指提供服务时所涉及的各种技术性条件的质量。功能质量是指服务交付过程和交付方式的理想程度。控制模型见图 7-2。

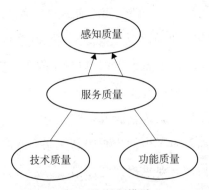

图 7-2　控制模型

资料来源：GRONROOS C. Service management and marketing[M].
Lanham，MD：Lexington Books，1990.

行使服务质量管理的基本途径有：要使员工有做好工作的愿望、要使员工有做好工作的本领、要有做好服务工作的条件、要有严格的保障措施。

7.2　旅游产品的生命周期及调控

旅游产品生命周期是市场营销学中的重要概念。同其他产品一样，旅游产品也有发生、发展、衰退和消亡的过程。研究旅游产品生命周期有利于旅游经营者针对不同的市场生命周期采取不同的策略，有利于采取措施延缓衰退期的到来、延长生命周期，有利于针对市场需求适时更新产品，生产适销对路的产品。

7.2.1　旅游产品生命周期

旅游产品生命周期是旅游产品经开发进入市场后，直至被市场淘汰而失去再生产的可能和必要的整个过程。它一般包括导入期、成长期、成熟期、衰退期四个生命周期阶段（图7-3）。旅游产品生命周期各个阶段通常是以销售额和所获利润的变化来衡量的。

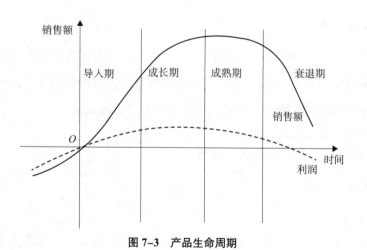

图 7-3　产品生命周期

1. 导入期

这一时期由于产品刚投入旅游市场，还处于试销阶段，旅游产品知名度较低，大多数旅游者对产品不了解，只会有很少的人购买该旅游产品，因此产品销售量较小；同时旅游产品也没有确定的形式和内容，处于调试期；企业在这一时期还会投入很多开发费用和广告宣传费。综合这些情况，企业利润很少，甚至是零或者亏损；市场上竞争者不多，同类产品也很少。

2. 成长期

通过相关旅游企业不断地修建旅游设施、改善旅游交通条件，加强旅游促销，市场份额加大，成长期的旅游产品已经被很多消费者熟知，有重复购买的情况。这一时期产品开始定型，同时形成了产品特色。旅游企业的生产成本和销售成本经过导入期的摸索，已经逐步降低，利润率不断提高，市场上有了模仿者，从而产生了竞争。

3. 成熟期

随着旅游产品进入成熟期，旅游者增长速度趋于平稳，旅游者人数可观，旅游投入已开始产生良好的经济效益和社会效益，旅游市场处于饱和的相对稳定阶段。随着旅游产品的特色逐渐被大众熟悉，吸引力下降，旅游者人数到峰值后会回落。旅游产品的销售虽然有所增长，但速度缓慢，甚至增长率会趋于零。由于产品利润率较高，吸引众多企业参与竞争，因此市场竞争激烈。为了提高市场竞争力，旅游企业都会加大力度降低成本，企业利润增长空间有限，并有逐步下降的趋势。

4. 衰退期

这一时期旅游产品已经失去特色，日渐陈旧，新的旅游产品渐渐进入旅游市场，代替老的旅游产品，旅游者对老产品没有兴趣，逐渐降低需求。产品销量下滑，价格开始下跌，营销成本加大，逐步被旅游市场淘汰。

7.2.2　影响旅游产品生命周期的因素

1. 旅游市场供给因素

1）旅游企业

旅游企业的正确决策是有效开发产品各生命周期效益最大化的关键，科学经营、适度促销、精准宣传，正确选择产品组合策略和市场营销策略，是扩大客源市场和延长生命周期的必然条件；另外服务质量和设施完备情况也影响生命周期，服务差、设备陈旧就会缩短产品生命周期。

2）旅游产品核心部分的吸引力

通常来说，旅游产品核心部分吸引力越强，旅游产品的生命周期就越长。

3）行业竞争

行业竞争在市场中不可避免，同类产品市场上出现竞争者，竞争者出现初期可能会有利于信息向外传递，增加旅游产品的购买者，但随着竞争的加剧会导致旅游者分流，每个旅游企业的消费人群变少，利润也会越来越少。

2. 旅游市场需求因素

一方面是消费者认知的过程的影响。从旅游市场需求的角度讲，新开发的旅游产品在向潜在的市场扩散信息的过程，一定是由远及近，然后基本被信息覆盖，逐渐高峰后再减少下来。另一方面是消费者需求受消费观念、消费者收入、旅游景点数量及服务质量好坏的影响。

1）经济因素

旅游产品的销售，扩大了旅游活动的影响力，对旅游目的地的经济产生较大影响，推动目的地经济的发展；随着旅游目的地的发展，接待设施、加大宣传投入和力度等会进一步完善，这都会使成长期和成熟期产生正面影响。

2）环境因素

优美的环境符合旅游者审美期望，会触动旅游者的二次消费；也会给目的地带来良好的声誉，吸引更多的旅游者慕名而来。脏、乱、差的旅游环境将影响旅游者的旅游需求，进而影响旅游产品的生命周期。

3）自然因素

如发生重大自然灾害，对旅游资源造成不可逆的破坏，从而打破了原来的生命周期规律而提早进入衰退期。如某地出现海啸或地震，原有的核心旅游资源遭受破坏严重，进而影响旅游者的游览效果，从而影响旅游产品的生命周期。

拓展资料 7.2

4）政治因素

旅游目的地的政治和军事等方面，将对旅游产品生命周期起到断崖式的影响，如某地爆发战争，旅游者将不会前往该地区，也不会购买该地区为目的地的旅游产品，该产品直接进入衰退期。

7.2.3　旅游产品生命周期各阶段的调控

针对旅游产品生命周期不同阶段的不同特点，在制定市场经营策略时，应采取不同的市场经营策略，力求最大的经济效益和社会效益。

1. 导入期产品调控

由于这一时期旅游产品刚刚投入市场，面临的主要问题是打开市场局面，扩大市场占有率；提升企业声誉，树立良好的市场形象，因此应该采取的策略是开发产品，并通过各种渠道推销产品、扩大市场。尽可能争取在较短的时间内去回收产品开发成本。

2. 成长期产品调控

这一时期是旅游产品逐渐打开销路的阶段。市场经营策略的重点应放在增加市场开发深度上，不断去开拓新的销售渠道和销售方式，开拓新市场。组合多品种、多规格的旅游产品，要注意提高产品的质量和客户的满意度，应力求在市场竞争中战胜对手。也可采取必要的手段尽可能杜绝竞争对手快速进入同类产品市场。

3. 成熟期产品调控

由于这一时期旅游产品逐渐达到饱和阶段，销量增加缓慢，因此，这一时期要改进产品、改进市场销售组合，市场经营策略的重点是保护已有的市场，开辟新市场，提高产品质量，降低成本；同时要组合设计新产品，改进老产品，旅游企业要预见衰退期的到来。

4. 衰退期产品调控

衰退期的旅游产品销量逐渐减小，利润低微。对于没有经营价值的产品，应该尽早予以放弃；如还存在一定知名度和占有率，可继续经营，找准下一步新产品，针对市场的新需求，实现旅游产品的升级换代。

7.3 旅游产品开发

7.3.1 旅游产品开发的概念和原则

1. 旅游产品开发的概念

旅游产品开发是根据市场需求，对旅游资源、旅游设施、旅游人力资源及旅游景点等进行规划、设计、开发和组合的活动。我们学过旅游产品生命周期理论后，认识到旅游企业的可持续发展，应该培育不同阶段的旅游产品。有处于成熟期和成长期的，还去开发新一代产品，这样才能保持旅游企业旺盛的生命力。因此，企业应该提前筹划，分析市场竞争状况，及时分析外部环境，预测旅游产品的生命周期，具有前瞻性地适时进行旅游产品的开发。

2. 旅游产品开发的原则

1）独特性

创造性地打造旅游产品特色，是该产品与众不同或优于其他产品的地方。旅游产品的特殊首先取决于旅游资源的特色，要大力挖掘旅游资源的独特之处。能让旅游者产生美好印象、难以忘怀的一定是旅游产品的独特之处。旅游产品独特之处会减弱同类旅游产品之间的冲突和竞争，旅游产品的特色是激烈的市场竞争中制胜的关键。

2）市场导向

旅游产品的开发必须从资源角度出发转换到以市场为导向，牢固树立市场观念，旅游产品开发的出发点永远是旅游市场需求。面向市场需求的旅游产品开发，能发挥旅游目的地和旅游产品的吸引力，优化旅游资源的使用，不对生态环境造成破坏。①市场定位。要根据社会经济发展及对外开放的实际状况，确定客源市场的主体和重点，明确旅游产品开发的针对性，提高旅游经济效益。②把握需求。要根据市场定位，调查和分析市场需求和供给，把握目标市场的需求特点、规模、档次、水平及变化规律和趋势，从而形成适销对路的旅游产品。③筛选创造。针对市场需求，对各类旅游产品进行筛选，进行加工或再创造，将具有竞争力的旅游产品推向市场。总之，树立市场观念，以市场为导向，才能使旅游产品开发有据有序、重点突出，确保旅游产品的生命力经久不衰。

在开发任何一项旅游产品之前，都要进行周密细致的市场调查和研究，掌握市场的分布和需求状况，以及旅游市场需求的发展变化趋势，再根据旅游资源条件，确定旅游产品开发的决策，包括开发的方向、规模、档次、价位等。如果旅游市场需求强烈而旅游资源匮乏或缺乏特色，可以人造一些有特色的景观和娱乐设施。

3）讲求经济效益、社会效益和环境效益

旅游业作为一项经济产业，在其开发过程中必须始终把提高经济效益作为主要目标；在讲求经济效益的同时，还必须讲求社会效益和环境效益。在旅游产品开发时，谋求综合效益的提高。

树立效益观念，一是要讲求经济效益，无论是旅游地的开发，还是某条旅游路线的组合，或是某个旅游项目的投入，都必须先进行项目可行性研究，认真进行投资效益分析，不断提高旅游目的地和旅游路线投资开发的经济效益。二是要讲求社会效益，在旅游地开发规划和旅游路线产品设计中，要考虑当地社会经济发展水平，要考虑政治、文化及地方习惯，要考虑人民群众的心理承受能力，形成健康文明的旅游活动，并促进地方精神文明的发展。三是要讲求生态环境效益，按照旅游产品开发的规律和自然环境的可承载力，以开发促进环境保护，以环境保护提高开发的综合效益，创造出和谐的生存环境。

可持续发展是当今世界发展的主题，旅游产品的开发要遵循可持续发展的原则。世界环境与发展委员会认为：可持续发展就是要把发展与环境结合起来，使我们取得的经济发展既满足当代人的需要，又不危害子孙后代满足他们自己需要的能力。这说明可持续发展不仅是经济的问题，而且是与环境和社会发展紧密相关的问题。可持续发展理论对旅游开发和规划有着重要的指导意义，要求旅游业发展在满足当代人旅游需求的同时保证满足未来人们的旅游需求，要求旅游发展重视生态、环境、资源和文化保护，以维持旅游长久生命力。

4）产品形象

旅游产品是一种特殊商品，是以旅游资源为基础，对构成旅游活动的食、住、行、游、购、娱等各种要素进行有机组合，并按照客源市场需求和一定的旅游路线而设计组合的产品。

产品形象一是多样化，旅游需求趋向多样化、个性化、自主化，旅游者对旅游产品的选择性越来越强，还要适当发展多种类别、多种形式的旅游产品，从而形成主次结合、内容丰富、形式多样的旅游产品系统。二是系统性，旅游产品是个宽泛的概念。在进行旅游产品形象设计构建时，可以运用系统论和控制论的相关理论，将旅游产品形象看作一个整体，实现各旅游产品之间的协调发展。三是可控性，要注意旅游产品形象体系动态的可调控性。根据市场需求的变化和旅游产品所处生命周期的不同，可以适当调整旅游产品的开发重点和主题。

7.3.2　旅游产品的开发内容

旅游新产品的开发，主要包括两个方面的内容：①对旅游地的规划和开发；②对旅游路线的设计和组合。

1. 旅游地开发

旅游地就是旅游目的地，是旅游产品的地域载体。旅游地开发是在旅游经济发展战略指导下，根据旅游市场需求和旅游产品特点，实施对区域内旅游资源规划、建造旅游吸引物、建设旅游基础设施、完善旅游服务、落实区域旅游发展战略的具体措施等。因此，旅游地开发就是在一定地域空间开展旅游吸引物建设，使之与其他相关旅游条件有机结合，成为旅游者停留、活动的目的地。旅游地开发通常可分为五种形式。

1）以自然景观为主的开发

这类开发以保持自然风貌的原状为主，主要进行道路、食宿、娱乐等配套设施建设，以及环境绿化、景观保护等。如一个地区的特殊的地貌、生物群落、生态特征都是可供开发的旅游资源。自然景观只要有特点就可以，不必具备良好的生态环境，如沙漠、戈壁开发好了都是值得一游的旅游吸引地。但是自然景观式景点的开发必须以严格保持自然景观原有面貌为前提，并控制景点的建设量和建设密度，自然景观内的基础设施和人造景点应与自然环境协调一致。

2）以人文景观为主的开发

这类开发是指对残缺的文化历史古迹进行恢复和整理。如对具有重要历史文化价值的古迹、遗址、园林、建筑等，运用现代建设手段，进行维护、修缮、复原、重建等工作，使其恢复原貌后，自然就具备了旅游功能，成为旅游吸引物。但是人文景观的开发一定要以史料为依据，以遗址为基础，而切忌凭空杜撰。人文景观的开发一般需要较大的投资和较高的技术。

3）在原有资源和基础上的创新开发

拓展资料 7.3

这类开发主要是利用原有资源和基础的优势，扩大和新添旅游活动内容和项目，以达到丰富特色、提高吸引力的目的。比如在湖滨自然景观旅游中，增添一些水上运动项目，诸如飞行伞、划艇、滑水等都是不错的项目，不仅未破坏原有景观，还可以和原有的湖光山色相映成趣，成为新的风景点。

4）非商品性旅游资源开发

非商品性旅游资源一般是指地方性的民风、民俗、文化艺术等，它们虽然是旅游资源，但还不是旅游商品，本身并不是为旅游而产生，也不仅仅为旅游服务。对这类旅游资源的开发，涉及的部门和人员较多，需要进行广泛的横向合作，与有关部门共同挖掘、整理、改造、加工和组织经营，在此基础上开发成各种旅游产品。应该引起开发者注意的是，这些地区一旦成为旅游目的地，大量旅游者进入景点后，会改变原地居民的生活方式和习俗，同时旅游者带来的外来文化，会对当地的文化生态造成较大的污染。

5）利用现代科学技术成果进行旅游开发

这是运用现代科学技术所取得的一系列成就，经过精心构思和设计，再创造出颇具特色的旅游活动项目，如"迪士尼乐园""未来世界"等就是成功的例子。现代科技以其新颖、奇幻的特点，融娱乐、游艺、刺激于一体，大大开拓和丰富了旅游活动的内容与形式。

2. 旅游路线开发

旅游路线是旅游产品的具体表现方式，也是对单个旅游产品进行组合的具体方式，是旅游地向外销售的具体形式。旅游路线开发是将旅游吸引物、旅游设施和旅游服务按不同目标市场的旅游者需求特点进行产品组合。一条完整的旅游线路组成要素包括旅游时间、旅游目的地、旅游交通、旅游食宿、旅游活动安排和旅游服务。在旅游路线的组合中，单项旅游产品只是一个组成部分，产品开发者不会对单项旅游产品进行根本性改动，重在考虑不同旅游者的需求特点、支付能力，然后进行适度的搭配。比如北京3日游和北京5日游，5日游是在3日游的基础上，增加一些景点和旅游服务项目；再适度调整北京5日游的旅游交通的档次、餐饮丰富度和住宿的级别，就会形成北京5日标准游和豪华游的旅游产品。我们可以把北京游作为一条旅游产品线，保持线路不变的情况下，调整线路的构成要素，形成不同的旅游产品，满足多类型的消费者的需要。因此，旅游路线开发实质上是根据不同目标市场旅游者的需求特点对旅游产品进行组合搭配。

下面是从不同角度对旅游路线开发的种类分类。

（1）按空间尺度可分为远程旅游线路、中程旅游线路和近程旅游线路。

（2）按运动轨迹可分为两点循环式、单通道式、环通道式、单枢纽式、多枢纽式。

（3）按旅游路线的性质可分为普通观光旅游路线和特种专项旅游路线两大类，当然也可以是二者结合的混合旅游线路，如在度假旅游中加入观光。

（4）按旅游路线的游程天数可分为一日游路线与多日游路线。

（5）按旅游路线中主要交通工具可分为水上旅游路线、航空旅游路线、铁路旅游路线、汽车旅游路线、自驾车旅游路线以及几种交通工具混合使用的综合型旅游路线等。

（6）按使用对象的不同性质可分为包价团体旅游路线、自选散客旅游路线。

7.3.3　旅游产品的开发策略

1. 旅游地开发策略

旅游地开发最直接的表现形式就是景区、景点的开发建设。一个旅游地要进行旅游产品开发，首先必须凭借其旅游资源的优势，让原有风光增辉添色，更满足美学欣赏和旅游功能的需要。旅游地开发的策略，根据人工开发的强度及参与性质可分为以下几种。

1）资源保护型开发策略

对于罕见或出色的自然景观或人文景观，要求完整地、绝对地进行保护或维护性开发。有些景观因特殊的位置而不允许直接靠近开发，它们只能作为被观赏点加以欣赏，其开发效用只能在周围景区开发中得以体现，对这类旅游地的开发，其要求就是绝对地保护或维持原样。

2）资源修饰型开发策略

对一些旅游地，主要是充分加以保护和展现原有的自然风光，允许通过人工手段，适当加以修饰和点缀，使风景更加突出，起到"画龙点睛"的作用。如在山水风景的某些地段小筑亭台，在天然植被风景中调整部分林相（林业术语，指各种植物群），在人文古迹中配以环境绿化等。

3）资源强化型开发策略

这类开发指在旅游资源的基础上，采取人工强化手段，烘托优化原有景观景物，以创造一个新的风景环境与景观空间。如在一些自然景点或人文景点上展开园林造景，修建各种陈列馆和博物馆，以及各种集萃园和仿古园等。

4）资源再造型开发策略

这类开发不以自然旅游资源或人文旅游资源为基础，仅是利用旅游资源的环境条件或基础设施条件，打造一些人造景点和景观形象。如在一些交通方便、客流量大的地区兴建民俗文化村、微缩景区公园，在一些人工湖泊打造楼台亭阁、旅游设施等。

2. 旅游路线组合

旅游路线开发以最有效地利用资源、最大限度地满足旅游者需求和最有利于企业竞争为指导，遵循旅游产品开发的原则，具有以下几种产品的组合。

1）旅游路线组合类型

（1）旅游路线的项目组合。旅游路线中包含很多旅游活动，活动如果太少，就无法激发旅游者的游兴，旅游者就会觉得索然无味。例如，乡村旅游路线中，增加农户家访、劳动实践、技能竞赛等活动，旅游者会在满足乡村旅游需求的同时，增长知识、增进感情、心情愉悦。

（2）旅游路线的时间组合。时间组合是旅游路线长短节奏的组合。在时间安排上，旅游衔接紧凑、快慢交叉，兴奋度高和休闲度高的活动交叉进行。

（3）旅游线路的空间组合。空间组合是景区密度上的组合，密度集中的适合观光度假旅游，地域跨度大的适合主题突出的旅游。

（4）旅游线路旅游者的组合。这主要是针对不同消费群体所进行的组合，主要有散客、单位、家庭、同学和朋友。

2）旅游路线组合策略

（1）全线全面型。旅游企业经营多条旅游产品线，推向多个不同的市场。如旅行社经营观光旅游、度假旅游、购物旅游、会议旅游等多种产品，并以欧美市场、日本市场、东南亚市场等多个旅游市场为目标市场。企业采取这种组合策略，可以满足不同市场的需要、扩大市场份额，但经营成本较高，需要具备较强的实力。

（2）市场专业型。向某一特定的目标市场提供其所需要的旅游产品。如旅行社专门为韩国市场提供观光、寻踪、购物等多种旅游产品；或针对青年游客市场，根据其特点开发新婚等适合青年口味的旅游产品。这种策略有利于企业集中力量对特定的一个目标市场进行调研，充分了解其各种需求，开发满足这些需求的多样化、多层次的旅游产品。但由于目标市场单一，市场规模有限，企业产品的销售量也受到限制，所以在整个旅游市场中所占份额较小。

（3）单一产品型。只经营一种类型的旅游产品来满足多个目标市场的同一类需求。如旅行社开发观光旅游产品推向欧美、日本、东南亚等市场。采取这种策略使企业产品类型单一，增大了旅游企业的经营风险。

（4）特殊产品型。针对不同目标市场的需求提供不同的旅游产品。例如，对欧美市场提供观光度假旅游产品，对日本市场提供修学旅游产品，对东南亚市场提供探亲访友旅游产品；经营探险旅游满足青年市场的需要，经营休闲度假旅游满足老年市场的需要等。这种策略能使旅游企业有针对性地开发不同的目标市场，使产品适销对路。但企业采取此种策略需要进行周密的调查研究，投资较多，成本较高。

7.3.4　旅游产品开发程序

旅游产品的开发要经历一个漫长的过程，我们可以把从产生创意到试制成功、投放市场整个过程分为七个步骤。

1. 产生创意

旅游企业可围绕企业长期的发展战略和市场定位，来确定新产品开发的重点，确定旅游新产品的创意和构思。

旅游新产品的创意和构思来源有以下几个方面：①旅游者的需求是旅游新产品开发的原始推动力，企业可以收集旅游者对旅游新产品的创意建议，然后进行整理和筛选；②处于一线的旅游产品的销售人员、导游，最了解旅游者的需求及竞争者的情况，最能提出旅游新产品的创意；③分析竞争企业的产品的成功与不足之处，进行改良和强化；④旅游科研人员对旅游产品见多识广、理论功底好，对旅游业的发展颇具前瞻性，企业应该重视他们的创意；⑤旅游企业的高层管理人员是旅游新产品开发创意的重要来源。

2. 创意筛选

在收集到若干旅游新产品的创意后，应根据旅游企业战略发展目标和资源条件对新产品进行评审。

3. 旅游产品概念的发展与测试

将经过筛选的构思转变为具体的旅游产品概念。如果构思是提供了产品开发的一个思路，那么产品概念则是这种思路的具体化。旅游者购买的不是产品构思，而是具体的旅游产品概念，因此我们需要用旅游者所能理解的具体项目对构思做进一步具体描述，就形成了具体的旅游产品概念。比如我们在做研学旅行时，旅游企业确立了"农业、农村、农民"的旅游创意，但是这一创意还待具体开发成景点和旅游线路。例如，我们针对"三农"，可以开发一年四季的研学旅游产品，如"春季给土豆安家""秋季收获玉米""农户家访"等具体的旅游产品概念。这些具体的产品构思，形成具体的旅游线路计划，对潜在旅游者进行调查和测试，听取他们对产品概念的意见和建议，使新产品概念更加完善。在此基础上，进行具体的旅游新产品的细节设计并制订相应的营销计划。

4. 商业分析

在拟订旅游新产品的概念和营销策略方案后，需要企业对此项目进行商业分析。商业分析可以从以下几个方面进行：①投资分析。对新产品所需的投资总额进行测算，规划资金的来源，是企业独家投资，还是合资开发，还是引进新的战略投资者，以及投资的回收方式和投资回收年限。②进行销售量的预测，需要确定新产品的旅游目的地，各旅游目的地最理想销售量和最差的销售量，还需进行新产品的生命周期各阶段的预测，尤其是导入期所需的时间。③进行新产品的量本利分析。在预测出旅游产品各时间段的销售额的基础上，进一步测算新产品的成本和价格，并据此计算出新产品的损益平衡点，以及实现损益平衡的大致时间，预测在各阶段的盈亏情况。在确保旅游新产品经济上的可行性以后，才能进入具体开发阶段。

5. 实施阶段

产品开发阶段是旅游新产品开发计划的实施阶段，大量的资金投入从实质性开发阶段开始，包括：旅游产品具体项目设施的建设，基础设施的建设，员工的招聘和培训，与原有旅游项目的利用和整合。

6. 试销阶段

选择一些典型的目标客源市场进行试销，为减小不完善的负面影响，我们可以邀请一些专家和业内人士提前试用，从其使用中收集亲历的感受，整理其意见和建议，适当对旅游新产品进行完善后，再小范围、小规模地向普通游客试销产品，以进行改进。

7. 正式上市

通过旅游新产品的试销，企业可以获得新产品上市的试点经验，以帮助进行上市的决策。在新产品正式上市之前，企业需要对旅游新产品上市的时间、上市的地点、预期旅游客源地和目标旅行者以及导入市场的策略进行决策。

1）上市的时间决策

对于季节性较强的旅游产品，最好选择由淡转旺的季节上市，这样能使新产品的销售量呈上升趋势。但也应该避免在旅游旺季上市，因为毕竟不完善，如果旅行者大量涌入会使企业因经验不足而应接不暇，因此最好是有一个从少到多的适应和完善过程。

2）企业需要确定推出旅游新产品的客源地

各地的经济收入水平不同、消费趋向不同，对新产品的反应各不相同。因此应该对不同市场的吸引力作出客观的评价。最好是选择那些政治、经济、文化中心城市推出新产品，这样可对周边市场产生较大的辐射影响。

3）目标旅行者决策

最佳的潜在旅行者愿意早期使用新产品，持乐观态度，乐于传播信息，购买量大。在这样的目标市场上，企业容易较快地获得高销售额，并有利于调动销售人员的积极性，也能较快地渗透整个市场。

本章小结

本章就旅游产品的概念列举了中外学者的观点，整体旅游产品是以旅游者在旅游目的地停留期间的访问活动为核心，构成一次完整旅游经历的各种有形的因素和无形的因素的总和。单项旅游产品是相对于整体旅游产品而言的，只是整体旅游产品的一部分。旅游产品质量对于旅游产品的发展至关重要。

旅游产品生命周期分为四个阶段，在不同阶段我们可以采取相应的调控。旅游产品开发概念、开发内容、开发策略和开发程序的学习，有利于我们开发适应旅游市场要求的旅游产品。

即测即练

思考题

1. 如何从需求角度理解旅游产品？

2. 如何提升旅游吸引物的吸引力？

3. 旅游产品有哪些特点？这些特点对于旅游产品质量提升起什么作用？

4. 旅游产品生命周期的各阶段产品如何调控？

5. 如何延长旅游产品的生命周期?

6. 如何理解旅游产品开发的独特性原则?

7. 旅游地产品开发的内容有哪些?

8. 旅游线路有哪些类型的组合?

9. 数字经济发展背景下如何进行旅游产品设计?

10. 如何利用旅游产品传播中华文化?

11. 旅游产品如何体现中国式现代化发展?

12. 党的二十大提出,加快实施创新驱动发展战略,在创新驱动发展的今天,旅游产品如何更好地进行创新?

第8章 旅游市场

学习目标

1. 了解旅游市场的概念、特点及作用。

2. 熟悉旅游市场细分的方法。

3. 掌握我国三大旅游市场的发展状况和特征。

能力目标

1. 了解旅游市场相关概念及作用，能自主查阅相关资料拓展专业知识。

2. 熟悉旅游市场的细分方法，培养旅游市场细分和目标市场选择的能力。

3. 掌握国内旅游客源分布的分析方法，学会解决实际问题。

思政目标

1. 了解我国旅游市场发展潜力，树立旅游行业复苏发展的信心。

2. 熟悉旅游市场细分的方法，增强学生对于专业的认同感。

3. 掌握我国旅游市场特征，培养学生具备旅游营销人员素养。

思维导图

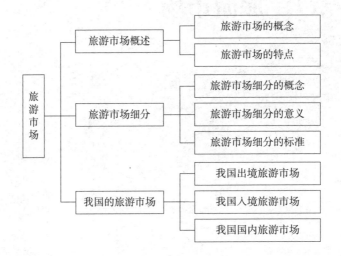

导入案例

8.1 旅游市场概述

8.1.1 旅游市场的概念

旅游市场是商品经济高度发展的产物，是随着社会经济的发展而发展的。党的二十大报告明确提出：构建高水平社会主义市场经济体制，为旅游市场的稳定和快速发展提供了良好的政策引导。旅游市场也有狭义和广义之分。狭义的旅游市场是指在一定时间、一定地点和条件下，具有旅游产品购买力、购买欲望和购买权利的群体。从这个意义上说，旅游市场就是旅游需求市场或旅游客源市场。广义的旅游市场是旅游者和旅游经营者之间围绕着旅游商品交换产生的各种经济关系和经济活动现象的总和，包括旅游供给市场和旅游需求市场。它不仅包括旅游产品交换的各种有形市场，而且包括一定范围内旅游产品交换中反映供求之间各种关系总和的无形市场。

8.1.2　旅游市场的特点

1. 季节性

旅游闲暇时间的不均衡和旅游目的地国家或地区自然条件、气候条件的差异，造成旅游市场突出的季节性特点。

旅游市场季节性定义为：旅游者的流向、流量集中于一年中相对较短时段的趋势。一年中接待旅游人数明显较多的时期被称为旺季，旅游业因受到自然、社会、突发事件等因素的制约，呈现出明显的季节性特征。季节性被认为是旅游的显著特征之一，也是我国各旅游目的地普遍存在的现象。季节性问题对旅游资源、旅游企业、旅游目的地和旅游目的地社区居民及旅游者都造成了负面影响。季节性问题应对策略主要有开发淡季旅游市场、开发淡季和无季节性旅游产品、合理安排旅游节庆活动时间、加强旅游景区集聚开发和区域旅游合作、合理利用价格杠杆、季节性歇业等。

2. 波动性

旅游业以需求为主导，影响需求的因素多种多样，从而使旅游市场具有较强的波动性。任一因素的变化都可能引起旅游市场的波动。影响旅游市场的因素复杂多变，旅游市场容易受法律政策、经济发展、政治局势、环境气候等因素的影响。旅游企业应当密切注意各种因素的变化，及时灵活地作出反应，尽量避免旅游市场波动所产生的负面影响。

3. 竞争性

导致旅游市场竞争的因素有三个方面：①旅游资源本身具有不可代替的吸引力。吸引力大的旅游资源吸引了一定份额的旅游客源，造成了旅游市场需求的分块化。②旅游市场投资小、见效快、利润高，导致经营者增加，尤其面对同样的旅游市场，竞争更加激烈。③旅游者增长率毕竟有限，这就导致了竞争者的期望焦虑，从而引发竞争。旅游经营者应该设法推出自己的品牌和特色，占据一定的市场份额，以提高自身的竞争力。

8.2　旅游市场细分

8.2.1　旅游市场细分的概念

市场细分的概念是由美国的市场营销学家温德尔·R. 斯米斯（Wendell R.Smith）

于 20 世纪中叶提出的。他指出，市场细分是根据消费者需求之间的差异性，把一个整体旅游市场分成两个或两个以上的消费者群体，从而确定企业目标市场的活动过程。

旅游市场细分，是从旅游消费者的需求差异出发，根据旅游消费者消费行为的差异性，将整个旅游市场划分为具有类似属性的若干不同的消费群体，从而确定旅游企业目标市场的过程。划分出来的每一个旅游消费群体也就是一个市场部分，通常称之为细分市场。

拓展资料 8.1

8.2.2　旅游市场细分的意义

1. 有助于选择合适的目标市场

旅游企业或旅游目的地在对市场进行细分的基础上，分析各个细分市场的规模、销售潜力和需求特点，并根据自己的供给实力和营销能力，从而有效地选定适合自身经营的目标客源市场。

2. 有助于有针对性地开发产品

在明确了目标客源市场的基础上，旅游企业或旅游目的地便可根据这些目标人群的需要，有针对性地开发适销对路的产品，从而有助于避免因盲目开发产品而造成的失误和浪费并提高旅游者的满意度。

3. 有助于有针对性地开展营销传播

不论是旅游企业还是旅游目的地，在争取客源市场方面，营销传播工作的有效开展都是至关重要的，原因在于：①即使是再理想的产品，如果不为目标消费者所知晓，则无异于客观上不存在；②面对激烈的竞争，如果促销活动的开展不能做到有的放矢，不能针对影响旅游消费者购买的决定性因素去进行，那么不仅难以去争取更多的市场份额，甚至自己原有的市场份额也有可能会为竞争者所蚕食；③不论是旅游企业还是旅游目的地，其营销预算毕竟有限，因此，在使有限的营销预算最大限度地发挥其效用方面，营销传播活动的开展是否具有针对性，将成为成功的关键。

8.2.3　旅游市场细分的标准

可用于旅游市场细分的标准有很多，一般来说，主要包括地理因素、人口统计特征、旅游者心理因素、旅游者购买行为特征等。不同的旅游目的地，特别是不同的旅游企业，应根据自己的情况和需要，选择对经营有实际意义的划分标准。常见的旅游市场细分标准见表 8-1。

表 8-1　常见的旅游市场细分标准

划分标准	具体影响的内容
地理因素	地区、地形、地貌、气候、城市规模等
人口统计特征	年龄、性别、家庭规模、家庭生活生命周期、家庭收入、职业、教育状况、宗教信仰、种族等
旅游者心理因素	社会阶层、生活方式、个性特征等
旅游者购买行为特征	购买场合、追求效用等

1. 按地理因素细分

以旅游客源产生的地理区域或行政区域为标准，对整体旅游市场进行地域细分。如世界旅游组织将国际旅游市场细分为六大区域：欧洲地区、美洲地区、东亚和太平洋地区、南亚地区、非洲地区、中东地区。

通常用洲别、世界大区、国别或地区等地理因素标准对国际旅游市场进行细分；用地区、省（州）、市等行政区域地理因素标准细分国内旅游市场；另外还用居住地经济状况、与接待国距离、纬度带等标准进行细分，如按人口密度细分为都市、郊区、乡村旅游市场；根据客源地与旅游目的地的空间距离进行旅游市场细分，有远程旅游市场、中程旅游市场或近程旅游市场等。

2. 按人口统计特征细分

人口统计特征即人口统计变量，包括国籍、民族、人口数、性别、年龄、职业、受教育程度、宗教信仰、收入状况、家庭人数、家庭生命周期等。

1）按性别细分

按性别可将旅游市场细分为男性旅游市场和女性旅游市场。近年来，女性已成为旅游市场的重要客源目标。

2）按年龄层次细分

按年龄层次可以细分为各具特色的旅游市场（表 8-2）。

3）按家庭生命周期细分

家庭生命周期是影响旅游消费行为的主要因素。家庭生命周期包括六个阶

表 8-2   不同年龄段旅游者的消费特征

旅游市场	消费特征
老年市场	怀旧，喜静，收入稳定，时间充裕，比较关心旅游服务质量
中年市场	比较理智，人数多，潜力大，商务旅游居多，消费水平高，逗留时间较短
青年市场	年轻、活泼，喜欢刺激、新颖的产品，消费水平较低，发展前景好
儿童市场	有人带领，选择教育性强、娱乐性强、安全性强的项目，注重食宿卫生与安全

段，各个阶段家庭旅游需求差异明显。①年轻的单身者：有空闲时间，喜好运动、旅游，但不甚富裕；②没有小孩的年轻夫妇：有较高的购买力，有空闲时间，多选择度假旅游；③有小孩的年轻夫妇：孩子小，空闲时间少，难以外出旅游；④成年夫妇：有七八岁的小孩，如果家庭收入好，则常以小包价的方式旅游；⑤中年夫妇：小孩已长大自立，家庭收入好，往往选择观光旅游、游船旅游的方式；⑥老年夫妇：他们有储蓄，对休养旅游很感兴趣，多采取出国旅游方式。

4）按文化程度、职业、经济收入细分

文化程度越高，旅游的欲望越强；文化水平越高，一般工作职位也越好，经济收入越高，旅游支付能力越强，出去旅游的可能性越大。

3.按旅游者心理因素细分

旅游市场以旅游者的心理特征来细分，具体变量因素有气质性格、生活方式、价值取向、购买动机、偏好等。同样性别、年龄、收入水平的消费者，因其所处的社会阶层、生活方式或性格不同，往往表现出不同的心理特征。例如，有的消费者愿意购买高档旅游产品，不仅是追求其质量，而且具有显示其经济实力和社会地位的心理需要。旅游地或旅游企业应根据旅游者的不同心理需求和购买行为，不断推出专门设计的新产品，采用有针对性的营销组合策略，满足他们的旅游需求。

4.按旅游者购买行为特征细分

1）按旅游目的细分

按旅游目的细分是一种非常基本的方法，其实质是按消费者购买旅游产品所追求利益的侧重细分，主要可细分为：观光旅游市场，会议、商务旅游市场，度假旅游市场，奖励旅游市场，探亲访友旅游市场等。

2）按购买时间和方式细分

此即根据旅游者出游的时间、购买旅游产品的渠道及旅游方式来划分旅游市场。如按购买时间可分为淡季市场、旺季市场和平季市场；按购买方式可分为团体市场和散客市场等。

3）按购买数量和频率细分

此即按照旅游者购买旅游产品的数量和频率特征来细分，可分为较少旅游者、多次旅游者和经常旅游者。这一变量因素也反映了旅游者对某一旅游产品的忠诚度。旅游企业也可按照忠诚度对消费者进行细分，将其分为高度忠诚者、中度忠诚者、转移忠诚者、无忠诚度者。

从旅游目的地的宏观角度去考虑旅游市场划分问题时，一般多使用地理因素做标准，对于微观层次上的旅游企业经营而言，则更宜采用以旅游者的某些人口特征和行为特点为标准的方法去进行市场细分。

8.3　我国的旅游市场

8.3.1　我国出境旅游市场

2010 年以来，我国出境旅游人数、旅游消费呈上升趋势，我国境外消费蕴含巨大潜力。我国持续领跑全球出境旅游市场，出境旅游者人数连续多年以两位数的速度增长，已成为全球旅游业持久的动力源。

自 2013 年起，我国成为世界最大的出境旅游市场。此后，出境游一直保持居高不下的增长态势。随着生活水平的提高和收入的增加，我国出境旅游者的旅游热情逐步提升，在旅游上的投入也较大，我国出境旅游形式更加多元，旅游者对旅游的个性化与差异化要求逐步提升，"私人定制"式的组团旅游、跟着当地人和"达人"去旅游、特种主题旅游等，具有很大的市场吸引力。亚洲市场占整体出境旅游市场比重的一半以上，欧洲、美洲、大洋洲、非洲市场次之。

2019 年，中国旅行社组织出境旅游人数达 6 288.06 万人次，2020 年受新冠疫情影响，中国旅行社组织出境旅游人数大幅减少，2021 年中国旅行社组织出境旅游人数为 0.94 万人次，较 2020 年减少了 340.44 万人次，同比减少 99.72%。[①]

短线出境旅游分布的地区主要是：韩国的首尔、仁川、济州岛，新加坡，泰国的曼谷和日本的东京、大阪、名古屋、神户、奈良；长线出境旅游分布的地区

---

① 资料来源：中华人民共和国文化和旅游部。

主要是澳大利亚的悉尼和墨尔本，英国的伦敦，法国的巴黎，意大利的罗马和威尼斯，美国的洛杉矶、纽约、华盛顿、旧金山。

8.3.2　我国入境旅游市场

我国入境旅游市场在 20 世纪 80 年代和 90 年代上半期曾经出现过较大的波动，20 世纪 90 年代后半期还出现过局部波动，但在市场构成方面并未发生根本性变化，数量方面呈现稳定增长的局面。近年来，我国入境旅游市场呈现出结构稳定、总量持续增长、深入发掘的总体趋势。2013 年以来，我国入境旅游人数稳步增长，市场规模总量居世界第四位，仅次于法国、美国和西班牙。

1. 洲内旅游市场

洲内旅游市场主要包括日本、韩国、东南亚国家等一级市场；蒙古国、老挝、越南、朝鲜、中亚、南亚等以边境旅游为主要特色的二级市场；中东阿拉伯地区等远程三级市场。

2. 洲际旅游市场

长途线路方面，随着我国居民收入水平的提高、欧元贬值、签证放宽、国内休假制度完善，欧洲游呈现爆发态势，主要包括：西欧（德国、英国、法国）、北美（美国、加拿大）大洋洲（澳大利亚、新西兰）、俄罗斯等一级市场；北欧（瑞典、挪威、丹麦、芬兰）、中欧（瑞士、奥地利、意大利、西班牙、荷兰、比利时）等二级市场；与我国地理距离较远，国家交通不便的南非、南美等三级市场。其中一级市场一直是我国的重点客源市场，二级市场虽然人数相对较少，但发展速度较快，发展形势较好。

3. 台、港、澳特定市场

党的二十大报告提出：坚持和完善"一国两制"，推进祖国统一。在我国入境旅游市场中，港澳台地区市场一直以来占据绝对地位。香港和澳门已分别于 1997 年和 1999 年回归祖国，2008 年台湾与祖国大陆之间也已实现"三通"。由于这三地本来就是中国的组成部分，故而，在文化传统上同根；在血缘和亲情上有着密不可分的关系；在经济上，我国港澳台地区都比较发达，特别是随着我国改革开放的深入和我国港澳台地区工商界大量前来大陆（内地）投资，这三地与祖国大陆（内地）之间的人员往来更是日趋频繁，这一市场的稳定性支撑着我国入境旅游业的发展，不仅为我国直接提供入境客源，而且是其他国际客源的中转站，间接地为我国提供入境客源。因而，港澳台地区市场在我国入境市场中的地位绝对不可动摇。

8.3.3　我国国内旅游市场

1. 国内旅游市场概况

国内旅游是指一个国家的居民离开自己的惯常居住地到本国境内的其他地方进行旅游。国内旅游可分为地方性旅游、区域性旅游和全国性旅游。一般而言，国内旅游呈现由近及远、渐进发展、先于国际旅游（出境旅游）的普遍规律。

我国国内旅游市场从 20 世纪 80 年代中期初步形成，90 年代快速发展，目前已成为世界上人数最多、规模最大的国内旅游市场（图 8-1）。

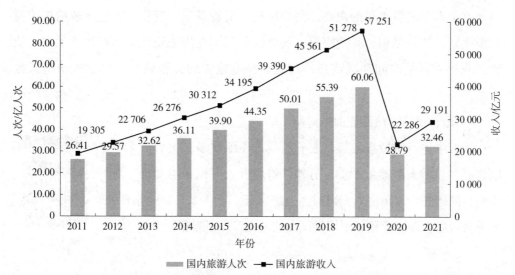

图 8-1　2011—2021 年我国国内旅游人次和国内旅游收入
资料来源：中华人民共和国文化和旅游部。

2015—2019 年，我国国内旅游人数分别达到 39.9 亿人次、44.35 亿人次、50.01 亿人次、55.39 亿人次、60.06 亿人次，我国国内旅游收入分别达到 3.42 万亿元、3.94 万亿元、4.56 万亿元、5.13 万亿元、5.73 万亿元。

2. 我国国内旅游市场的特点

1）从花费数额来看，国内旅游花费总体水平在大幅度攀升，但消费水平较低

从总体上看，从沿海到内地到山区，差别很大。沿海地区经济发展较快，收

入高，消费结构多样化。内地经济发展较好的地区，也有相当的节余可供旅游支出。边远的山区的人们受收入水平限制，尚无余力支付旅游费用。因此，从全国范围来看，旅游费水平不高，而且主要花在行、吃、住三方面，其他方面比较节省，平均消费水平不高。

2）规模大、覆盖广、多样化

2019 年，国内旅游人数已达 60.06 亿人次，旅游业总收入 5.73 万亿元[①]，规模十分可观。同时，国内旅游不同于国际旅游，后者旅游范围主要集中于一些热点地区，而前者涉及范围很广。另外，国内旅游发展早期以观光为主，如今，观光旅游、度假旅游、特种旅游的国内需求力度与供给能力越来越大，多样化趋势明显。

3）短途旅游者居多，长途有较大发展

由于当前消费水平的提高，消费结构、消费意识的变化，人们希望通过旅游调节生活、增长见识、开阔眼界，而旅游旅程与支出成正比，旅途短支出少，旅途长支出多。受时间和经济条件限制，长途旅游的人数较少，短途旅游的人数较多。

4）增长迅速，旅游业前景广阔

随着中国经济持续发展，人们的收入逐渐增多，生活水平不断提高，旅游人数逐年增加。另外，每周五天工作制的实行、固定假日的增加，给出游人们以时间上的保证。近年来，每逢假日，旅游景区游人爆满，预示了中国国内旅游业广阔的前景。

拓展资料 8.2

🔍 本章小结

本章主要介绍了旅游市场的概念、旅游市场细分的方法，同时介绍了我国三大旅游市场的特点，在了解旅游市场概念的基础上掌握旅游市场细分的方法，有助于找准目标市场进行精准营销。对于国内旅游市场的了解，有助于把握旅游发展趋势、指导未来实践活动。

---

① 资料来源：中华人民共和国文化和旅游部。

即测即练

思考题

1. 旅游市场细分的依据有哪些？

2. 不同年龄段旅游者的消费特征有哪些？

3. 旅游市场的特点有哪些？

4. 我国国内旅游市场特点有哪些？

5. 简述我国旅游市场的发展趋势。

6. 党的二十大报告提出要推进健康中国建设，谈一谈老年康养旅游市场的发展趋势。

第9章　旅游行业管理

学习目标

1. 了解我国国家和地方的旅游行政管理部门的组织机构、世界和我国主要的旅游行业组织。

2. 理解产业政策的含义以及我国的旅游产业政策。

3. 掌握旅游行业管理的概念、主体、内容及目标和任务。

能力目标

1. 了解政府在旅游业发展过程中扮演的不同角色，具备分析管理部分职能的能力。

2. 熟悉政府对旅游发展调控的动机，具备分析国家旅游业发展政策的能力。

3. 掌握政府对旅游发展的调控手段，具备分析现阶段我国政府采取的调控手段的能力。

思政目标

1. 了解我国的旅游发展规划，培养家国情怀、全局观念。

2. 熟悉我国制订旅游发展规划的目的，树立长远的发展理念。

3. 掌握我国旅游发展的方向，具备创新思维和前瞻意识。

思维导图

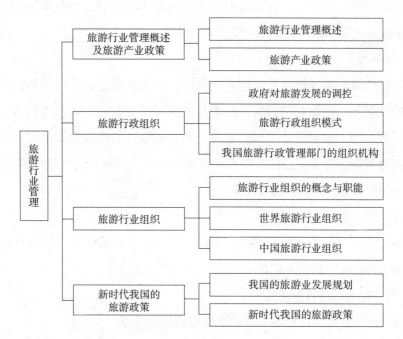

导入案例

9.1　旅游行业管理概述及旅游产业政策

旅游行业管理是旅游业健康有序发展的基石，旅游行政组织和旅游行业组织在此过程中发挥着重要作用。

9.1.1　旅游行业管理概述

1. 旅游行业管理的概念及主体

1）旅游行业管理的概念

旅游行业管理是旅游行政组织（国家旅游主管部门）和旅游行业组织通过对旅游业的总体规划和总量控制，制定促进旅游业发展的方针、政策和标准，并以此为手段，对各种类型的旅游企业进行宏观、间接的管理。但实际上因为旅游业行业的广泛性和模糊性，难以进行全面整体的管理，通常情况下所说的旅游行业管理更多的是狭义的概念，即直接对从事旅游服务的旅行社、交通客运业、饭店业、游览娱乐业和旅游购物业等旅游企业管理。

2）旅游行业管理的主体

旅游行业管理的主体包括旅游行政部门（国家旅游主管部门）和旅游行业组织。政府主管部门的职能是行政，旅游行政部门作为政府行政权力机构，代表政府行使行政权力。旅游行业组织是旅游企业自愿联合的社会旅游组织，如旅游协会、饭店与餐馆协会等，它们以自愿和不营利为原则，积极参与旅游的发展活动，为国家协调旅游业的发展创造良好条件。

2. 旅游行业管理的内容

旅游行业管理的主体在管理内容上有不同分工，可具体分为旅游行政部门行业管理和旅游行业组织行业管理。

1）旅游行政部门行业管理

旅游行政部门对旅游行业管理的范围包括以下几点。

（1）宏观管理、市场治理引导和综合治理。通过制定全国及跨区域的旅游发展长期规划、中期规划，指导各地区旅游发展规划的制定，引导全行业的投资和经营方向。通过国家宏观产业政策的制定，结合国家区域经济发展政策，合理布局旅游生产力，引导各地旅游开发和市场培育，调节旅游市场，使之保持动态平衡。通过贯彻执行国家的政策法规及制定若干行业规范、标准等，调节旅游市场运行机制，规范经营主体的行为，组建旅游执法队伍，进行有效监督管理。

（2）服务行业的微观管理。进行旅游地的整体形象推广，组织旅游企业进行旅游产品的促销。收集、整理及发布行业信息，为旅游经营者、投资商提供行业发展动态，行业经营状况等方面的信息咨询、投资咨询及经营活动咨询服务等。为国家旅游政策的调整、新政策措施的制订提供行业咨询意见，为国家旅游发展产业政策的制定提供依据。协调各专业市场的建立，为旅游产品的经营者、旅游者和其他旅游相关部门提供市场对接服务。

（3）沟通和组织。建立旅游经营商、地方政府及旅游者之间的正常沟通渠道，指导和协调下级行业管理部门的工作，加强旅游行业的跨行业联系与合作。加强行业的国际交往与联系，建立国际合作机制、积极与旅游业的相关行业进行沟通，为制定促进旅游业发展的宏观政策服务。

2）旅游行业组织行业管理

旅游行业组织是由有关社团组织与企业事业单位在平等自愿的基础上组成的，并接受政府指导的民间旅游行业组织。各旅游行业组织既非政府机构，又非营利性机构，具有独立的社团法人资格，主要发挥代表职能、沟通职能、监督职能、公证职能、统计职能、研究职能及服务职能。

旅游行业组织对旅游行业管理的内容主要包括：制定国家或区域旅游发展规划；组织市场营销宣传；确定并参与旅游开发；就旅游发展问题同政府有关部门进行协调；规定旅游服务质量，并监控旅游服务的质量；对旅游业的人力资源进行教育和培训；对旅游发展问题进行调研。

3. 我国旅游行业管理的目标和任务

1）旅游行业管理目标

旅游行业管理的目标一般分为三个层次：第一层次为"发展驱动型"目标，通过发展旅游业而实现平衡外汇、发展区域经济、改善经济结构、推动人民就业等目标，政府主要追求经济效益。第二层次为"秩序驱动型"目标，随着旅游业的急速扩张，确保旅游业的发展处于政府可控、可调整的范围内，使旅游业与其他行业、旅游业内部各要素之间保持良好的秩序和合理的比例关系，形成法律框架和执法力量。第三层次为"质量驱动型"目标，维持处于弱势地位的旅游者的权益，旅游企业更加注重服务质量的提升。这三个层次的目标相互联系、相互作用，反映了旅游业发展水平和政府所扮演的角色和管辖能力。

2）旅游行业管理任务

根据旅游行业管理的目标，可将旅游行业管理的主要任务归纳如下。

（1）从国情实际出发，根据旅游业的发展现状和产业政策要求，确定旅游行业发展的战略目标。我国旅游业近年来发展迅猛，产业规模不断扩大，但一直未受到足够重视，与国际旅游发展水平有一定差距，因此如何根据中国的实际确定旅游业的发展目标成为行业管理的首要任务。

（2）制订并组织实施产业发展计划，组织协调好各部门、各企业之间的分工协作关系。旅游业是一个综合性很强的产业，在制订和组织实施产业发展计划时，要充分考虑相关产业的发展前景和总体规划，加强旅游部门与其他部门、旅游企业的协作。

（3）不断改进和完善行业管理体制，探索具有中国特色的旅游行业管理体制和管理模式。由于历史原因，我国旅游业管理体制存在诸多弊病，如政企不分、旅游企业分属不同部门而导致了政出多门，缺乏统一管理，市场机制不健全，行业管理较为混乱等。因此，必须探索出一条适合中国发展的管理道路。

9.1.2　旅游产业政策

旅游产业政策能够促进经济结构完善和国民经济良性循环，促进市场机制和计划机制的有机结合与优势发挥，并加快资源配置的优化过程，从而提高资源配置的效率。合理的市场政策、产品政策和技术政策可以大幅提高产品竞争力，促进经济布局合理化，缩小地区经济差异。

1. 旅游产业政策的概念

旅游产业政策是指国家和最高旅游行政组织为实现一定时期内的旅游发展目标而规定的行动准则。制定旅游产业政策是一个国家发展旅游的出发点，旅游产业政策的指导作用贯穿于旅游事业发展的全过程，有利于国家旅游产业的健康、有序发展。

2. 旅游产业政策的特点

1）指导性和强制性

对于旅游发展的成败，政府发挥着至关重要的作用。旅游业出现后，特别是在现代旅游发展时期，面对不断变化的形势，各国普遍主动地应用旅游政策进行宏观管理，取得了成效。旅游政策确立了旅游产业发展目标，依靠其普遍的指导性和一定的强制性，通过引导、控制、扶持等手段，对旅游业产生了主动、积极的作用。

2）协调性

现代社会，经济结构呈现多元化的特点。各大产业内部的比例关系、各个产业的地区分布、整个经济的结构等问题需要政策引导和控制。旅游政策合理确立了旅游业在国民经济中的地位，将有利于旅游业与各行业的健康协调发展，进而促进国民经济的协调发展。旅游政策还协调了国家与地区之间、部门与地区之间、旅游内部产业之间、企业之间的各种关系。

3）多层次性

由于旅游经济结构具有多层次性，存在国家与地区之间、部门与地区之间、旅游内部产业之间、企业之间纵横交错的多层次结构，因此，旅游政策具有多层次性，以适应不同对象。这客观上要求不同层次旅游政策必须协调和合理。地区性、部门性的政策，不要与全国性的政策冲突，必须在全国性政策的原则和范围内制定。

4）相对稳定性和灵活性

旅游政策的制定必须高瞻远瞩、具有预见性，以保证其主导思想和基本原则相对稳定。由于社会经济条件不断变化，旅游政策不可能一成不变，旅游政策的制定需要一定的灵活性。因此，变化和完善的旅游政策具有动态特点。朝令夕改的政策会使人们对政策丧失信心，因循守旧的政策会导致大好机会的丧失。

3. 旅游产业政策的分类

由于旅游活动具有综合特征，旅游产业政策必然涉及众多领域，例如旅游在整个地区经济中的地位、税收、财政、产品开发与维护、交通、公共基础设施、环境、行业形象、社区关系、人力资源与就业、技术、营销策略、国外旅游规则等。通常可以从如下两个角度进行划分。

1）按一般与特殊划分

（1）基本旅游政策。基本旅游政策通常是旅游目的地发展旅游业的基本方针，是从推动旅游业发展的目标出发，为建立一定的旅游综合接待能力，实现旅游各要素的共同利益，明确旅游业在社会经济发展中的地位和作用而制定的政策。这是旅游目的地提出和实施的一般性的旅游政策，全国性的如《旅行社条例》《中华人民共和国评定旅游（涉外）饭店星级的规定》等，地区性的如《海南省旅游条例》等。

（2）具体旅游政策。具体旅游政策是以发展某些个别部门、某些具体活动或行为为目的而制定的政策，是为贯彻和执行基本方针而辅助制定的相关规定、条例、办法等。一般性旅游政策的实施很大程度上取决于它的具体旅游政策。例如：双边航空协议会影响外国游客的入境情况；环境政策会影响或限制景色迷人但生态系统比较敏感的地区的发展；教育政策能够影响旅游人力资源的质量；文化政策能够影响世界遗产的保护与促进；公共服务政策能够影响旅游目的地的公共基础设施及旅游相关设施的建设，从而影响旅游目的地的魅力和吸引力。这些具体的政策都集中体现了旅游目的地旅游发展的一般要求和目标。

2）按产业经营活动特点划分

产业政策是政府为改变产业间的资源分配或对各种企业的某些经营活动提出

要求或限制而采取的政策，它根据国家整体发展的趋势和产业具体的发展变化要求而变化。旅游产业政策作为一个政策体系，主要包括以下几个方面。

（1）旅游产业结构政策。旅游产业结构政策是为实现旅游业中各行业结构的合理化，即食、住、行、游、购、娱六大要素的合理配套。旅游产业结构政策首先应考虑旅游业在整个国民经济中的地位，其次是旅游业与国民经济其他行业的协调发展关系，以及国内旅游业与国际旅游业的关系和政策协调。

（2）旅游产业地区政策。中国幅员辽阔，旅游资源分布和社会经济发展存在着较大的不平衡，这种不平衡引起了旅游供给结构中的地区差异性。因此，旅游业的发展应结合旅游资源的区位特点，在布局、投资上有重点、分层次，充分发挥地区比较利益的优势，推进地区产业结构合理化。

（3）旅游产业组织政策。旅游产业组织政策是调整旅游产业内企业间及企业内部组织结构关系的政策。旅游产业组织政策的目的，主要是提高企业的经济效益，促进生产服务产业的集团化和专业化，形成合理的组织结构体系，从而实现生产要素的最佳组合和有效利用。

（4）旅游产业技术政策。旅游产业技术政策是根据旅游产业发展目标，指导旅游产业在一定时期内的技术发展的政策。它通过对旅游产业的技术选择、开发、引导、改造等，对旅游产业的技术结构、技术发展目标和方向、技术的国际竞争与合作等提出具体的要求，逐步推动旅游产业的发展。

（5）旅游产业布局政策。旅游产业受资源分布、交通条件、旅游行程等各种因素的影响，产业的布局分工与其他产业有所区别，既有产业分布的区域性问题，也有产业分布点线结合、点面结合的问题。因此，旅游产业布局政策应根据旅游发展程度的区域性差异，在发展好发达地区旅游业的同时，强调加快落后地区旅游业的发展；根据旅游资源分布的独特性，强调形成旅游区域的专业化分工，如海南的海滨度假、吉林省的冰雪旅游、云南的民俗旅游和生态旅游、四川的大熊猫故乡之旅、内蒙古草原风光之旅、青藏高原风情之旅、西北沙漠探险之旅等；根据各地具备的优势，如沿海、沿江、沿路、沿边等，形成有相对优势的旅游产品分布；根据资源互补、产品相关、交通便利等条件，加强旅游产品的点线、点面之间的联系，从而形成独具优势和竞争力强的产品系列。

（6）旅游市场开发政策。旅游业的外向性决定了旅游业的发展不仅要面向国内，更要面向国际，参与世界旅游市场的竞争是旅游产业政策不可缺少的内容。

旅游市场开发政策包括促销经费的筹集、促销方案与措施、市场竞争的策略等。

（7）旅游产业保障政策。旅游业能否健康发展还取决于在其实施过程中是否有相应的体制和保障政策与之相配套。旅游产业保障政策是为保障产业政策的贯彻实施而采取的有关经济的、法律的、行政的及其他多种手段的总称。

9.2　旅游行政组织

为了管理和引导旅游业的发展，贯彻和组织本国旅游政策的实施，几乎所有国家都设立了全国性的旅游行政管理组织。政府是国家实行旅游业宏观管理的主体，世界旅游组织认为，政府在旅游业发展过程中依次扮演下述三个角色。

（1）开拓者。在旅游业发展的初期，政府主要负责对基础设施进行投资，制订旅游业发展战略和规划。

（2）规范者。在旅游业逐步兴起及蓬勃发展时期，政府的工作主要集中在立法和规范旅游市场方面，以保证旅游业的良性发展。

（3）协调者。在旅游业逐步走向成熟阶段，政府一方面鼓励旅游企业发展，另一方面保护消费者利益，重在处理旅游企业经济效益、社会效益和环境效益三方面的关系。

9.2.1　政府对旅游发展的调控

随着旅游活动规模的扩大，加之人们认识到旅游业的发展带来的各种影响，所有国家或地区的政府都关注本国或本地区旅游业的健康发展。很多国家或地区的政府都已将发展旅游业列入本国或本地区重要的工作议程，并以各种直接或间接的方式，对旅游业的发展行使干预和调控。

1.政府支持发展旅游业的动机

1）政治动机

早在 16 世纪，人们就已经认识到，旅行活动的开展有助于增进对异国他乡的风土人情、生活方式及政体组织的了解。进入现代社会后，国际旅游活动规模的扩大和民间交往的增多，客观上也起到了增进国家间的相互了解、促进世界和平的作用。事实上，对于一个国家来说，国际旅游的发展不仅有助于"了解别人"，而且可有效地"宣传自己"，因而客观上可起到民间外交的作用。国际旅游的这一作用，一直都为联合国和世界旅游组织所强调和看重。此外，现代旅游发展的历史还表明，有些国家政府之所以支持发展旅游业，其中一个重要的动机便是与该国的政治、外交需要有关。

2）社会动机

世界旅游组织在《马尼拉世界旅游宣言》中提出，旅游度假已成为现代社会中人类的基本需要之一，并因此倡议各国（地区）政府将国民旅游纳为本国社会发展的内容，为国民参与旅游活动创造条件，使旅游度假成为人人享有的权利。在现代社会中，人们工作和生活的节奏都已明显加快。特别是，随着工业化和城市化的发展，人们在工作和生活方面所感受的紧张和压力也在加大，从而影响和威胁人们的身心健康。这一情况无疑有悖于人类社会发展经济的目的，因而必须设法加以解决。经验表明，旅游活动的开展不仅有益于人们恢复体力和放松身心，而且有助于人们开阔视野、增加阅历；在促进社会发展方面，有助于改善和提升国民素质。正因为如此，很多国家都已将发展旅游业和推动国民旅游活动的开展纳入本国社会发展的工作议程。

3）经济动机

在当今世界上，人们更为普遍地认为，旅游者在所到国家或地区逗留期间的消费开支作为外来的经济注入，可起到刺激该地经济发展的作用。基于这一认识，世界各地的政治家都将发展旅游业视为自己辖区内的一种财富因素。因此，事实上，通过发展旅游业刺激本国经济的发展，如今已成为大多数政府支持发展本国旅游业的直接动机。这类经济动机主要反映在三个方面：①通过发展旅游业去扩大外汇收入来源，改善本国的国际收支平衡；②通过发展旅游业增加就业机会，为实现国民充分就业创造条件；③通过发展旅游业去缩小地区差别。实际上，在支持发展旅游和旅游业方面，政府所持的动机往往不止一种，通常都是在偏重某一动机的同时，兼有其他方面的动机。

2. 政府对旅游发展行使调控的手段

政府用于对旅游发展进行调控或干预的方式很多，既包括设立旅游行政机构进行直接干预，也涉及通过某些间接方式进行介入和干预，如出入境政策、相关的立法、基础设施的规划与建设以及通过国有旅游企业去进行示范，等等。通常政府在对旅游发展行使调控或干预时，所使用的手段分为两大类：一类用于影响和控制旅游需求，另一类用于影响和调控旅游供给。

1）调控旅游需求

综合国内外已有的经验，在影响和控制来访旅游需求方面，旅游目的地政府常用的手段主要包括以下几个。

（1）对外传播和促销宣传。旅游目的地政府可根据实际情况需要，通过目的地营销组织去控制对外营销传播的力度，以达到刺激或抑制来访旅游需求的目的。

（2）控制旅游者来访量。这一手段既可用于限制旅游者的过量来访，也可用于对已经到访的旅游者进行分流。就国家层面而言，在某些特定时期，旅游接待国政府可通过限制签证的发放量，去控制入境旅游需求。此外，有的国家还通过禁止外国客运包机入境这一做法，向国际旅游市场传递自己限制旅游者大规模来访的信息。就地方层次的旅游目的地而言，对于已经到访的旅游者，则是通过采取各种形式的控制准入做法，尽量避免旅游者过度集中地流向某些热点区域，以减少因此而导致的人满为患，以及避免因局部区域旅游者接待量的超载，而对该地环境和旅游资源造成危害。

（3）影响价格。旅游目的地政府可用于影响当地旅游价格的途径很多，通常可分作两大类：一类是行使直接影响，另一类则是行使间接影响。所谓行使直接影响，主要是指旅游目的地政府可通过控制国有旅游企业的产品价格或服务收费标准，借助其对该地旅游供给市场的示范性影响，去刺激或抑制来访旅游需求。所谓行使间接影响，则是指旅游目的地政府可通过颁布有关的经济性指令，其中包括诸如实行外汇管制、实行差别税率、设立免税商店等，去刺激或抑制旅游者的来访量。

（4）提供信息。到访旅游者在旅游目的地开展活动时的客流分布，很大程度上取决于对该地旅游供给情况，特别是对该地景点情况的了解。就一般情况而言，到访旅游者首先会去寻找和游历该地那些最具代表性的知名景点或景物，然后再根据自己停留时间的允许，向那些次级的景点或景物分散。所以，当地政府和旅游行政管理部门可通过各种手段为到访旅游者提供信息服务去行使需求管理，以减小对某些敏感地点的压力，常见的具体做法包括：①大力宣传该地所有各景区景点都值得外来旅游者前去一游；②限制对该地某些景区景点的过度宣传；③告知旅行社和到访旅游者，哪些时间前去游览可避免遇到人流拥挤，等等。

在有些旅游目的地，旅游管理部门还会利用提供信息服务这一手段，去影响到访旅游者的"行为"，具体做法包括：①审定各旅游企业宣传册中对有关该地情况的介绍，避免使旅游者产生不现实的期望值；②告知和提醒旅游者在该地开展活动时应予注意的事项，特别是那些属于当地社会不可接受的行为，以维护当地的旅游资源和社会环境，避免发生不可接受的文化冲突。

2）调控供给

在影响和调控旅游供给方面，旅游目的地政府通常使用的手段主要包括以下几个。

（1）控制土地的用途。这是旅游目的地政府用于控制旅游供给的最基本的方法。在当今世界上，各地大都有某种形式的城乡规划立法。根据这类立法，凡是扩大或改变有关土地的原有用途或原计划用途，都必须事先获得政府批准。制订和执行用地规划，以及在必要时实行强制性土地征购，都是世界各地政府用于干预或调控旅游开发的基本手段。

（2）行使建筑物管制。这一手段经常用以配合用地控制。通常这方面的管制内容包括：规定有关区域内建筑物的规模、高度、风格、颜色，以及与之配套的停车场安排。世界上很多著名旅游城市，如英国伦敦、法国巴黎、意大利罗马等，之所以长期保持其传统的景观格局，并在世界各地旅游者中获得同样的口碑流传，很大程度上归因于这些城市的管理者对建筑物长期行使一贯性管制。近年来，随着私家车的增多，在开发新的旅游接待设施时，应建有与之规模配套的停车场。随着自驾游规模不断增大，在对新增旅游接待设施的建设行使管制方面，要求开发者配建露营地，也是一项不容忽视的重要内容。

（3）行使市场管制。旅游目的地政府可通过有关立法，对旅游企业的市场行为进行必要的管制。这类手段的使用，一般旨在控制某些经营领域的市场准入、维护公平竞争，以及保护旅游消费者的利益。当然，在对旅游企业的市场行为行使管制方面，立法不一定是唯一的手段。例如，在民间部门实力很大、行业自律能力很强的情况下，政府还可借助旅游行业协会的力量，由有关的行业协会去制订并组织实施本行业的行为规范，从而以间接方式实现政府对某些市场行为进行管制的目的。

（4）实行特别征税。在有些国家或地区，政府还通过对旅游税的征收，去影响和调控旅游供给。这方面的通常做法是，将规定税率的应纳税额摊入饭店的房价，由饭店经营者上缴政府税务部门。征收旅游税的理由或依据是，外来旅游者在目的地停留期间所使用的公共产品，本来是由该地政府使用来自纳税人的财政收入为当地社会提供，而外来旅游者不可避免地也会使用，从而增大了政府提供这些公共产品的外部成本，因而外来旅游者有义务对此作出补偿。实际上，由于这种旅游税通常是采用摊入饭店房价的形式进行征收，因而事实上并非完全由外来旅游者独自承担，而是由外来旅游者与饭店经营者分担。但是，双方各自分担的部分并不存在固定的比例。一般地讲，饭店的房价越高，旅游者一方所承担的部分则会越大；反之，饭店经营者一方所承担的部分便会增大。除了上面所述的旅游税之外，有些国家或地区还对某些旅游行业实行特别征税，机场税便是这方面的常见案例。另外，有些国家或地区还可能会对某些类型的旅游企业实行特别税率。以欧美国家的情况为例，在允许开设赌场的地区，当地政府征收赌场的税收高达赌场赌金收入净额的 50%。

（5）实行投资鼓励政策。为了鼓励发展旅游业、协调旅游业开发的区域布局，以及消除旅游供给中的某些"瓶颈"问题，很多目的地政府都对有关开发项目的投资者实行优惠政策。这些优惠政策大致上可分为三类。

①与减少项目投资额有关的优惠政策。其通常包括提供投资补贴、低息贷款、无息贷款、延长还贷期、提供基础设施、以低于市场价的价格提供建设用地、对有关开发项目所需建材的进口实行减免关税，等等。

②与减小项目经营成本有关的优惠政策。其通常包括：在规定时期内实行减免纳税（即"tax holiday"，如开业 5 年内实行免税，此后 5 年中实行减税）、提供员工培训补贴、对营业所需物资的进口实行减免关税、提供特别折旧免税，等等。

③与保证项目投资安全有关的政策。例如，由政府提供担保，保证该投资项目日后不会被国有化；保证境外投资者的资本、利润、利息可自由汇出境外；帮助提供贷款担保、提供投资咨询服务，等等。

9.2.2　旅游行政组织模式

世界各国为了保障旅游业的顺利发展，都设立了相应的机构来管理本国旅游事务。旅游行政管理机构通常有两个层次，即国家旅游行政管理机构和地方旅游行政管理机构。前者代表国家对全国旅游业进行管理，后者则代表地方政府（包括各省、自治区、直辖市、市及县等）对当地旅游业进行管理。由于政治经济制度、旅游业发展水平和旅游业在国民经济中的地位不同，各个国家建立旅游行政组织的模式也不相同，主要包括四种模式。

1. 旅游委员会模式

许多国家设立一个最高的全国旅游决策机构，该机构由与旅游相关的各个政府部门代表组成，表现为委员会的形式。这种模式能够适应旅游业综合性的特点，对旅游业的发展起着协调和宣传等作用。在多数国家，该委员会属于国家协调部门，而非权力机构。例如塞尔维亚等国家采用这种模式。

2. 旅游部模式

旅游部模式有两个特点：①管理职能单一，只负责旅游；②机构为部级规格。采用这种模式的国家大多为发展中国家，主要原因是发展中国家希望借助政府机构的力量，大力发展旅游业以增加旅游收益。例如保加利亚、墨西哥、埃及等国。

3. 混合职能部模式

在混合职能部模式下，没有单独设立旅游管理部门，而是将几个相关部门合在一起发挥作用。这种模式为世界多数国家所采用。其主要类型有：旅游部门与交通部门共同构成一个部，如斯里兰卡航空旅游部；工业、商业、贸易部门下设旅游部门，如美国商务部下设的旅游局；文化、体育、遗产部门与旅游部门构成一个部，如英国旅游与遗产部、韩国文化体育部；综合经济部门下设旅游部门，如荷兰经济事务部下设的旅游局；野生动植物保护部门与旅游部门组成一个部，如肯尼亚旅游与野生动物部；其他部门与旅游部门组成一个部，如新西兰旅游与宣传部。我国采取的旅游行政组织模式是混合职能部模式，总职能部门为中华人民共和国文化和旅游部。

4. 旅游局模式

旅游局模式的特点是单一行使旅游管理职能，级别低于部，但直属内阁或国务院。例如葡萄牙、法国采用这种模式。

9.2.3　我国旅游行政管理部门的组织机构

1. 文化和旅游部

为增强和彰显文化自信，统筹文化事业、文化产业发展和旅游资源开发，提高国家文化软实力和中华文化影响力，推动文化事业、文化产业和旅游业融合发展，2018 年 3 月，十三届全国人大一次会议表决通过了关于国务院机构改革方案的决定，将文化部、国家旅游局的职责整合，批准设立中华人民共和国文化和旅游部，不再保留文化部、国家旅游局。

1）文化和旅游部的组织结构

文化和旅游部包括部机关、直属单位、驻外及驻港机构、主管新闻出版单位等。其核心部分为部机关。

（1）部机关：内设办公厅、政策法规司、人事司、财务司、艺术司、公共服务司、科技教育司、非物质文化遗产司、产业发展司、资源开发司、市场管理司、文化市场综合执法监督局、国际交流与合作局（港澳台办公室）、机关党委、离退休干部局 15 个机构。

（2）直属单位：包括文化和旅游部机关服务局（机关服务中心）、文化和旅游部信息中心、中国艺术研究院、国家图书馆、故宫博物院、中国国家博物馆、中央文化和旅游管理干部学院、中国文化传媒集团有限公司、国家京剧院、中国国家话剧院、中国歌剧舞剧院、中国东方演艺集团有限公司、中国交响乐团、中国儿童艺术剧院、中央歌剧院、中央芭蕾舞团、中央民族乐团、中国煤矿文工团、中国美术馆、中国国家画院、中国数字文化集团有限公司、中国动漫集团有限公司、文化和旅游部恭王府博物馆、文化和旅游部人才中心、文化和旅游部离退休人员服务中心、文化和旅游部艺术发展中心、文化和旅游部清史纂修与研究中心、中外文化交流中心、文化和旅游部民族民间文艺发展中心、中国艺术科技研究所、文化和旅游部全国公共文化发展中心、国家艺术基金管理中心、文化和旅游部海外文化设施建设管理中心、《中国旅游报》社有限公司、中国旅游出版社有限公司、中国旅游研究院（数据中心）、文化和旅游部旅游质量监督管理所、梅兰芳纪念馆等单位。

（3）驻外及驻港机构：包括大洋洲、亚洲、欧洲、非洲和美洲的驻外机构与驻港机构。大洋洲驻外机构有悉尼中国文化中心、中国驻悉尼旅游办事处、惠灵顿中国文化中心和斐济中国文化中心；亚洲驻外机构有首尔中国文化中心、中国驻首尔旅游办事处、东京中国文化中心、中国驻东京旅游办事外、中国驻大阪旅游办事处、曼谷中国文化中心、中国驻曼谷旅游办事处、新加坡中国文化中心、中国驻新加坡旅游办事处、尼泊尔中国文化中心、中国驻加德满都旅游办事处、中国驻新德里旅游办事处、乌兰巴托中国文化中心、斯里兰卡中国文化中心、老挝中国文化中心、巴基斯坦中国文化中心、金边中国文化中心、河内中国文化中心、仰光中国文化中心、特拉维夫中国文化中心、吉隆坡中国文化中心、中国驻努尔苏丹旅游办事处、科威特中国文化中心、安曼中国文化中心等；欧洲驻外机构有柏林中国文化中心、中国驻法兰克福旅游办事处、巴黎中国文化中心、中国驻巴黎旅游办事处、马德里中国文化中心、中国驻马德里旅游办事处、中国驻伦敦旅游办事处、中国驻罗马旅游办事处、中国驻苏黎世旅游办事处、马耳他中国文化中心、哥本哈根中国文化中心、布鲁塞尔中国文化中心、卢森堡中国文化中心、斯德哥尔摩中国文化中心、雅典中国文化中心、海牙中国文化中心、莫斯科中国文化中心、中共六大会址常设展览馆、中国驻莫斯科旅游办事处、明斯克中国文化中心、中国驻布达佩斯旅游办事处、布达佩斯中国文化中心、索非亚中国文化中心、里加中国文化中心、布加勒斯特中国文化中心；非洲驻外机构有贝宁中国文化中心、毛里求斯中国文化中心、尼日利亚中国文化中心、坦桑尼亚中国文化中心、开罗中国文化中心、拉巴特中国文化中心；美洲驻外机构包括中国驻纽约旅游办事处、中国驻洛杉矶旅游办事处、中国驻多伦多旅游办事处、墨西哥中国文化中心。

（4）主管新闻出版单位：包括中国文化报、《中国旅游报》社有限公司、中国美术报和音乐生活报等。

2）文化和旅游部的主要职责

文化和旅游部的主要职责如下。

（1）贯彻落实党的文化工作方针政策，研究拟订文化和旅游政策措施，起草文化和旅游法律法规草案。

（2）统筹规划文化事业、文化产业和旅游业发展，拟订发展规划并组织实施，推进文化和旅游融合发展，推进文化和旅游体制机制改革。

（3）管理全国性重大文化活动，指导国家重点文化设施建设，组织国家旅游整体形象推广，促进文化产业和旅游产业对外合作和国际市场推广，制定旅游市场开发战略并组织实施，指导、推进全域旅游。

（4）指导、管理文艺事业，指导艺术创作生产，扶持体现社会主义核心价值观、具有导向性代表性示范性的文艺作品，推动各门类艺术、各艺术品种发展。

（5）负责公共文化事业发展，推进国家公共文化服务体系建设和旅游公共服务建设，深入实施文化惠民工程，统筹推进基本公共文化服务标准化、均等化。

（6）指导、推进文化和旅游科技创新发展，推进文化和旅游行业信息化、标准化建设。

（7）负责非物质文化遗产保护，推动非物质文化遗产的保护、传承、普及、弘扬和振兴。

（8）统筹规划文化产业和旅游产业，组织实施文化和旅游资源普查、挖掘、保护和利用工作，促进文化产业和旅游产业发展。

（9）指导文化和旅游市场发展，对文化和旅游市场经营进行行业监管，推进文化和旅游行业信用体系建设，依法规范文化和旅游市场。

（10）指导全国文化市场综合执法，组织查处全国性、跨区域文化、文物、出版、广播电视、电影、旅游等市场的违法行为，督查督办大案要案，维护市场秩序。

（11）指导、管理文化和旅游对外及对港澳台交流、合作和宣传、推广工作，指导驻外及驻港澳台文化和旅游机构工作，代表国家签订中外文化和旅游合作协定，组织大型文化和旅游对外及对港澳台交流活动，推动中华文化"走出去"。

（12）管理国家文物局。

（13）完成党中央、国务院交办的其他任务。

2.地方文化和旅游管理机构

地方文化和旅游管理组织机构多为对文化厅和旅游发展委员会的职责进行整合，组建的各类文化和旅游厅（局），其在执行文化和旅游部指令，促进和规范各省、自治区、直辖市旅游业发展方面发挥了重要作用，其机构在与文化和旅游部保持一致的基础上，结合地方实际进行设置。例如我国吉林省文化和旅游厅就设置了"冰雪产业发展办公室"、江苏省设有"革命文物处"，海南省旅游和文化广电体育厅设置了"全域旅游处"。

9.3　旅游行业组织

9.3.1　旅游行业组织的概念与职能

1.旅游行业组织的概念

旅游行业组织是指为了加强行业间及旅游行业内部的沟通与协作，实现行业自律，保护消费者权益，同时促进旅游行业及行业内部各单位的发展而形成的各类组织。旅游行业组织具有服务和管理两种职能。但与旅游行政组织不同的是，它的职能不带有任何行政指令性和法规性，其有效性取决于行业组织本身的权威性和凝聚力。

2. 旅游行业组织的职能

旅游行业组织是管理和服务于旅游企业的重要的非官方组织，在旅游业的发展过程中，旅游行业组织主要发挥以下五种职能。

1）服务

旅游行业组织的灵魂是服务，其必须通过创造性工作来获得旅游企业的认可，旅游行业组织的凝聚力和生命力来自为旅游企业服务。同时，旅游行业组织的权威性也来自它的服务性。只有提供了有效的服务，行业组织才会得到旅游企业的认可。旅游行业组织的服务职能主要体现在信息服务和组织协调上，包括向成员企业提供行业统计资料、咨询和培训服务及发布信息、协作交流，调解成员企业纠纷等方面。例如，中国旅游饭店业协会（China Tourist Hotels Association，CTHA）编制的《会员饭店报刊集锦》等行业简报，通过定期向会员企业发放，让其更好地了解行业动态信息。

2）维权

旅游行业组织源于旅游企业为谋取自身利益而对行业共同利益的追求。因此，旅游行业组织的首要任务是维护行业成员的共同利益。由旅游行业组织出面协调解决直接涉及旅游企业利益的问题，有利于与相应主管部门交涉和与相关利益者协调，也更符合加入世界贸易组织后中国市场主体的行为规则。例如 2022 年 4 月 8 日，中国旅游协会（China Tourist Association，CTA）在北京召开座谈会，邀请 10 余家会员单位通过线上、线下相结合的方式，了解各地落实国家出台的相关助企纾困政策的具体情况，充分发挥桥梁纽带作用，通过各种途径，积极向政府及相关部门反映，为旅游企业争取优惠政策。

3）沟通

沟通是建立在信息收集基础上的，通过沟通职能的行使，可使会员企业的个别行动变成协调一致的集体行动。旅游行业组织作为行业性中介组织，其沟通职能主要体现在协调政府与旅游企业的关系方面。作为同行业企业利益的代表，旅游行业组织通过及时向政府有关部门反映行业情况、问题和建议，有效地协调了政府与旅游企业的关系，使政府了解旅游行业发展情况和旅游企业的行业要求，这是贯彻落实政府政策的重要渠道。

4）监督

旅游行业组织的首要作用体现为其拥有的监督职能。监督就是对会员企业的经营情况进行考察和管理，对本行业产品质量、竞争手段、经营作风进行严格而有效的监督，从而提升行业信誉、树立行业新风。在小政府、大社会的改革前提下，政府职能在逐渐缩小，主要体现在宏观管理方面，政府主要负责政策方针的制定和基本方面的社会管理，而具体到行业的监督管理工作，在法律保障的前提下，均要由社会管理机构来完成。旅游行业组织的监督职能主要体现在对旅游业产品和旅游企业的服务质量、竞争手段、经营作风进行严格监督，维护行业信誉，鼓励公平竞争，对行业内的违规者进行惩罚。通过有效的监督，旅游行业组织可提升旅游业形象，逐步提高协会服务的质量和水平。

5）自律

行业自律是市场经济社会必需的一种制度安排，是行业协会等社会中介组织实施行业自我管理、自我服务的重要手段。它不仅可以弥补国家（政府）立法的不足，而且是社会民主制度和社会成员进行自我管理和自我约束的具体体现。行业自律的任务是规范行业行为，协调和维护行业利益，树立行业信誉。行规行约是在遵守国家法律的前提下，以符合现代文明发展趋势的行业习惯、惯例为基础，通过行业公约、行业组织章程等形式体现的行业行为规范。当国家法律有明文规定时，行规行约是国家法律在本行业的实施细则。当国家法律无明文规定时，行规行约本身就是行业行为规范，有关执法机构可以依据行规行约确认经营者的权利和义务，从而有效地调整行业市场经营行为，促进行业市场经济良好秩序的形成和发展。

9.3.2　世界旅游行业组织

第二次世界大战结束以后，随着国际旅游业的迅速发展，各国的出入境制度、安全检查、交通以及旅游企业之间的协调等问题日益被人们关注。在这种背景下，世界旅游行业组织相继成立，并在减少国际障碍、方便旅游活动的组织和开展方面作出了卓有成效的贡献。与中国关系比较紧密的世界性旅游行业组织主要有如下几个。

1.世界旅游组织

世界旅游组织是联合国组织的政府间国际机构。该组织以促进和发展旅游事业，增进国家（地区）间相互了解、和平与繁荣，尊重人权和人的基本自由为主要宗旨，并且强调在贯彻这一宗旨时，应该特别注意发展中国家在旅游事业方面的利益。1947年10月，在法国巴黎举行的第二届国家旅游组织国际大会上决定正式成立国际官方旅游组织联盟，总部设在伦敦；1975年1月正式改称为世界旅游组织，总部设在西班牙马德里。2003年11月，世界旅游组织成为联合国专门机构。

世界旅游组织成员包括正式成员（主权国家政府旅游部门）、联系成员（无外交实权的领地）和附属成员（直接从事旅游业或与旅游业有关的组织、企业和机构）。其中，联系成员和附属成员对世界旅游组织事务没有决策权。截至2022年11月，世界旅游组织共有正式成员160个。世界旅游组织的组织机构包括全体大会、执行委员会、秘书处和地区委员会。全体大会为最高权力机构，每两年召开一次，审议该组织的重大问题；执行委员会下设五个委员分会，即计划和协调技术委员会、预算和财政委员会、环境保护委员会、简化手续委员会和旅游安全委员会；秘书处负责日常工作；地区委员会为非常设机构，负责协调、组织相关地区的活动，共有非洲、美洲、东亚与太平洋、南亚、欧洲、中东六个地区委员会。世界旅游组织把每年的9月27日定为世界旅游日，每年都会推出一个世界旅游日的主题口号，在向全世界普及旅游理念、形成良好的旅游发展环境和促进世界旅游业不断发展方面作出贡献。

世界旅游组织于1975年5月承认中华人民共和国为中国唯一合法代表。1983年10月在第五届全体大会上通过决议，接纳中国成为它的第106个正式成员。2007年11月，在第十七次全体大会上，中文被列入世界旅游组织官方语言。

2. 世界旅游业理事会

1990年，在美国前国务卿亨利·基辛格（Henry Kissinger）的发起下，世界旅游理事会成立，总部设在伦敦，成为当今世界最具权威性的非政府间国际组织之一。该组织在成立之初以"提升政府、公众认识旅游、旅行对经济和社会的影响力"为核心任务，通过与各国政府通力合作，推动旅游资源的开发，拓展国际旅游市场。目前，理事会会员包含世界上约100家著名的旅游及与旅游相关企业集团的总裁，这些企业集团包括美国运通、IBM（国际商业机器公司）、法国雅高、日本交通公社等。会员企业的业务范围涵盖了旅游业的整个产业链，对世界旅游业的走势具有一定的影响力，是全球旅游业的领导组织。首旅集团、中国银联、飞猪网等中国企业为该组织会员单位。

3. 国际饭店与餐馆协会

国际饭店协会于 1997 年在墨西哥召开的第三十四届年会上，把国际餐馆协会纳入国际饭店协会，正式更名为国际饭店与餐馆协会（International Hotel & Restaurant Association，IHRA），总部设在法国巴黎。该协会是世界饭店行业最大的国际性组织。该协会的宗旨主要包括：处理饭店及餐饮行业与国际官方及其他非官方组织的关系以及内部企业之间的关系；维护饭店及餐饮企业的经济利益，提升其行业标准和国际声誉；组织国家会议，培训行业优秀工作人员等。

国际饭店与餐馆协会每年召开一次全体大会，主要讨论协会重大事件与决定。在每次会议期间颁布青年主管世界奖，奖励 30 岁以下饭店经理和主管各一名，还颁发两个饭店环境奖。该协会每年提供 10~15 个奖学金名额，奖励有两年以上饭店中层管理经验的优秀青年，前往欧洲或美国的饭店院校进行短期学习和培训。

4. 国际航空运输协会

1945 年 4 月，国际航空业务协会在哈瓦那会议上正式成立了国际航空运输协会（International Air Transport Association，IATA），总部设在加拿大蒙特利尔，执行机构设在日内瓦，是一个由世界各国航空公司组成的大型国际组织。该协会的宗旨是：为了世界人民的利益，促进安全、正常和经济的航空运输，扶植航空交通业，并研究与此有关的问题；为直接或间接从事国际航空运输工作的各空运企业提供合作的途径；与国际民航组织及其他国际组织协力合作。国际航空运输协会组织形式上属于非官方性质，但由于各国航空企业与政府机构的紧密联系，该协会发挥着通过航空运输企业来协调和沟通政府间政策，解决实际运作困难的重要作用。该协会的最高权力机构为会员代表大会，每年召开一次，其他机构有执行委员会、常务委员会和常设秘书处。

中国国际航空股份有限公司、中国东方航空集团有限公司和中国南方航空集团有限公司于 1993 年 8 月正式加入该协会。1994 年 4 月 15 日，该协会在北京设立了中国代理人事务办事处。1995 年 7 月 21 日，中国国际旅行社总社正式加入该组织，成为该协会在中国的首家代理人会员。

9.3.3　中国旅游行业组织

随着中国旅游事业的发展，为了更好地协调各地区、各旅游单位的工作，加强各部门间的联系，中国陆续成立了一大批旅游行业组织，会员涵盖了国内各大型旅游企业集团、国际旅行社、星级饭店、世界遗产单位、著名旅游景区、旅游研究机构和各高校团体。以下为中国主要的旅游行业组织。

1. 中国旅游协会

中国旅游协会是由中国旅游行业的有关社团组织和企事业单位在平等自愿基础上组成的全国综合性的旅游行业协会，具有独立的社团法人资格。1986 年 1 月30 日，其经国务院批准正式宣布成立，是中国第一个旅游全行业组织，接受文化和旅游部的领导、民政部的业务指导和监管。

中国旅游协会的作用主要表现为：第一，协调旅游行政主管部门与旅游业务单位之间的关系，向下传达政府政策和建议，向上反映旅游企业的要求和愿望；第二，协助旅游企业开展规划咨询、职工培训、技术交流等工作；第三，开展对外交流与合作，传播旅游信息和研究成果。

中国旅游协会的最高权力机构是会员代表大会，每 4 年召开一次，其执行机构是理事会。理事会由会员代表大会通过选举产生，每届理事会任期 4 年，每年召开一次会议。理事会闭会期间，由常务理事会行使其职权。中国旅游协会由各省、自治区、直辖市和计划单列市、重点旅游城市的旅游管理部门、全国性旅游专业协会、大型旅游企业集团、旅游景区（景点）、旅游院校、旅游科研与新闻出版单位以及与旅游业紧密相关的行业社团推选理事。

根据工作需要，中国旅游协会共设立了 18 个分会和 2 个专业委员会，分别进行有关的专业活动。另外，在中国旅游协会的指导下，有 4 个相对独立开展工作的专业协会，即中国旅行社协会（China Association of Travel Services，CATS）、中国旅游饭店业协会、中国旅游车船协会（China Tourism Automobile and Cruise Association，CTACA）和中国旅游报刊协会。

2. 中国旅行社协会

1997 年 10 月，中国旅行社协会成立，这是由中国境内的旅行社、各地区性旅行社协会等单位，按照平等自愿的原则结成的全国旅行社行业的专业性协会，是经国家民政部门登记注册的全国性社团组织。该协会代表和维护旅行社行业的共同利益和会员的合法权益，努力为会员服务，为行业服务，并在政府和会员之间发挥桥梁和纽带作用，为中国旅行社行业的健康发展作出积极贡献。

该协会的最高权力机构是会员代表大会，每 4 年举行一次。协会设立理事会和常务理事会。理事会是会员代表大会的执行机构，在会员代表大会闭会期间领导协会开展日常工作；常务理事会则对理事会负责，在理事会闭会期间，行使其职权。

中国旅行社协会对全体会员实行年度注册公告制度。截至 2022 年 11 月，该协会共有会员单位 1 567 家，理事单位 431 家，常务理事单位 13 家，会长、副会长单位 38 家。

3. 中国旅游饭店业协会

中国旅游饭店业协会成立于 1986 年 2 月 25 日，经中华人民共和国民政部登记注册，具有独立法人资格。该协会是中国境内的饭店和地方饭店协会、饭店管理公司、饭店用品供应厂商等相关单位，按照平等自愿的原则结成的全国性的行业协会，于 1994 年正式加入国际饭店与餐馆协会，并进入其董事会成为五位常务董事之一。

中国旅游饭店业协会的工作宗旨是：代表中国旅游饭店业的共同利益，维护会员的合法权益，倡导诚信经营，引导行业自律，规范市场秩序。为会员服务，为行业服务，在政府与企业之间发挥桥梁和纽带作用，为促进我国旅游饭店业的健康发展作出积极贡献。

中国旅游饭店业协会会员包括全国饭店业中知名度高、影响力大、服务规范、信誉良好的星级饭店和国际著名饭店集团在中国管理的饭店企业。截至 2022 年 11 月，该协会共有会员 1 000 余家、理事会单位 389 家、常务理事 20 家。

4. 中国旅游车船协会

中国旅游车船协会成立于 1991 年，是由中国境内的旅游汽车、游船企业和旅游客车及配件生产企业、汽车租赁企业、汽车救援等单位，在平等自愿基础上结成的全国性的行业专业协会，是非营利性的社会组织，具有独立的社团法人资格。1991 年，中国旅游车船协会正式加入国际旅游联盟。

中国旅游车船协会的工作宗旨是：代表并维护中国旅游车船行业的共同利益与会员的合法权益，努力为会员服务、为行业服务、为政府服务，在政府和会员之间发挥桥梁和纽带作用，为促进我国旅游车船行业的持续、快速、健康发展作出积极贡献。

5. 中国旅游景区协会

中国旅游景区协会（China Tourist Attractions Association，CTAA）成立于

2010 年 10 月 24 日，由民政部批复成立，接受文化和旅游部的领导、民政部的业务指导和监督管理。中国旅游景区协会是由各类旅游景区及其相关企事业、社会团体在平等自愿基础上组成的全国旅游景区行业协会。协会是具有独立的社团法人资格的非营利性社会团体法人组织。协会凝聚了行业中知名度高、影响力大的 4A 级、5A 级旅游景区，以及在业内具有影响力、服务于旅游景区的上下游知名企业。

中国旅游景区协会遵照国家的宪法、法律、法规和有关政策，代表和维护景区行业的共同利益和会员的合法权益，按照协会章程的有关规定，积极开展调查研究、沟通协调。业务交流、岗位职务培训和市场开拓等活动，积极推进行业自律，努力提高景区行业服务水平和核心竞争力，竭诚为会员服务，为行业服务，为政府服务，在政府和会员之间发挥桥梁纽带作用，促进我国旅游景区行业的持续、快速、健康发展。

9.4   新时代我国的旅游政策

9.4.1   我国的旅游业发展规划

1.旅游业发展规划概念

旅游业发展规划是国家或地区为发展旅游事业，对所属旅游资源和旅游地的开发、利用、保护进行全面规划和总体部署，确定旅游业的发展总方向，各种建设项目在一定地域范围内的布局，以保证旅游业各部门的协调发展。

我国从 1986 年"七五"期间开始编制旅游业发展规划，到 2022 年《"十四五"旅游业发展规划》（以下简称《规划》），已先后发布 8 个全国旅游业发展规划。"十二五"以前的旅游业发展规划由国家旅游局负责组织编制。2016 年《"十三五"旅游业发展规划》作为首次被纳入国家五年规划的专项规划，也是首次由国务院印发，《规划》已经是第二次由国务院发文。这一高规格待遇，说明旅游业在国民经济中的地位越来越重要。

2.《规划》简介

国务院 2022 年 1 月 20 日印发《规划》。《规划》指出，"十四五"时期要以习近平新时代中国特色社会主义思想为指导，坚持稳中求进工作总基调，以推动旅游业高质量发展为主题，以深化旅游业供给侧结构性改革为主线，注重需求侧管

理，以改革创新为根本动力，以满足人民日益增长的美好生活需
要为根本目的，坚持系统观念、统筹发展和安全、统筹保护和利
用，立足构建新发展格局，分步有序促进入境旅游、稳步发展出
境旅游，着力推动文化和旅游深度融合，着力完善现代旅游业体
系，加快旅游强国建设，努力实现旅游业更高质量、更有效率、
更加公平、更可持续、更为安全的发展。

拓展资料 9.1

《规划》明确到 2025 年，旅游业发展水平不断提升，现代旅游业体系更加健
全，旅游有效供给、优质供给、弹性供给更为丰富，大众旅游消费需求得到更好
满足。国内旅游蓬勃发展，出入境旅游有序推进，旅游业国际影响力、竞争力明
显增强，旅游强国建设取得重大进展。文化和旅游深度融合，建设一批富有文化
底蕴的世界级旅游景区和度假区，打造一批文化特色鲜明的国家级旅游休闲城市
和街区，红色旅游、乡村旅游等加快发展。

《规划》提出七项重点任务：一是坚持创新驱动发展，深化"互联网 + 旅游"，
推进智慧旅游发展；二是优化旅游空间布局，促进城乡、区域协调发展，建设一
批旅游城市和特色旅游目的地；三是构建科学保护利用体系，保护传承好人文资
源，保护利用好自然资源；四是完善旅游产品供给体系，激发旅游市场主体活力，
推动"旅游 +"和"+ 旅游"，形成多产业融合发展新局面；五是拓展大众旅游消
费体系，提升旅游消费服务，更好满足人民群众多层次、多样化需求；六是建立
现代旅游治理体系，加强旅游信用体系建设，推进文明旅游；七是完善旅游开放
合作体系，加强政策储备，持续推进旅游交流合作。

其中，推进智慧旅游发展方面，《规划》提出，打造一批智慧旅游城市、旅游
景区、度假区、旅游街区，培育一批智慧旅游创新企业和重点项目，开发数字化
体验产品，发展沉浸式互动体验、虚拟展示、智慧导览等新型旅游服务，推进以
"互联网 +"为代表的旅游场景化建设。提升旅游景区、度假区等各类旅游重点区
域 5G 网络覆盖水平。

丰富优质产品供给方面，《规划》提出，大力推进冰雪旅游发展，完善冰雪旅
游服务设施体系，加快冰雪旅游与冰雪运动、冰雪文化、冰雪装备制造等融合发
展，打造一批国家级滑雪旅游度假地和冰雪旅游基地。完善邮轮游艇旅游、低空
旅游等发展政策，推进海洋旅游、山地旅游、温泉旅游、避暑旅游、内河游轮旅
游等业态产品发展。有序推进邮轮旅游基础设施建设，推进上海、天津、深圳、

青岛、大连、厦门、福州等地邮轮旅游发展，推动三亚建设国际邮轮母港。推动游艇消费大众化发展，支持大连、青岛、威海、珠海、厦门、三亚等滨海城市创新游艇业发展，建设一批适合大众消费的游艇示范项目。

9.4.2　新时代我国旅游产业政策

1.“旅游 +”

“旅游 +”战略由北京伯联投资顾问有限公司于 2015 年 5 月提出，并最早应用于“文山州旅游业发展战略规划”。2015 年 8 月，国家旅游局局长在文章《开明开放开拓，迎接中国“旅游 +”新时代》中，首次从政府层面提出和阐述了“旅游+”概念。他指出：“旅游 +”是指充分发挥旅游业的拉动力、融合能力，及催化、集成作用，为相关产业和领域发展提供旅游平台，插上旅游翅膀，形成新业态，提升其发展水平和综合价值。在此过程中，“旅游 +”也有效地拓展了旅游自身发展空间，推进旅游业转型升级。2017 年，中央一号文件《中共中央　国务院关于深入推进农业供给侧结构性改革加快培育农业农村发展新动能的若干意见》正式发布，首次写入“旅游 +”概念。

旅游业具有综合性，涉及食、住、行、游、购、娱等多个方面，随着大众旅游时代的到来，“旅游 +”和“+ 什么”都与旅游者的生活息息相关。如今旅游与国民生活及乡村、养老、健康等重点领域的“+”都成为新的发展热点，主要表现在“旅游 + 研学”“旅游 + 休闲度假”“旅游 + 新型养老”“旅游 + 康养”等方面。

2. 全域旅游

2016 年 1 月 19 日，国家旅游局局长在全国旅游工作会议上提出：中国旅游要从“景点旅游”向“全域旅游”转变。2017 年 6 月 12 日，国家旅游局发布《全域旅游示范区创建工作导则》，为全域旅游示范区创建工作提供行动指南。2018 年 3 月，国务院办公厅印发《国务院办公厅关于促进全域旅游发展的指导意见》，使得全域旅游正式上升为国家战略。

全域旅游是指在一定区域内，以旅游业为优势产业，通过对区域内经济社会资源尤其是旅游资源、相关产业、生态环境、公共服务、体制机制、政策法规、文明素质等进行全方位、系统化的优化提升，实现区域资源有机整合、产业融合发展、社会共建共享，以旅游业带动和促进经济社会协调发展的一种新的区域协调发展理念和模式。

3. 智慧旅游

江苏省镇江市于 2010 年创造性地提出"智慧旅游"的概念，并开展了"智慧旅游"项目建设，开辟了"感知镇江、智慧旅游"新时空。2015 年 1 月 10 日，国家旅游局印发了《关于促进智慧旅游发展的指导意见》，提出实施智慧旅游的总体要求、主要任务和保障措施。党的二十大报告提出的中国式现代化发展对于旅游智慧化发展带来新的发展机遇，也提出了新的发展要求。

智慧旅游，也可称为智能旅游，是指利用云计算、物联网等新技术，通过互联网 / 移动互联网，借助便携的移动终端上网设备，主动感知旅游资源、旅游经济、旅游活动、旅游者等方面的信息，并及时发布，让人们及时了解这些信息，及时安排和调整工作与旅游计划，从而达到对各类旅游信息的智能感知、方便利用的效果。简单地说，智慧旅游就是旅游者与网络之间实时互动，让游程安排进入触摸时代。智慧旅游的核心即"智慧"，具体体现在旅游服务的智慧、旅游管理的智慧和旅游营销的智慧三个方面。

4. 研学旅游

2013 年 2 月 2 日，国务院办公厅印发了《国民旅游休闲纲要（2013—2020年）》，提出"逐步推行中小学生研学旅行"的设想。《国民旅游休闲纲要（2013—2020 年）》明确提出："在放假时间总量不变的情况下，高等学校可结合实际调整寒、暑假时间，地方政府可以探索安排中小学放春假或秋假"，并提出要"逐步推行中小学生研学旅行"，"鼓励学校组织学生进行寓教于游的课外实践活动，健全学校旅游责任保险制度"。

狭义的研学旅行是指学生集体参加的有组织、有计划、有目的的校外参观体验实践活动。研学旅行要以年级为单位、以班为单位进行集体活动，同学们在老师或者辅导员的带领下，确定主题，以课程为目标，以动手做、做中学的形式，共同体验，分组活动，相互研讨，书写研学日志，形成研学总结报告。随着研学旅行的不断发展，各研学旅行开展单位不断深挖课程体系，针对人群也在不断地拓展，由只有大中小学生参与，到如今上到老年群体、下至幼儿园孩童包含在内的全民研学旅行已初步形成。

5. 旅游厕所

"厕所革命"是指对发展中国家的厕所进行改造，这一举措由联合国儿童基金会提出。厕所是衡量现代文明的重要标志，改善厕所卫生状况直接关系到发展中国家人民的健康和环境状况。2015 年 4 月 1 日，习近平同志就曾对"厕所革命"作出重要指示：强调抓"厕所革命"是提升旅游业品质的务实之举。2016 年 8 月 29 日，我国发布了国家标准《旅游厕所质量等级的划分与评定》，规定了旅游厕所质量等级划分的依据及评定的基本要求。2022 年，国家标准化管理委员会发布旅游厕所新版国家标准《旅游厕所质量要求与评定》（GB/T 18973—2022）。该标准是对《旅游厕所质量等级的划分与评定》的修订，自 7 月 11 日起实施。

"厕所革命"逐步从景区扩展到全域、从城市扩展到农村、从数量增加到质量提升，受到广大群众和旅游者的普遍欢迎。《规划》提出，推进旅游厕所标准化、数字化建设。引导建设一批新型智慧化旅游厕所。推进旅游厕所人性化，完善旅游厕所无障碍设施，提升旅游厕所家庭卫生间覆盖率。

6. 工业旅游

工业旅游是伴随大众对旅游资源理解的逐步拓展而产生的一种新的旅游概念和产品形式，是指以工业生产过程、工厂风貌和工人工作、生活场景为主要吸引物而开展的旅游活动。该种旅游方式起源于法国，从汽车行业开始，逐步深化为工业旅游。工业旅游在我国开始于 20 世纪 90 年代末，工业旅游项目因具有知识性、文化性、趣味性，具备现场感、体验感、动态感等独特魅力而深受旅游者青睐。伴随着工业化进程的加快，工业旅游发展的前景非常广阔。

2017 年 12 月 1 日，国家旅游局批准公布了行业标准《国家工业旅游示范基地规范与评价》，该标准规定了国家工业旅游示范基地的术语和定义、基本条件、基础设施及服务、配套设施及服务、旅游安全、旅游信息化、综合管理等相关内容。山东烟台张裕葡萄酒文化旅游区、江苏苏州隆力奇养生小镇、内蒙古伊利集团乳都科技示范园等 10 家单位被列为第一批国家工业旅游示范基地。

7. 特色小镇

特色小镇发源于浙江，2014 年在杭州云栖小镇首次被提及，这种在块状经济和县域经济基础上发展而来的创新经济模式，是供给侧改革的浙江实践。特色小镇建设的"特色性"主要表现为产业上坚持"特色产业＋旅游产业"发展架构；功能上实现"生产＋生活＋生态"的"三生融合"，形成产、城、人、文四位一体化功能聚集区；形态上具备独特的风格、风貌、风尚与风情；机制上采取以政府为主导、以企业为主体、社会共同参与的创新模式。培育特色小镇，主要是打造特色鲜明的产业形态，营造和谐宜居的美丽环境，彰显特色的传统文化，提供便捷完善的设施服务，建设充满活力的体制机制。2016 年 7 月 1 日，住房和城乡建设部、国家发改委和财政部联合发布通知，决定在全国范围内开展特色小镇培育工作。截至 2021 年 10 月，各省份特色小镇清单内保留了 1 600 个左右。全国各地区发展特色小镇从注重数量逐步转向注重质量，"少而精"导向初步形成。

8. 乡村旅游

乡村旅游起源于法国，19 世纪 80 年代开始大规模发展。乡村旅游是指以具有乡村性的自然环境和人文客体为旅游吸引物，依托农村区域的优美景观、自然环境、建筑和文化等资源，在传统农村休闲游和农业体验游的基础上，拓展开发会务度假、休闲娱乐等项目的新兴旅游方式。乡村旅游的基本类型可以归纳为以

拓展资料 9.2

下几种：以绿色景观和田园风光为主题的观光型乡村旅游；以果园、茶园、花园、渔场等农庄或农场旅游为主，在旅游者亲身劳作中体现休闲、娱乐和增长见识等主题的体验型乡村旅游；以乡村民俗、乡村民族风情及乡村传统文化为主题的文化型乡村旅游；以康体疗养和健身娱乐为主题的康乐型乡村旅游。

我国是农业大国，努力解决好"三农"问题是党和国家需要长期落实的重大任务。休闲农业和乡村旅游已经发展成为农业农村经济工作的重要增长点，在促进农业供给侧结构性改革、带动农民就业增收、推进产业精准扶贫和建设美丽乡村方面发挥了重要作用，并且展现出了广阔的发展前景。中国旅游研究院相关数据显示，2019 年，全国乡村旅游总人次为 30.9 亿次，占国内旅游总人次比重超过一半；乡村旅游总收入 1.81 万亿元。党的二十大报告指出全面推进乡村振兴，坚持农业农村优先发展，巩固拓展脱贫攻坚成果，加快建设农业强国，扎实推动乡村产业、人才、文化、生态、组织振兴，全方位夯实粮食安全根基，牢牢守住十八亿亩耕地红线，确保中国人的饭碗牢牢端在自己手中。而乡村旅游是乡村振兴战略的重大动力，乡村旅游与乡村发展、农民增收、农业现代化发展等各方面都有着千丝万缕的联系，其对乡村社会的推动与当地居民收入的提升，都是基于旅游活动的副产品。乡村旅游涉及乡村社会、经济、文化、生态等各层面的重塑。乡村旅游日渐成为乡村振兴战略的重要抓手，成为农村巩固拓展脱贫攻坚成果的重要渠道。

9. 康养旅游

2016 年，国家旅游局正式颁布《国家康养旅游示范基地》标准，将康养旅游界定为"通过养颜健体、营养膳食、修心养性、关爱环境等各种手段，使人在身体、心智和精神上都达到自然和谐的优良状态的各种旅游活动的总和"。党的十九大报告着重强调了"健康中国"的概念，为中国的康养产业发展描绘了具体的蓝图。常见的康养旅游有文化养生型、长寿资源型、中医药膳型、生态养生型、养老综合型、度假产业型、体育文化型和医学结合型八种。

10. 文旅融合

2017 年，联合国世界旅游组织重新定义"文化旅游"的概念，文化旅游的基本动机是学习、发现、体验和消费旅游目的地的物质文化景点和非物质文化景点。文化旅游景点涉及社会独特的物质、文学、精神和情感特征，包括艺术和建筑、历史和文化遗产、烹饪遗产、文学、音乐、创意产业、生活方式、价值体系、信仰等。在当今世界，文化产业和旅游产业的融合，代表着一个国家和城市的识别度，是大国崛起的文化自信和全球影响力的重要体现。

党的十八大以来，习近平同志就文化和旅游工作发表了一系列重要论述，科学回答了事关文化建设和旅游发展的方向性、根本性和全局性问题。在新时代条件下，我们越来越能体会到，文化和旅游的融合发展，体现了文化发现创造价值与旅游体验分享价值的有机结合，是水到渠成、大势所趋。2018 年 4 月 8 日，中华人民共和国文化和旅游部挂牌仪式的举行，使这一理念最终落地。文化产业和旅游产业已成为我国支柱产业。党的二十大报告指出，繁荣发展文化事业和文化产业，坚持以人民为中心的创作导向，推出更多增强人民精神力量的优秀作品，健全现代公共文化服务体系，实施重大文化产业项目带动战略。促进群众体育和竞技体育全面发展，加快建设体育强国。增强中华文明传播力影响力，坚守中华文化立场，讲好中国故事、传播好中国声音，展现可信、可爱、可敬的中国形象，推动中华文化更好走向世界。文旅融合是时代发展的要求，顺应新时代新趋势，通过文旅融合和模式创新，可以有效推进文化和旅游改革发展。在各地文旅项目开发中，文旅融合产业项目将成为带动战略的重要抓手，具有重大的意义和价值。

本章小结

本章主要介绍了旅游行政组织和旅游行业组织这两个旅游业管理重要力量，它们在保证旅游业与国民经济各部门之间的平衡，以及旅游业行业自律中充分发挥了组织和协调的职能。旅游行政组织主要有国家和地方两个层级。世界旅游行业组织主要有世界旅游组织、世界旅游业理事会、国际饭店与餐馆协会和国际航空运输协会。我国的旅游行业组织主要有中国旅游协会、中国旅行社协会、中国旅游饭店业协会、中国旅游车船协会和中国旅游景区协会。

随着中国旅游业的迅速发展，通过制定科学合理的旅游产业政策，更好地发挥旅游业的综合效用，是时代的要求，也是旅游业发展的必然。

即测即练

思考题

1. 政府支持旅游业发展的动机有哪些？

2. 政府对旅游发展的调控手段有哪些？

3. 我国旅游行政组织模式主要有哪些？

4. 旅游行业组织的基本职能是什么？

5. 新时代我国的旅游产业政策包括哪些？

6. 中国共产党第二十次全国代表大会提出的旅游发展重点方向有哪些？

第 10 章　旅游影响

3. 掌握旅游对经济的积极影响，特别是旅游扶贫和美丽乡村建设方面的成就对落后地区的经济带动作用，增强行业自信和制度自信。

思维导图

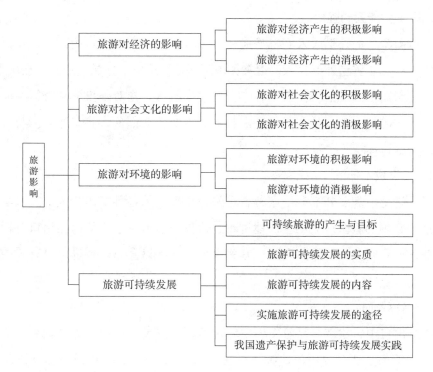

导入案例

10.1　旅游对经济的影响

旅游业是社会、经济发展到一定历史阶段的产物，旅游业的发展日益成为改变国民经济产业结构、影响社会文化发展趋势和左右地区环境演变方向的重要因素。实际上，旅游消费的影响是双方的，即不仅影响到旅游目的地的经济，对旅游客源地的经济也产生影响。旅游的发展对一个国家的经济既有其积极方面的影响，又有其消极方面的影响。

10.1.1　旅游对经济产生的积极影响

1. 增加外汇收入，平衡国际收支

外汇是以外币表现的用于国际金融结算的支付凭证。任何国家要扩大对外经济合作，就必须增加外汇收入。一个国家外汇储备的多少体现了其经济实力的大小和国际支付能力的强弱。

一个国家增加外汇收入有三条途径：①贸易外汇收入，指商品出口获得贸易外汇收入；②非贸易外汇收入，指有关国际保险、运输、旅游、利息、居民汇款、外交人员费用等方面的外汇收入；③资本往来收入，指对外投资和贷款方面的外汇收入。旅游外汇收入是非贸易外汇收入的重要组成部分，旅游业创汇与其他贸易创汇相比具有以下优势。

1）换汇成本低

国际旅游中赚取外汇是由旅游者在旅游活动中的各种支出构成的。入境旅游者的消费必须到旅游产品的生产地进行，这种出口节省了一般商品出口过程中的运输费用、仓储费用、保险费用、有关税金等开支以及与外贸进出口有关的各种手续。

2）结算及时

旅游出口中，旅游产品不发生空间位移，旅游者的流向和支付款项的流向是一致的，即都是从客源国（地区）流向目的地国（地区），旅游者需要采用预付或现付的方式结算，这将有利于旅游接待国的资金周转和安全，因此，目的地国（地区）能立即得到外汇，资金可及时投入周转使用中去。

3）免关税

在国际商品出口中，进口国往往会对进口商品实行配额限制，超过这一数额，便会提高进口商品的关税。而在旅游出口方面不存在客源国实行类似关税壁垒的问题。

2. 扩大内需，促进货币回笼

为使整个社会经济正常运转，政府应有计划地投放货币和回笼货币，控制货币流通量。在商品投放量不变或增加不大的情况下，人们持有的货币量超过了流通的商品价格总量，就有可能出现通货膨胀，产生货币贬值。因此，国家必须监督和控制货币的投放与回笼，以保持社会上流通的货币量与流通的商品量协调一致，维护社会经济的正常运行。

国家货币回笼的渠道主要有四个：①商品回笼，即通过出售各种商品来收回货币；②服务回笼，即通过各种服务行业的收费来回笼货币；③财政回笼，即通过国家所征收的各种税款来回笼货币；④信用回笼，即通过吸收居民存款来回笼货币。在国家的物质商品生产能力有限的情况下，国家往往通过转移人们的购买趋向来鼓励旅游消费，这是扩大内需、回笼货币的一个重要途径。旅游业通过为旅游者提供各种服务获取货币收入，属于服务回笼的一种。同时，旅游业还向旅游者提供各种购物品，满足人们的购物需要，从而获取货币收入，属于商品回笼的一种。例如，2008 年美国金融危机爆发，波及全世界，影响了中国的进出口行业。中国政府兼顾抑制通货膨胀和保持国际收支平衡，采取了一系列措施，其中最重要的是扩大内部消费需求，在政府部门、旅游企业和消费时尚的引导下，国内旅游规模迅速扩大，显示出扩大内需、拉动消费的强大作用。

3. 扩大就业

旅游业属于劳动密集型、服务型的第三产业，旅游产业涉及的领域广泛，对人才的需求也呈现多样化趋势，由于行业门类和岗位层次的不同，不同层次的劳动力均可以找到自己适合的岗位。旅游产业既需要一些高学历管理、规划方面的人才，又需要具备简单技能的一线服务人员。在旅游接待工作中，许多工作依靠手工操作，只需要简单的重复性劳作，无须支付高薪资。这就使旅游地文化程度普遍不高的农村剩余劳动力得到有效利用。由此可见，旅游业不仅就业容量巨大，就业潜力也很大，它将成为我国今后一段时期就业的重要途径。

4. 旅游业关联带动性极强

旅游业是一个涉及吃、住、行、游、购、娱六大行业的综合性产业，旅游业直接、间接关联的部门可以达 100 多个，如餐饮业、交通业、住宿业、娱乐业、交通运输业等，因此，旅游行业的发展会带动相关行业发展，促进招商引资，促进城镇化建设。许多旅游业比较发达的国家和地区的成功经验表明，旅游业的发展能极大地促进相关产业的长足发展，特别是与旅游业关系密切的外贸、民航、建筑业等，人们把旅游业称为第三产业的龙头。世界旅游组织的资料显示，旅游行业每直接收入 1 元钱，相关行业的收入就能增加 4.3 元；旅游业每增加 1 个直接就业机会，社会就能增加 5～7 个间接就业岗位。

5. 增加目的地的经济收入

旅游业的发展可以使旅游目的地经济收入增加，缩小地区间的差别。国内旅游可以看成把国内财富从一个地区转移到另一个地区，虽然它不能使国家财富总量增加，但能调节地区购买能力，起到将国内财富在有关地区进行再分配的作用，那么对于国际旅游，入境旅游者的消费是一种外来的经济"注入"，即将客源国（地区）的物质财富转移到接待国（地区），这在某种程度上起着对世界财富进行再分配的作用。例如：乡村和相对贫困落后地区开发旅游项目，建立旅游区，吸引国外和国内的城市和发达地区的居民前去旅游，通过旅游者的消费，增加贫困地区的经济收入，这有力地促进了乡村、贫困落后地区的发展和全国经济社会的城乡、区域平衡发展。改革开放以来，我国已经出现一大批通过发展旅游实现人民脱贫致富和地区经济社会快速发展的典型，革命老区如井冈山、延安、西柏坡等，贫困山区如张家界、黄山、长白山等，少数民族地区如九寨沟、西双版纳、丽江和延吉等。

拓展资料 10.1

6. 改善投资环境，扩大国际合作

旅游吸引了许多外国旅游者，他们通过旅游活动了解各地的历史文化、风俗民情、建设成就、政策法规，因此，旅游在客观上促进了一地的对外开放，为吸引外部资金和对外贸易创造了机会，为环境保护增加了资金。旅游业的发展可以从多方面改善投资环境、吸引外资、扩大出口，加深国际经济交流和合作。

10.1.2   旅游对经济产生的消极影响

旅游业的快速发展对国民经济的发展起到促进作用。但我们也应该看到，发展的过程中，既有积极的一面，又有消极的一面，从总体上讲，利大于弊。我们应正确认识旅游业对于发展国民经济和社会、文化所产生的积极影响；努力抑制旅游业可能带来的消极影响，这对于实现旅游业的可持续发展具有重要意义。旅游对经济产生的消极影响体现在以下几方面。

1. 引起物价上涨

一般来说，旅游者的收入水平是比较高的，他们有很强的消费能力，能以较高的价格来购买食、宿、行所需要的物品，所以难免引起旅游地的物价上涨。这势必影响当地居民的经济利益。另外，随着旅游业的发展，旅游地区的地价也会迅速上扬。大量事实表明，在某些早期旅游者不多的地区兴建饭店，对土地的投资只占全部投资总额的 1%，但是当这些地区旅游业发展具有一定规模后，新建饭店的土地投资很快上升到占全部投资的 20%，而地价上涨不仅会影响当地的经济，也会影响当地居民的住房建设与发展。

2. 使产业结构发生不利变化

产业结构合理化是指各产业相互协调，有较强的产业结构转换能力和良好的适应性，能适应市场需求变化，并带来最佳效益的产业结构。产业结构合理会大大促进国家经济和社会的发展；反之，则会阻碍经济发展。过去以农业为主的地区，发展旅游业后，个人从事旅游服务收入高于务农收入，因此常使大量的劳动力弃农业转而从事旅游业，从而造成田地荒芜或减产。这种产业结构不正常变化的结果是，一方面，旅游业的发展扩大了对农副产品的需求；另一方面，农副产品产出能力下降。当地居民失去了赖以生存的基本生产方式，一旦危机袭来，就会产生社会问题，还可能会影响社会安定和经济的稳定。

3. 影响国民经济的稳定

旅游业是敏感产业，受政治、经济、社会、季节等诸多因素的影响，一旦这些因素发生变化，旅游需求也会随之改变，因此，一个国家或地区过重地依赖旅游业的发展，一旦旅游业发展受到影响，处理不当，则会产生严重的经济、社会问题。据媒体报道，由于疫情的影响，泰国 2020 年的 GDP 下降幅度多达 6.1%。2021 年泰国的经济增速也仅仅为 1.2%，增长十分缓慢。旅游业作为其重要的经济支柱，在疫情中几乎处于停滞的状态，对整个经济的负面影响可想而知。

10.2　旅游对社会文化的影响

党的二十大报告提出：推进文化自信自强，铸就社会主义文化新辉煌。全面建设社会主义现代化国家，必须坚持中国特色社会主义文化发展道路，增强文化自信，围绕举旗帜、聚民心、育新人、兴文化、展形象建设社会主义文化强国，发展面向现代化、面向世界、面向未来的，民族的科学的大众的社会主义文化，激发全民族文化创新创造活力，增强实现中华民族伟大复兴的精神力量。因此，社会文化是影响地方旅游活动开展的重要因素之一，具体表现在对旅游地社会文化（旅游地居民）与客源地社会文化（旅游者）方面的影响和对整个人类社会文化的影响。旅游对社会文化既有积极影响也存在消极影响。

10.2.1   旅游对社会文化的积极影响

1. 促进科技文化交流，推动社会文明进步

旅游促进科学文化的作用，既是对旅游地的，也是对旅游者的。旅游有利于文化的交流，特别是对旅游目的地一方的对外文化交流能起到促进作用。旅游者通过旅游形式，将客源地或沿途所经地方先进的科学技术传播到旅游地，同时学习旅游地人民先进的文化思想，这种交流推动了社会的文明与进步。

当然，旅游与人类文明是相互促进、连带发展的，旅游业的繁荣可以说也是近百年来现代文明发展的结果。发展旅游业，来自比较发达国家或地区的旅游者可以给不够发达的国家或地区带来比较先进的管理经验、科学技术和文化知识。与此同时，比较发达国家或地区的旅游者也可在不够发达的国家或地区学到长于自己的传统文化和伦理知识。当然，前者地区旅游者的先进思想和道德观念也能给后者地区社会意识注入新的生机和活力。因此，国际旅游就像一台播种机，把物质文明和精神文明的种子撒向世界各地，使之生根、发芽、开花并结出丰硕的果实。

此外，旅游在发展过程中也不断对科学技术提出新的要求，尤其是在交通运输工具、通信以及旅游服务设施和设备方面，要求更加快速、便利、舒适和安全，从而推动了有关领域科学技术的发展。

2. 有助于提升民族素质

（1）旅游活动的开展具有促进人们身心健康的作用。在城市化程度不断提高的现代社会中，都市紧张的工作和生活节奏迫使人们更加向往能够经常地、适时地改换一下生活环境，回到安谧、优美的大自然中去，以便重新"充电"、恢复体力、焕发精神，从而激发人们对人生的热爱。这一方面是大众旅游的重要动机之一；另一方面也反映了旅游活动的开展在促进人们身心健康、提升人口素质方面的重要地位。

（2）旅游活动的开展有助于人们突破惯常环境对思维的束缚，使人们开阔眼界、增长知识。事实表明，在古今中外各个领域的伟人中，几乎没有哪一位不曾有过旅游或旅行的经历。对于青年人来说，外出旅游更是学习和接受新事物启发的有效途径。他们通过旅游，可以了解世界、熟悉社会、增长知识和才干。正因为如此，人们才有了"行万里路读万卷书"的经验总结。

（3）旅游活动的开展有助于培养人们的爱国主义情感。无论是在国内旅游时看见各地的自然名胜、历史文化和建筑成就，还是在国外旅游时看到或听到对祖

国历史文明和建设成就的歌颂，都会激发和增强人们的民族自尊心和自豪感，从而加深人们对自己祖国的热爱。

3. 加强了解，促进国际友好关系

旅游是民间外交的一种重要方式。发展国际旅游业，对于加强民间了解、改善国际关系、增进友好往来、维护世界和平，有着积极作用和深远意义。

（1）发展国际旅游产业便于加强民间交流。旅游作为民间外交的一种方式是不同国家或地区、不同民族、不同宗教信仰、不同年龄和性别、不同阶层和职业的人们面对面的交往，具有广泛性和直接性。旅游者中大多数是平民百姓或是以非官方身份出现的人，与政府间往来的官方人士不同，其交往不受官方外交礼仪、规格等级的严格限制，也没有官方交往中的诸多顾忌，具有群众性和随意性。旅游交往，可采取听演讲、看影视、实地考察、参加会议等各种各样的形式，可接触旅游从业者，目的地国家或地区的居民，其他旅游群体或个体，可了解异国他乡的山川地貌、风土人情、生产方式、生活习俗、建设成就、文物古迹、民族传统、道德法律以及其他希望了解到的东西，具有灵活性和机动性。

（2）发展旅游产业可以改善国际关系。国家之间正式建交可能滞后，其民间的往来和交流却可以先行一步。这种民间往来和交流可能是国际社会政府间外交的先导和前提。在这一方面，旅游作为民间外交的一种方式是功不可没的，通过发展国际旅游产业，开展以跨国旅游业为表现形式的民间交往和交流，可以加强民间的了解和认识，消除因不了解而产生的偏见和误会。随着旅游活动的频繁和相互了解的加深，彼此之间势必会产生情感和友谊。在这种基础上，缓和紧张局势、改善国家关系，也就成了顺理成章、水到渠成的事了，中日、中美、中俄、中韩等双方关系之所以得到改善，其原因之一就在于中国和日本、美国、俄罗斯、韩国等包括旅游在内的民族交流发挥了巨大的作用。

4. 有助于促进民族文化的保护和发展

民族文化是一个国家或地区重要的旅游资源。对接待国或地区来说，如何保护好当地的文物古迹、发掘传统文化资源是满足旅游者需求的一项重要任务。虽然是出于发展旅游业的目的保护文化资源，但是旅游业在客观上起到了保护社会文化的作用。

一个民族的传统文化资源是该民族发展旅游的重要基础。为了发展旅游，许多国家或地区总是想方设法地使那些几乎消失的文化重获新生。例如，恢复和发展被人遗忘多年的传统节会和健康文明的民风民俗；重视和挖掘具有地方特色的音乐、戏剧、舞蹈、体育和手工艺品；修缮和维护濒临湮灭的古代建筑和文物古迹；收集和编撰美丽动听的逸闻趣事和传说故事等。所有这些不仅可以奠定发展旅游的基础，而且也有助于民族文化的传承。

拓展资料 10.2

当地居民也在享受旅游所带来的巨大利益中，逐渐发现了自己传统文化的不可替代性，从而消除过去面对所谓主流文化时的文化自卑感，树立起文化的自信心与自豪感，越来越珍视自己的传统文化，由衷地产生了责任心和使命感，增强了保护传统文化的意识。

5. 有助于促进目的地生活环境的改善

伴随着旅游业的发展，旅游接待地区的基础设施、服务设施、文化设施不断地完善和改进，不仅方便了当地居民的生活，还优化了当地居民的生活环境和文化环境。旅游促进一些城市独特风貌以及其他颇具创造性的人文景观的形成，为接待地增添了新的文化风采。再者，对于旅游者而言，通过一系列的旅游活动，放松身心的同时，又增长了见识，并且突破了传统社会环境对人们的束缚。虽然这一切都始自发展旅游业的需要，但在客观上也改善了当地居民的生活环境，方便了当地居民的生活。

10.2.2 旅游对社会文化的消极影响

1. 引起当地居民的社会文化认同改变

相关研究表明：旅游者以其自身的意识形态和生活方式介入旅游目的地社会中，引起当地居民的思想变化，产生各种影响，这种作用称为示范效应。旅游者一般来自经济较为发达、人均收入较高的国家和地区，在国际旅游方面，由于旅游者来自世界各地，他们具有不同的价值标准、道德观念和生活方式，因而这些东西无形之中也在传播和渗透。尤其在经济和文化上占据优势的发达国家旅游者大量涌入相对落后的发展中国家的旅游目的地时，其价值观念、道德标准、行为模式、生活方式等对旅游目的地居民，尤其是年轻人具有强烈的诱惑力，旅游目的地居民产生媚外心理，盲目追求和模仿旅游者的生活方式与行为模式，他们原有的根深蒂固的价值观、风俗习惯和语言等都在不同程度上发生了改变。

2. 干扰目的地居民的生活

当越来越多的旅游者大量涌入旅游目的地时，为了适应开展活动的需要，旅游接待区的设施在数量和质量上也会有所提高，方便了当地居民的生活。但是，在旅游旺季，由于旅游者的密度增大，当地居民的生活空间相对缩小，因而会干扰到当地居民的正常生活、侵害当地居民的利益。当地旅游业为了通过满足旅游者某种特定的经历和享受符合其本国水准的生活条件，而获得最大的利润，往往把质量上乘的消费品优先供应给肯出高价并且以外汇支付的旅游者，各种服务也优先保证满足旅游者的需要，这就造成了旅游者直接与当地居民争抢有限资源，从而造成旅游者与当地居民间关系的紧张。

3. 当地文化被不正当地商品化

传统的民间习俗和庆典活动都是在传统特定的时间、传统特定的地点，按照传统规定的内容和方式举行的。为了一味迎合旅游者的需求，传统文化被不正当地商品化和庸俗化。例如，"竹竿舞"已成为很多少数民族民俗风情舞蹈表演的重要节目了；"背新娘"在不少民俗村、民俗风情园甚至在毫不相干的景点内也经常上演。为了索取可观的消费，身穿民族服装的女服务员强拉客人与其举行"婚礼"，体验乡土文化的民俗旅游活动掺杂进非法服务的成分。另外，为了满足旅游者对纪念品的需要，当地工艺品大量生产，很多粗制滥造的产品充斥于市，这些产品已不再能表现当地传统文化和制作技艺。当旅游者将它们带回本国或本地区去向亲友展示时，便会使当地文化的形象和价值受到损害和贬低。

10.3　旅游对环境的影响

旅游与环境之间有着密切的关系：一方面，旅游的发展依托于旅游目的地的环境；另一方面，环境的质量也影响着旅游者对于旅游活动质量的评价。所以，在旅游业发展过程中，环境不可避免地受到影响和改变。客观地认识旅游对环境影响，是制定适当的环境政策的基础。发展旅游会对环境产生积极影响和消极影响，通过正确的旅游发展规划和管理能减小对于环境的消极影响并扩大积极影响。

10.3.1　旅游对环境的积极影响

1. 利于保护重要的自然景区和名胜古迹

旅游业发展对环境的积极作用是以有效的旅游业规划和管理为基础的。发展旅游业有助于对本地区内的宝贵自然景观进行发掘和保护，有助于保护作为旅游景点的文物古迹。此外，旅游业为环境保护提供了充足的资金，使环境保护设施和辅助设施得以建造，措施得以施行。如果没有旅游业，这些资源很可能被损坏而造成巨大损失。

2. 利于提高环境质量

旅游业的发展是融入整个地区的经济和社会发展之中的，良好的旅游环境是旅游业发展的前提。旅游目的地政府多数会通过提高环境的质量来努力维持和增加旅游者的数量。这些改善措施涉及一系列环境因素，包括乡村、海滨和城市。优越的环境已成为强大的旅游吸引力，在环境意识已经深入人心的今天，如果没有优越的环境，哪怕旅游资源再好，也不可能成为旅游胜地。因为发展了旅游，人们比以往任何时候都更注意环境的保护和环境质量的提高。

3. 利于改善旅游资源的基础设施条件

旅游交通等基础设施是旅游活动得以实现的前提条件。为了美化环境而投资建设的基础设施既为旅游者创造了清新洁净的活动场所，也为环境保护作出了贡献。这些基础设施不仅为旅游者服务，还提高了当地居民的生活质量，优化了他们的生活环境。

4. 推动野生动物的保护

野生动物作为自然生态系统的重要组成部分，影响着生态系统的平衡和稳定，随着人口的持续增长和经济的快速发展，人口与资源、经济建设与生态保护的矛盾日益突出，环境与发展已成为当今世界关注的热点。在许多经济欠发达地区，由于旅游提供了另外一种野生动物的经济利用模式，所以它实际上发挥了保护野生动物的作用。

5. 为环境保护提供必要的资金保证

环境保护需要大量的资金，增加初期的投资，能够有效地避免那些因环境遭到破坏而带来的无可挽回的损失，并且在经济效益上也是最理想的。旅游业收入作为环境保护经费的重要来源，无疑会有力地促进环境保护工作。

10.3.2　旅游对环境的消极影响

1. 对地表和土壤的影响

随着各自然区域内旅游活动的开展，旅游设施的开发与日俱增，已使很多完整的生态地区被逐渐分割，逐渐岛屿化，使生态环境面临前所未有的人工化改造，如地表铺面、植被更新、外来物种引入等。无论是陆地还是水域表面都可能受到旅游活动的影响，沙滩、湿地、泥沼地、天然洞穴、土壤等不同的地表覆盖都可能承受不同类型的旅游的冲击，尤其是地表植物所赖以生存的土壤有机层往往受到最严重的破坏。如露营、野餐等都会对土壤造成严重的人为干扰。土壤一旦受到冲击，物理结构、化学成分、生物因子等都会随之发生变化，并最终影响土壤中植物的种类与生长，昆虫、动物也会随之迁徙或减少。

2. 对植物的影响

人类的旅游活动对地表植被和植物的影响可分为直接影响和间接影响两大类。直接影响包括移除、踩踏、火灾、作为营火材料而被采集和对水生植物的危害。间接影响包括外来物种引入、营养盐污染、车辆废气、土壤流失等，这些都会间接地影响植物的生长和健康。

拓展资料 10.3

1）大面积移除

大面积移除是人类旅游活动对植物的最直接伤害。比如，为兴建宾馆、停车场或其他旅游设施，会剔除大面积的地表植被，甚至从外地搬来其他土壤进行换土，以符合工程上的要求，这无疑是对植物族群的毁灭性的行为。

2）旅游者踩踏

在旅游活动对植物的影响中，旅游者踩踏是最普遍的。只要旅游者踏入绿地，就有可能施压于植物上。旅游者观赏自然风景之后，势必产生植物种群的改变，即使是轻度的作用，有时也会造成重大的变化。旅游者对植物的踩踏行为会引起一系列的相关反应。如会影响到植物种子发芽，因土壤被踩实而导致幼苗无法顺利成长；对于已长成的植物，则可能因踩踏而导致其生理、形态等发生改变；步行道规划设计不合理，也可能影响到濒危植物的生长；旅游者所搭乘的交通工具常会留下车痕，造成植物组成的改变。

3）采集

采集是对植物的一种伤害行为。旅游者最常见的采集动机是想摘下漂亮的花，或想尝尝果实的味道，或是想带一部分植物回家种植。此外，许多旅游者迷恋植物的神奇疗效，一到野外看见药用植物就采摘，使得许多药用植物的天然族群越来越少。此外，旅游者不慎或管理不善可能导致森林火灾，会致使植被覆盖率下降；任意砍伐树木、竹子做成木屋、竹屋和营火材料等，毁坏了一些幼木，改变了森林树龄结构；大量垃圾堆积，会导致土壤营养状态的改变，还会使空气和光线发生改变致使生态系统遭到破坏等。

3. 对动物的影响

旅游区的开发可能会破坏野生动物的栖息地或庇护所。旅游者到达旅游目的地后，无论是旅游活动本身还是旅游者所制造的噪声，都会干扰野生动物的生活和繁衍。一般旅游者总喜欢品尝各种山珍海味，又偏爱收集各类野生动物制品，这使得野生动物的生存受到了威胁。

1）干扰动物的生活

旅游者从事户外旅游活动时，不可避免地会对生存其中的动物尤其是较为敏感的鸟类和哺乳动物造成干扰。如西双版纳的象谷，大量旅游者的进入，影响了野象的生活规律，以往野象经常出没于原始森林溪水旁，现在只是偶尔有一两头到此活动；旅游者从事水上活动也可能对水鸟族群造成威胁，使水鸟不能正常繁衍，天鹅或其他水禽还可能会因误食钓鱼用的小铅块而死亡。旅游者使用各种旅游设备时所产生的噪声也会造成干扰，如手提音箱、水上摩托车、汽艇均产生极大的噪声，这对动物的影响相当大；同时，水上各种船舶还可能产生油污，从而影响水中生物的生存。此外，旅游者在沙滩上的活动也会影响动物的生长，如会影响海龟产卵等。

2）对野生动物的消费

在旅游活动对野生动物的影响中，以旅游者对野生动物的消费行为最为严重。有些旅游者不仅爱吃海鲜，更爱吃山珍，各种珍禽异兽都有可能成为其猎食的目标，造成这些族群数量的下降甚至绝迹。除了吃之外，一些旅游者还喜欢购买野生动物的相关制品，如动物毛皮、象牙等。许多海域原本有各式各样的贝类，但因大量供人食用以及被制成各式纪念品，贝类的数量锐减。

4. 对水体环境的影响

水体环境在旅游环境中占有重要地位，而旅游活动对水体环境的影响也是相当广泛和严重的，主要体现在以下两方面。

1）船舶油污、垃圾污染

旅游水体污染主要表现为旅游船只所排放的垃圾、油污的污染。如桂林漓江，每逢旅游高峰季节，旅游船只几乎是首尾相接，组成浩浩荡荡的"船队"，这不仅破坏了游江意境，而且船只排放的污物大大超过了漓江的自净能力，造成江水污染。很多水边地区，如海滨、河边等地为发展旅游业而修建度假村、休闲中心，其餐厅、宾馆等排放的污水和垃圾也是水体的污染源。

2）水上运动

随着度假旅游活动的日益兴盛，湖畔、河边、泉点等地的水上运动项目，如乘坐水上摩托艇、划船、游泳、垂钓、跳水、潜水、驾驶帆船等，极大地丰富了人们的度假生活，但也给水体环境带来了巨大的冲击。如水上摩托艇活动不仅对沙滩及海岸线产生侵蚀作用，而且其产生的涡流也会影响水域生态，影响珊瑚礁内的浮游生物和鱼类的生存，漏出的油污还会污染水体，甚至排放的化学物质会威胁水体生物的健康。

5. 对大气环境的影响

随着旅游者进入旅游目的地所乘坐的交通工具越来越多，其排放的废气日益威胁地球生态的健康。从全球气候变化的角度来看，废气排放可能导致酸雨，使地球升温，诱发臭氧层空洞。

1）交通尾气污染

数以万计的旅游者使用的私人交通工具，不但会消耗较多的资源，还会排放出大量的大气污染物。这种私人交通工具所引起的大气污染以光化学烟雾污染最具伤害性，光化学烟雾中存在许多高反应性的光化学物质，不但会影响植物生长，还会危害人体健康。光化学烟雾严重时会影响视线、降低能见度，从而影响正常生活秩序。它所含有的某些物质可能会刺激眼睛，造成流泪等不舒适的感觉。此外，交通工具所排放的废气还可能含有有毒物质，威胁地球生态的健康。

2）垃圾等固体废弃物污染

垃圾等固体废弃物中有机物质含量高，如处理不当，会滋生细菌和病毒，特别是堆放在底层的有机物，因严重缺氧，厌氧细菌迅速繁殖，病原菌滋生，并产生恶臭；旅游公厕如管理不善也会产生恶臭，增加大气中的含菌数。

3）封闭环境中的大气污染

像溶洞、餐厅、娱乐场所等，除受外界大气影响外，还受内部污染物排放的影响，如旅游者呼吸释放的二氧化碳和水汽、因吸烟而增加的二氧化碳和烟雾、使用电子设备释放出的大量正离子、装修释放的有害物质、取暖散发出来的一氧化碳及二氧化硫等。封闭环境中空气流动性差，空气污浊，令人头痛、气闷、食欲不振、精神不佳，甚至会导致某些疾病的发生和传播。

4）旅游设施对大气环境的污染

旅游宾馆饭店是任何一种旅游形式都必需的生活服务设施，其对大气的污染物主要是供水、供热、供能的锅炉烟囱排放的废气以及旅游地域小吃摊排放的废气等，释放出来的主要是燃烧煤、煤气和液化气产生的二氧化硫、二氧化碳、一氧化碳和烟尘等，其总量虽较工业小，但排放源分散、距景点近，且多无除尘设施，对旅游目的地大气质量的影响也较大。

6. 对自然环境卫生的影响

旅游活动对自然环境卫生的影响主要表现为固体废弃物污染。在很多风景名胜区，随处可见旅游者丢弃的各种固体废弃物。垃圾污染现已成为我国很多风景名胜地区一个十分普遍而又棘手的问题。有些旅游者喜欢将各种食品如点心、糖果、饮料等带到户外食用，或是到旅游区附近的土特产店、海鲜店大吃大喝，这为当地制造了许多垃圾。例如，南岳衡山每年约有 6 000 吨的经营垃圾、2 000 吨的旅游垃圾被倒入旅游区内的溪流和水体中，造成极大的环境污染。某些山地的谷地几乎成为登山旅游者丢弃杂物的垃圾桶，日积月累，臭气熏天。此外，这些垃圾的处理也是一大难题，因为"没有一种废弃物的处理方法是天然安全的"，处理设备要耗电、耗能，而且使用部分污染防治设备时会产生二次污染（如焚化炉可能排出含有有毒物质的废气），再次威胁环境，甚至损害公众健康。

10.4　旅游可持续发展

10.4.1　可持续旅游的产生与目标

可持续发展的概念，就其社会观而言，强调公平分配，以满足当代及子孙后代共同的基本需求；就经济观而言，强调持续，主张地球自然系统自身承载力范围内的持续经济增长；从生态观来说，则强调和谐协调，主张"天人合一"，即人类与大自然和谐相处，切实保护好人类赖以生存的自然环境，特别是那些非可再生资源，要限量使用，并从速寻找代用品。

1. 可持续旅游的产生

随着旅游业发展负面影响的不断显现，可持续旅游发展理念萌生，并很快为人们所接受，成为对旅游发展进行重新评价的中心议题。1989 年 5 月举行的第 15 届联合国环境署理事会期间，通过了《关于可持续发展的声明》。1990 年，在加拿大召开的 Globe'90 全球可持续发展大会上，与会专家提出了一个《旅游可持续发展行动战略》草案。1992 年 6 月，联合国在里约热内卢召开环境与发展大会，签署了《21 世纪议程》，即地球宣言，它倡导全世界人民遵循可持续发展原则，统一行动，使可持续发展上升为国家间的准则。参照《21 世纪议程》，中国政府编制了《中国 21 世纪议程》，《中国 21 世纪议程》对旅游可持续发展有明确要求，如 "开辟新旅游专线，加强旅游资源的保护，发展不污染、不破坏环境的绿色旅游，加强旅游与交通、机场建设以及其他一些服务行业的合作，解决旅游景区污水排放处理及垃圾收集、运输、处理、处治问题，解决好旅游景区有危害的污染源的处理与控制等"。联合国将 2017 年定为国际可持续旅游发展年，有助于将旅游业贡献延伸到经济、社会和环境等领域，同时对旅游产业发展进行全方位的认知与评估。

2. 可持续旅游发展的目标

可持续旅游发展，要求人们以长远的眼光从事旅游经济开发活动，并对经济不断增长的必要性质疑，同时要求旅游活动的开展一定不能损害旅游接待地区未来对旅游者的吸引和接待能力。旅游业可持续发展的目标，就是通过旅游开发满足地方经济发展的需要，在现实目标和长远目标中提高旅游地居民的生活水平和生活质量，促进旅游公平发展；强化人们旅游生态意识和共同美化环境意识，维护旅游资源的质量；保持并提高旅游业的竞争力和生命力，维护公平的经营环境；满足日益增长的旅游需求，为旅游者提供高质量的旅游感受，即实现旅游业、旅游资源、人类生存环境的共存与良性协调发展。

10.4.2　旅游可持续发展的实质

旅游业的可持续发展，必须走出几个理论（或观念）上的误区。

1. 旅游业是无烟产业，不会造成环境污染

人们常说，广告业和旅游业是两大无烟产业。受这个观念的影响，世界各国特别是旅游资源丰富的发展中国家，由于经济利益的驱动而把旅游业列为优先发展的项目。但由于基础差、水平低、经营粗放、措施不力、管理不善，环境质量迅速下降，其景区的旅游吸引力也大打折扣。

其实，旅游业作为一种产业，它也 "排放" 各种废物，对环境构成污染。例如，区内产生的垃圾、泄漏的油污会造成水污染；车辆排放的废气会造成大气污染；交通运输和旅游活动会导致噪声污染等。只是其造成污染的形式比较隐蔽、分散，不像我们通常所看到的传统工业中滚滚的浓烟、隆隆的机声、乌黑的废水等那样可怕而已。旅游业不仅排放"三废"（废水、废气、废渣），而且对旅游"三废"的处理技术在难度上并不亚于对传统工业"三废"的处理。可见，旅游活动对旅游区（点）环境的影响是不容忽视的，这个问题处理不好，就会大大缩短旅游区（点）的生命周期。

2. 旅游资源主要是可再生资源，旅游资源经久不衰

旅游以"视觉消费"为主，不会消耗旅游资源，受这个观念的影响，不少旅游区对旅游资源只重视开发，不重视保护，甚至采取掠夺性开发的形式，从而迅速破坏了旅游业赖以生存的环境条件，大大影响了旅游业的可持续发展。

实际上，旅游资源在很大程度上是不可再生的，特别是自然旅游资源。旅游业不仅要消耗资源，而且有过度消耗的能力，其消费的形式广泛而复杂。如旅游者的践踏会损坏旅游区的土壤、植被；为供旅游纪念品的交易猎杀动物，会破坏其繁殖习性，造成生态子系统失调；旅游"三废"会污染大气或水体；旅游设施建设（如道路、建筑物、停车场、索道等）会破坏视觉效果、改变地质地貌特征；为旅游活动提供能量和用水会耗竭矿物燃料和地下地表水等。

3. 旅游业是低投入、高产出的劳动密集型产业

这种观点与上一种观点相联系，造成许多国家和许多旅游区对旅游资源的开发采取短期行为，即只顾产出、不管投入，从而大大加速了旅游资源的衰竭过程。人们把旅游业看作低投入、高产出的产业，主要是没有把旅游资源，尤其是环境资源的消耗纳入旅游产品的成本之中。人们习惯接受房地产的价值，但却容易忽视旅游环境资源的价值，从而大大低估了旅游产品的成本构成、虚增了产品的创造价值部分。所以只要把环境资源消耗纳入旅游产品成本之中，就不难看出，旅游业不是一个低投入、高产出的劳动密集型产业，而应该是一个资源密集或环境密集型的产业。

4. 旅游是单一性的产业

受这种观念的影响，不少旅游资源较丰富的地方提出了"超前发展旅游业"等口号，从而出现一些地方旅游设施建设的病态膨胀，造成了无谓的极大浪费。事实上，旅游业是一种复合型产业，它的健康发展，必须谋求中央与地方的协调

配合，要谋求各行业的协调发展。因为只要某一方面出现不合理的倾向，就会造成旅游业整体的不景气。如只要交通的"瓶颈"问题不解决，旅游者的数量就会大打折扣，旅游饭店的超前发展就只能造成更大的亏损。

10.4.3　旅游可持续发展的内容

1. 生态可持续发展

生态可持续发展，是指建立在自然资源的可持续利用与良好的生态环境基础上，通过维护和保护生态系统，保护自然资源与生物的多样性，可持续地有效利用资源，从而形成旅游生态环境的良性循环与发展。它要求人们不断提升可持续发展的意识，重视资源与环境承载力的研究，坚持可持续发展观，保护环境，防止环境污染和破坏，并利用新技术恢复和重建被破坏的生态系统，为人类可持续利用旅游资源和环境提供基础条件。

2. 社会可持续发展

社会可持续发展，是指利用最小的资源和投资，获得最大的社会效益，长期满足社会和人类的基本要求，保证资源和收益的公平分配，提高人类的生活质量。可持续旅游发展在社会方面的主要目标是：既满足旅游地居民的需要，改善其生活质量，又满足旅游者需要，向旅游者提供高质量的旅游经历。

3. 经济可持续发展

经济可持续性，是指用最少的资源成本获得最大的经济效益，保证经济数量的稳定增长、质量的稳定提高，防止急功近利的短期行为，杜绝环境污染和生态失衡，实现这个目标有两个关键：①成本观，应将环境污染的综合费用和自然费用的损耗费用计算在旅游生产成本之内，以此为标准来计算经济效益。②应保证旅游经济在一定范围内的稳定增长。

10.4.4　实施旅游可持续发展的途径

旅游可持续发展的实现，在目前还是一个十分艰巨的任务。从宏观的角度来看，必须根据旅游发展的容量制定全面实施可持续发展的战略框架，同时明确旅游可持续发展必然和整个国家的社会、经济发展战略联系在一起。因此，加强国际合作、消除贫穷、改变消费模式、控制人口增长、保护和促进人类健康、改善居住环境、加强资源的保护和管理等宏观目标和战略的实现状况，成为制约旅游可持续发展的背景因素。

1. 为旅游可持续发展筹措资金

旅游发展的同时伴随着资源的耗竭、环境的污染，这种伴生现象也几乎是不可逆的。所以现实的态度和策略，就是在发展的同时力求最大限度地减少不可再生资源的消耗，减轻对环境的污染、减少废物的排放。对于较为贫穷但自然旅游资源原始宝贵丰富的地区来说，必须有资金的支持才能落实旅游的可持续发展。

2. 重视科学技术在实施旅游可持续发展战略中的作用

要想在环境和资源管理方面做到富有成效和远见，从而保证人类的日常生活和未来发展，科学技术尤为重要。科学家对关于气候变化、资源消费的增长、人口趋势和环境退化等问题的理解日益深刻，这些信息有助于长期目标的可持续发展战略的形成、对旅游垃圾的处理技术等。对于政府部门而言，需要积极支持有关环境问题的科学研究，这些技术问题对各个国家尤其是发展中国家十分重要。政府和国际组织对环境技术的国际、区际转移应加以鼓励，以推动旅游可持续发展。

3. 加强法规建设

拓展资料 10.4

在我国的旅游发展历程中，对旅游可持续发展还缺乏相应的法律规范文件，这是影响我国旅游可持续发展目标实现的最重要、最紧迫的任务之一。目前虽然实施了一些规章制度来规范旅游的发展方式和进程，但不够系统也不够严格，尤其需要上升到法律层面。

4. 发挥教育、培训的功能，提升公众的环境意识

进入大众旅游时代，公众的环境意识在实施旅游可持续发展战略时显得尤为重要。通过教育和培训，使人们在环境意识、环境道德、环境价值观、环境态度、环境行为和处理环境问题的技能方面都有所提高，增强人们对环境保护的积极性和解决环境问题的主动性。只有社会全面的环境教育和培训不断发展，旅游可持续发展的目标才能切实实现。

5. 旅游可持续发展应借助符合可持续发展哲学思想的旅游方式来实现

鼓励发展生态旅游、绿色旅游、替代旅游等，生态旅游发展与环境保护要求息息相关，能够较好地处理脆弱生态环境的使用问题；倡导小规模的、朴素的住宿设施；培养质朴醇厚的主客关系；建立与流行的大众旅游趋势相反的能够为未

来提供多种可能性的旅游方式。

　　6. 在旅游发展过程中重视各利益相关者利益的平衡

　　旅游业可持续发展目标和行动方案，必须依靠区域内居民和社会团体的支持和参与才能实现，他们参与的方式和程度关系到旅游业可持续发展目标的实现进程。鼓励旅游目的地社区积极参与旅游发展，在旅游发展过程中充分考虑到各利益相关者的利益并努力追求这种利益的平衡，旅游可持续发展才得以为继。

10.4.5　我国遗产保护与旅游可持续发展实践

　　2021 年 7 月 16 日，国家主席习近平向第 44 届世界遗产大会致贺信时指出，世界文化和自然遗产是人类文明发展和自然演进的重要成果，也是促进不同文明交流互鉴的重要载体。保护好、传承好、利用好这些宝贵财富，是我们的共同责任，是人类文明赓续和世界可持续发展的必然要求。

　　1985 年，我国加入世界遗产公约，承诺与世界各国一道，保护传承具有突出普遍价值的世界文化遗产和自然遗产。截至 2023 年 5 月，我国世界遗产总数已达到 56 处。其中，新疆天山、红河哈尼梯田文化景观、大运河、丝绸之路：长安—天山廊道的路网、土司遗址、左江花山岩画文化景观、湖北神农架、青海可可西里、鼓浪屿：历史国际社区、良渚古城遗址等世界文化遗产 38 处，世界自然遗产14 项，世界自然与文化双遗产 4 项。我国成为名副其实的遗产大国，遗产保护受到国际社会的广泛关注。

　　文化遗产承载着民族的历史文脉，自然遗产涵养着民族的永续发展。据统计，2019 年，我国世界文化遗产累计吸引旅游者 3.88 亿人次，为助力精准扶贫、促进城市转型发展提供了强大动力。世界文化遗产已成为我国旅游业发展新引擎，助力地方经济社会可持续发展，提升人民保护文化遗产意识，促使社会共享文化遗产价值。

　　自然遗产保护主要依托自然保护地进行融合管理，不仅保护了总面积达 7.05万平方千米的重要自然生态系统和自然遗迹，还保存了 200 多个文物保护单位、非物质文化遗产以及众多历史文化名城名镇名村和传统村落，更为遗产地每年带来超过 140 亿元的旅游直接收入。除此之外，我国专注自身发展的同时，也积极参与国际保护行动，先后开展了柬埔寨吴哥古迹周萨神庙、茶胶寺保护和修复工程，尼泊尔加德满都杜巴广场九层神庙震后修复工程等，在肯尼亚、孟加拉国、埃及等 20 多个国家开展多项联合考古，为世界文化遗产抢救、保护作出重要贡献，逐渐成为文化遗产国际合作的中坚力量。

 本章小结

本章重点介绍了旅游业给经济、社会文化、环境所带来的积极和消极的影响，以及旅游可持续发展的理念、实质、对旅游可持续发展认识的误区及未来旅游可持续发展的途径。通过本章的学习，可以全面了解旅游业发展积极影响以及旅游可持续发展中存在的问题，具备提升旅游对经济、社会文化和环境积极影响的能力和减弱旅游带来的消极影响的能力。学习者可明确旅游对经济、社会和环境保护的促进作用及在乡村振兴战略等方面的经济带动作用，同时在今后的工作和生活中要树立文明旅游，增强旅游环境保护、生态环境保护和可持续发展的意识。

即测即练

思考题

1. 简述旅游可持续发展的概念。

2. 旅游对经济发展的积极影响有哪些？

3. 举例说明旅游对社会文化发展的消极影响。

4. 旅游可持续发展的实质是什么？

5. 旅游是无烟产业吗？为什么？

6. 旅游业是低投入、高产出的劳动密集型产业吗？为什么？

7. 旅游对环境的影响表现在哪些方面？

8. 我们如何树立环境保护的意识？

第 11 章　旅游新业态及发展趋势

学习目标

1. 了解旅游新业态的含义。

2. 熟悉旅游发展趋势。

3. 掌握旅游新业态的主要表现形式。

能力目标

1. 了解旅游产业发展规律，具备分析旅游产业发展规律的能力。

2. 熟悉运用创新思维及国际视野认识旅游新业态。

3. 掌握通过旅游新业态的理解，具备把握旅游发展趋势的能力。

思政目标

1. 了解我国旅游新业态发生、发展过程，树立正确的发展理念。

2. 熟悉运用科学发展观，理解旅游新业态发展的动力机制。

3. 掌握旅游专业素养和国际视野，深刻把握旅游发展趋势。

思维导图

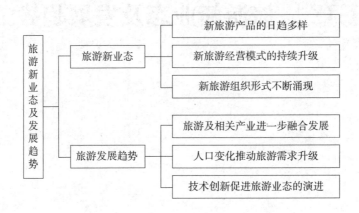

 导入案例

11.1　旅游新业态

在旅游业的历史演进与发展的过程，不难理解当今旅游业是多种力量、多样因素作用的产物。进入 21 世纪，旅游业已经是一个规模庞大、要素复杂、充满活力的经济部门。从需求角度看，作为高品质生活方式的体现，人们的旅游需求日趋旺盛；从供给角度看，旅游产品的推陈出新，旅游服务体验的创新设计，旅游营销传播的技术进步，无不推动新业态的产生和推进。

拓展资料 11.1

11.1.1　新旅游产品的日趋多样

旅游业的经营者根据旅游者的需求和愿望不断地培育和创造出新型的旅游产品或是注入新技术或是融合新的元素等，完成创造新产品或完成升级换代的任务，为旅游业发展增添新血液。旅游新产品是旅游新业态产生的基本条件，随着社会生产力的发展，人们经济生活水平提高，旅游消费也日渐成熟。新型旅游市场和旅游消费的提高，需要更加高质量、高品位的旅游产品及相关旅游服务。

自驾车旅游是随着汽车消费热潮的出现而产生的一种全新的旅游形式。为满足旅游者的需求，旅游相关设施如物品供给、汽车旅馆等将会出现，为日益增多的自驾车出游市场专门设计自驾车旅游线路，另外，像房车旅游、露营旅游等个性化旅游形式将成为旅游业态的发展趋势。

体育旅游是体育产业与旅游产业结合的产物，具有集体育竞技与旅游休闲观光于一体的特性。随着全球体育事业的不断蓬勃发展，各种体育活动在世界范围内迅速普及，各种大型体育赛事成为人们关注的焦点，不仅吸引了观众对赛事的关注，还吸引了大批的国内外旅游者想要前往参观并沉浸其中。

随着 2022 年北京冬奥会的成功申办，"三亿人上冰雪"的倡议使冰雪体育项目快速大众化，并与全民健身、休闲康养需求找到契合点。2022 年 12 月 8 日，中国北方冰雪旅游海外推广季活动在沙特阿拉伯首都利雅得举办。随着 2022 年冬季奥运会的举办，中国北方冰雪旅游快速发展，冰雪旅游项目更丰富，冰雪运动设施更完善，配套旅游资源水平大幅升级，将吸引越来越多的国内外旅游者前来体验。

11.1.2　新旅游经营模式的持续升级

旅游业覆盖面广，相对来说技术壁垒较低，企业的经营模式也很容易被模仿，易引起恶性竞争和缺失经营特色的同质化发展。因此，这种恶性的竞争就迫使旅游企业进行创新发展，开发企业独具的新型经营模式。如酒店与航空公司联合的营销模式，为旅游者提供了交通和住宿同时预订的便利条件；旅游景区与新媒体电商的线上直播营销，为旅游者提供便捷的购票渠道；旅游景区与文创商店经营模式融合，使景区旅游产品有形化展示，同时也促进商店的特色化经营。

11.1.3　新旅游组织形式不断涌现

新的旅游组织形态，是旅游市场中涌现出的新的组织形式。①产业融合出现的业务融合型新组织形态，如会展旅游集团、景观房产企业、旅游装备制造业等；②网络技术与旅游融合形成的新组织形态，如携程、飞猪等在线旅游运营商；③新开发的特色组织形态，如家庭旅馆、主题餐厅等；④促进企业加快发展的新组织形态，如如家连锁酒店、中国民俗酒店联盟等旅游联合体；⑤多类型企业合作发展的新组织形态，如旅游产业园、旅游产业集群等。

11.2 旅游发展趋势

11.2.1 旅游及相关产业进一步融合发展

文化与旅游相辅相成，对于旅游者来说，旅游最初的目的是休闲娱乐，而随着人们对精神生活的追求不断增长，寻求精神愉悦和深度体验成为当下旅游发展的新趋势，文化体验成为支配旅游活动新发展的重要引领。以文化交流与传播为主要内容、旅游形式为载体的文旅融合新趋势，是发掘、弘扬、优化和保护丰富

拓展资料 11.2

文化的有效途径。旅游地的大型文艺表演是旅游与文化产业结合的产物，如印象系列——丽江、西湖、武夷山，宋城千古情、梦回大唐等对游人都极具吸引力。

旅游行业和其他相关行业的融合促成了旅游新业态不断涌现。旅游企业的强关联性和综合性决定其要更多地依赖其他行业，这也使得旅游业极具包容性。旅游业的这一特征使旅游企业可以借助其他行业来促进自身发展。行业的融合大大地拓宽且细化了旅游行业的发展领域，催生了新业态。休闲度假的兴起促成旅游业和房地产的结合，如目的地休闲房产、城市的游憩商业区成为城市游的重要一站；和医疗部门的合作形成医疗旅游，像泰国、印度、新加坡等国就是医疗旅游发展的典范；旅游电子商务的发展既改变了旅游企业的经营方式，也使人们方便、快捷地获取旅游信息并直接通过网络达成交易，像国内的携程、万豪旅享家、芒果等旅游网站的交易模式将成为旅游者的主要购买方式；另外近年来出现的工业游、乡村游、修学游等则是旅游业和工业、农业、教育产业融合的新业态。

11.2.2 人口变化推动旅游需求升级

人口状况是一个国家最基本、最重要的国情。我国第七次全国人口普查主要数据显示，2020 年，我国总人口达到 14.1 亿人，约占全球总人口的 18%，仍然是世界第一人口大国。人口总数决定了旅游需求规模，人口特征则影响旅游需求结构和层次。

1. 受教育水平明显提高，旅游需求旺盛

第七次人口普查数据显示，我国人口受教育水平明显提高，人口的素质不断提升。15 岁及以上人口的平均受教育年限从 2010 年的 9.08 年提高至 9.91 年。16~59 岁劳动年龄人口平均受教育年限从 2010 年的 9.67 年提高至 10.75 年，文盲

率从 2010 年的 4.08% 下降为 2.67%。受教育水平的提高和人口素质的提升，人们对外部世界的认知欲望更加强烈，从而使旅游需求更加旺盛。

2. 少儿人口数量增加，旅游需求内容更加丰富

0~14 岁少儿人口的数量比 2010 年增加了 3 092 万人，比重上升了 1.35 个百分点。"单独二孩""全面两孩"等决策部署和政策措施，促进了出生人口出现回升，"二孩"生育率明显提升，出生人口中"二孩"占比由 2013 年的 30% 左右上升到 2017 年的 50% 左右。低龄旅游者增加，使得推动亲子、研学等旅游产品更受欢迎，旅游需求内容进一步丰富。

3. 城镇化率进一步提高，旅游需求催生高质量旅游产品

人口持续向沿江、沿海地区和内地城区集聚，长三角、珠三角、成渝城市群等主要城市群的人口增长迅速，集聚度加大。我国城镇常住人口持续增加，常住人口的城镇化率进一步提高。因此，一方面，大型城市、区域中心城市等地域将更吸引旅游者，从而进一步推动城市旅游的发展；另一方面，随着城镇人口的增加，对旅游产品质量更加关注的旅游者大幅增加，进而催生高质量旅游产品的推出。

11.2.3　技术创新促进旅游业态的演进

科学技术的发展特别是信息技术的广泛应用对旅游业新型业态的产生起着"助推"作用。旅游业是一个对科学技术依赖程度较高的服务行业，人类社会几乎每一次重大的技术革命都导致了旅游业划时代的发展和变化。科学技术对传统旅游业的影响主要是通过交通、通信工具的变革施加的，而在人类社会进入知识经济时代和信息社会的今天，信息技术对旅游业的发展尤其是新型业态的产生所具有的影响超过了其他一切技术，它是旅游业新型业态产生的"助推器"。如"互联网 +"智慧旅游工程，可以便捷旅游市场流通、延展旅游产品功能、增强旅游活动的体验感。

🔍 本章小结

本章首先从新旅游产品、新旅游经营模式和新旅游组织形式阐释旅游新业态的表现形式；其次，着重从产业融合、人口变化和技术创新三个角度推演旅游发展趋势。通过本章学习，学生将结合旅游学理论知识从多角度、多维度思考旅游发展趋势和脉络。

即测即练

思考题

1. 结合实际，谈谈你了解的新旅游产品有哪些。

2. 阐述多产业融合发展推动旅游发展的路径。

3. 简述人口变化对旅游新业态的影响。

4. 结合实际，谈谈技术创新对旅游新业态的影响。

5. 根据旅游发展趋势，谈谈你对旅游新业态的看法。

参 考 文 献

[1] 邓爱民，孟秋莉.旅游学概论[M].武汉：华中科技大学出版社，2021.

[2] 吴必虎，黄潇婷.旅游学概论[M].3版.北京：中国人民大学出版社，2019.

[3] 单浩杰，张薇.旅游学概论[M].北京：中国人民大学出版社，2017.

[4] 王兆明.旅游学概论[M].北京：人民教育出版社，2017.

[5] 李天元，张朝枝，白凯.旅游学[M].4版.北京：高等教育出版社，2019.

[6] 王大悟，魏小安.新编旅游经济学[M].上海：上海人民出版社，1998.

[7] 保继刚，楚义芳.旅游地理学[M].2版.北京：高等教育出版社，1999.

[8] 张辉.旅游经济论[M].北京：旅游教育出版社，2002.

[9] 王洪滨，高苏.旅游学概论[M].2版.北京：中国旅游出版社，2010.

[10] 谢彦君.基础旅游学[M].3版.北京：中国旅游出版社，2011.

[11] 张杰，刘焱，李莉，等.旅游学概论[M].2版.上海：格致出版社，2017.

[12] 许义.新旅游[M].北京：中国旅游出版社，2021.

[13] 邹统钎，候满平，王欣.中国康养旅游发展报告（2021）[M].北京：社会科学文献出版社，2021.

[14] 布瓦耶.西方旅游史[M].金龙格，秦琼芳，黎潜，等译.南宁：广西师范大出版社，2022.

[15] 谢贵安，谢盛.中国旅游史[M].武汉：武汉大学出版社，2012.

[16] 王淑良.中国旅游史[M].北京：旅游教育出版社，1998.

[17] 张天来，王淑良.中国旅游史[M].北京：旅游教育出版社，1999.

[18] 阿扎尔.欧洲思想的危机[M].方颂华，译.北京：商务印书馆，2019.

[19] 杨絮飞，蔡维英.旅游景区管理[M].2版.北京：北京大学出版社，2020.

[20] 田里，陈永涛.旅游学概论[M].北京：高等教育出版社，2021.

[21] LOMINE L，EDMUNDS J.旅游学要义[M].李力，译.广州：广东旅游出版社，2017.

[22] 弗莱彻，法伊奥，吉尔伯特，等.旅游学原理与实践[M].5版.石芳芳，译.大

连：东北财经大学出版社，2019.

[23] 邓爱民，任斐.旅游学概论 [M].2 版.武汉：华中科技大学出版社，2022.

[24] 陈楠，袁菁.旅游学研究方法 [M].武汉：华中科技大学出版社，2022.

[25] 白翠玲.旅游学概论 [M].杭州：浙江大学出版社，2013.

[26] 刘伟.旅游学概论 [M].广州：广东旅游出版社，2020.

[27] 范秋梅，崔莹，李纪.旅游学概论 [M].北京：清华大学出版社，2022.

[28] VAR T，GUNN C. Tourism planning：basics，concepts，cases[M]. 2nd ed. NewYork：Taylor and Francis，1988.

[29] LEW A. A framework of tourist attractions research[J]. Annuals of Tourism Research，1987，14（3）：553–575.

[30] HOLLOWAY J C，HUMPHREYS C. The Business of Tourism[M]. Beijing：Encyclopedia of China Publishing House，1997.

[31] 孙佼佼.旅游学三论：从经济驱动到育人济世 [J].旅游学刊，2019，34（12）：9–11.

[32] 马波，张越.文旅融合四象限模型及其应用 [J].旅游学刊，2020，35（5）：15–21.

[33] 刘德谦.“旅游”与“Tourism”的概念探问旅游者活动？旅游业？旅游学？[J].旅游学刊，2017（9）：80–102.

[34] 肖洪根，谢彦君，保继刚，等.“旅游学纵横：学界五人对话录（续）”之“旅游研究的唯真与唯用”[J].旅游论坛，2019，12（5）：1–10.

[35] 曹诗图.《旅游哲学——从现象到本质》评介 [J].旅游论坛，2019，10（5）：127–131.

[36] 张凌云.非惯常环境：旅游核心概念的再研究——建构旅游学研究框架的一种尝试 [J].旅游学刊，2009，24（7）：12–17.

[37] 陶玉霞.旅游本质辨析与学科体系构建再思考 [J].旅游论坛，2014，7（1）：17–21.

[38] 谢中田，孙佼佼.旅游学方法论：何来“主义”之争 [J].旅游学刊，2013（28）：15–13.

[39] 师守祥.明确旅游学的社会学学科定位 [J].旅游学刊，2010，11（25）：5.

[40] 肖洪根.我读《旅游学原理》[J].旅游学刊，2011，1（26）：90.

[41] 陈海波 . 旅游的本质及旅游学的学科逻辑新探 [J]. 旅游学刊，2019，34（11）：124–135.

[42] 朱璇 . 和而不同，兼程并进——读《旅游学纵横：学界五人对话录（续）》随想 [J]. 旅游科学，2022，36（1）：148–158.

[43] 刘宏芳，明庆忠，周晓琴 . 地方树：地方性的概念模型及其旅游学阐释 [J]. 旅游论坛，2021，14（2）：26–38.

[44] 申葆嘉 . 论旅游学的研究对象与范围 [J]. 旅游论坛，1999（3）：5–8.

[45] LEIPER N. Tourist attraction systems[J]. Annuals of Tourism Research，1990（17）：367–384.

[46] 徐菊凤，任心慧 . 旅游资源与旅游吸引物：含义、关系及适用性分析 [J]. 旅游学刊，2014，29（7）：115–125.

[47] 朱竑 . 从五种矛盾论旅游资源分类、调查与评价的国际视野和发展眼光 [J]. 旅游学刊，2005（6）：8–9.

[48] 郭来喜，吴必虎，刘锋，等 . 中国旅游资源分类系统与类型评价 [J]. 地理学报，2000（3）：294–301.

[49] 尹玉芳 . 我国旅游资源分类的理论综述 [J]. 江苏经贸职业技术学院学报，2017（4）：28–36.

[50] 黄细嘉，李雪瑞 . 我国旅游资源分类与评价方法对比研究 [J]. 南昌大学学报（人文社会科学版），2011，42（2）：96–100.

[51] 邢道隆，王玫 . 关于旅游资源评价的几个基本问题 [J]. 旅游学刊，1987（3）：38–43.

[52] 张肖 . 古镇旅游资源分类与评价研究 [D]. 成都：四川师范大学，2019.

[53] 梁修存，丁登山 . 国外旅游资源评价研究进展 [J]. 自然资源学报，2002（2）：253–260.

[54] 罗艳，李荣彪 . 国内外旅游资源评价研究综述 [J]. 凯里学院学报，2015，33（1）：88–92.

[55] 杨桂华，王跃华 . 生态旅游保护性开发新思路 [J]. 经济地理，2000（1）：88–92.

[56] 王建军 . 旅游资源分类与评价问题的新思考 [J]. 旅游学刊，2005（6）：7–8.

[57] 田润炜，蔡新斌，江晓珩，等 . 新疆赛里木湖国家湿地公园生态旅游资源综

合评价 [J]. 生态科学，2015，34（5）：84–89.

[58] 丁蕾，吴小根. 水体旅游资源评价指标体系的构建与应用研究 [J]. 经济地理，2013，33（8）：183–187.

[59] 黄静波. 郴州市水体旅游资源评价与开发利用研究 [J]. 经济地理，2005（5）：745–748.

[60] 吴芙蓉. 我国文化旅游资源开发问题初探 [J]. 南京财经大学学报，2005（2）：55–57.

[61] 唐建军，姚丝雨. 区域文化旅游资源价值评价研究 [J]. 济南大学学报（社会科学版），2022，32（6）：35–43.

[62] 李烨，张广海. 我国文化旅游资源功能区划研究 [J]. 东岳论丛，2016，37（7）：78–84.

[63] 冯亮，党红艳，金媛媛. 晋中市红色文化旅游资源的评价与开发优化 [J]. 经济问题，2018（7）：92–98.

[64] 张健，董丽媛，华国梅. 我国乡村旅游资源评价研究综述 [J]. 中国农业资源与区划，2017，38（10）：19–24.

[65] 张晶，李良军. 贵州乡村旅游资源评价模型初探 [J]. 安徽农业科学，2007（19）：5822–5823，5962.

[66] 林雄斌，颜子斌，徐丽丽，等. 基于 AHP 的宁波市乡村旅游资源评价 [J]. 浙江农业科学，2010（4）：880–882，885.

[67] 蒲利利，逯承鹏，陈兴鹏. 基于游客视角的乡村旅游资源评价研究：以兰州市为例（英文）[J]. Journal of Resources and Ecology，2022，13（6）：1087–1097.

[68] 唐承财，钟林生，杨存栋，等. 内蒙古凉城旅游资源评价与开发模式研究 [J]. 干旱区资源与环境，2012，26（9）：195–200.

[69] 李丰生. 旅游资源经济价值的理论探讨 [J]. 经济地理，2005（4）：577–580.

[70] 查爱苹，邱洁威. 国外旅游资源经济价值研究述评 [J]. 经济问题探索，2015（2）：183–190.

[71] 陶卓民，林妙花，沙润. 科技旅游资源分类及价值评价 [J]. 地理研究，2009，28（2）：524–535.

[72] 田玲，齐子鹏. 论当前对旅游资源保护认识的几个问题 [J]. 旅游学刊，1998（3）：45–48，63.

[73] 李姝 . 旅游市场价格监管的困境与对策探讨 [J]. 理论界，2022（10）：57–60.

[74] 陈晓芳，薛兵旺 . 文旅融合背景下旅游市场协同治理研究 [J]. 学习与实践，
2022（9）：136–140.

[75] 赵楠 . 我国旅游市场发展的策略分析 [J]. 中国市场，2022（21）：64–66.

[76] 杨雅迪 . 基于消费心理学的旅游市场营销策略分析 [J]. 上海商业，2021（11）：
156–157.

[77] 宋瑞，冯珺 . 中国国内旅游市场复苏研究：潜力评估与对策建议 [J]. 陕西师范
大学学报（自然科学版），2021，49（6）：1–8.

[78] 马晓龙，李维维，魏楠，等 . 中国及其周边国家国际旅游市场的互动格局与
结构特征 [J]. 地理与地理信息科学，2021，37（3）：120–127.

[79] 殷章馨，夏赞才，唐月亮 . 乡村旅游市场细分的统计检验 [J]. 统计与决策，
2018，34（20）：114–117.

[80] 许春晓，成锦 . 旅游目的地记忆图谱市场细分法构建 [J]. 经济地理，2017，
37（2）：187–192.

[81] 罗纪宁，赵宇飞 . 基于旅游动机的中国宗教文化旅游市场细分研究 [J]. 管理学
报，2015，12（8）：1118–1123.

[82] 汪惠萍，王玉玲 . 乡村旅游市场细分研究：以安徽西递、宏村为例 [J]. 江苏农
业科学，2012，40（1）：359–362.

[83] 罗芬，钟永德 . 武陵源世界自然遗产地生态旅游者细分研究：基于环境态度
与环境行为视角 [J]. 经济地理，2011，31（2）：333–338.

[84] 张宏梅，陆林，朱道才 . 基于旅游动机的入境旅游者市场细分策略：以桂林
阳朔入境旅游者为例 [J]. 人文地理，2010，25（4）：126–131，119.

[85] 梁江川，张伟强 . 基于活动偏好市场细分的旅游产品谱系开发：以开平碉楼
世界文化遗产为例 [J]. 旅游学刊，2009，24（9）：36–42.

[86] 田里，孟帅康 . 边境旅游对国家安全影响的解构与重构 [J]. 旅游学刊，2023，
38（2）：160–168.

[87] 姜艳海 . 新形势下旅游市场相关问题研究 [J]. 中国商论，2022（24）：62–64.

[88] 淦凌霞，徐超 . 中国与新加坡入境旅游发展差异的影响因素研究 [J]. 广东石油
化工学院学报，2022，32（6）：64–69，92.

[89] 林蕾 . 供给侧结构性改革视角下旅游市场细分研究 [J]. 齐齐哈尔大学学报（哲

学社会科学版），2022（11）：61-65.

[90]　李姝．旅游市场价格监管的困境与对策探讨 [J]. 理论界，2022（10）：29，57-60.

[91]　王丽华，俞金国，王品舒，等.城市居民对旅游社会文化影响感知的空间差异：以大连市区为例 [J]. 辽宁师范大学学报（自然科学版），2022，45（3）：367-376.

[92]　饶品样，袁会敏.乡村旅游地居民旅游影响感知对参与意愿的影响研究：乡贤信任的前因影响 [J]. 经济研究导刊，2022（9）：133-135.

[93]　程金林，刘根固.疫情影响下中国游客赴澳旅游市场分析 [J]. 合作经济与科技，2022（2）：85-87.

[94]　李金玉，李艺，曹世武.桂林市入境免签政策对入境旅游影响研究 [J]. 黑龙江生态工程职业学院学报，2021，34（6）：49-51.

[95]　骆高远．"生态旅游"是实现旅游可持续发展的核心 [J]. 人文地理，1999（S1）：8-11.

[96]　周小凤，张朝枝．可持续旅游概念内涵的中西比较与反思 [J]. 旅游论坛，2023，16（1）：43-52.

[97]　游庆军，张岚．旅游学概论 [M]. 北京：北京理工大学出版社，2017.

[98]　马世骏，马勇．我国饭店企业集团品牌国际化战略研究 [J]. 旅游研究，2009，1（1）：95-99.

[99]　中华人民共和国国家质量监督检验检疫总局，中国国家标准化管理委员会.旅游资源分类、调查与评价：GB/T 18972—2017[S]. 北京：中国标准出版社，2017.

[100]《新时代的中国青年》白皮书 [EB/OL].（2022-04-21）. http://www.scio.gov.cn/zfbps/ndhf/2022n/202403/t20240312_837396.html.

[101]我国自驾游、旅游产业市场现状，自驾游的发展瓶颈分析 [EB/OL].[2021-05-29]. https://www.xianjichina.com/news/details_267802.html.

[102]加快旅游交通发展是必然趋势 [EB/OL].（2017-03-14）. https://www.sohu.com/a/128806384_114731.

[103]李虹．旅游业构成的再认识及新时期"DRAIT"驱动下旅游业演化研究 [D]. 昆明：云南师范大学，2019.

[104] 戴斌. 旅行社的传统与传统旅行社的未来 [R]. 2019.

[105] 智慧旅游场景应用指南（试行）[EB/OL].https://wenku.baidu.com/view/76bfce6d85 6fb84ae45c3b3567ec102de3bddf15.html.

[106] 梁明珠，王伟. 公共性旅游资源开发与保护的政府规制研究 [J]. 人文地理，2010，25（6）：150–153.

教师服务

感谢您选用清华大学出版社的教材！为了更好地服务教学，我们为授课教师提供本书的教学辅助资源，以及本学科重点教材信息。请您扫码获取。

》 教辅获取

本书教辅资源，授课教师扫码获取

》 样书赠送

旅游管理类重点教材，教师扫码获取样书

 清华大学出版社

E-mail: tupfuwu@163.com
电话：010-83470332 / 83470142
地址：北京市海淀区双清路学研大厦 B 座 509

网址：https://www.tup.com.cn/
传真：8610-83470107
邮编：100084